Canciones de lejos

Complicidades musicales entre Chile y México

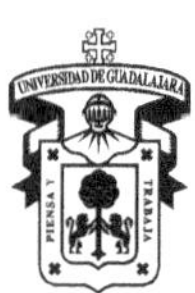

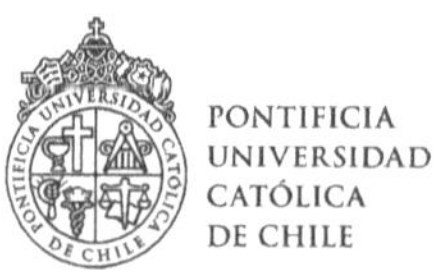

PONTIFICIA
UNIVERSIDAD
CATÓLICA
DE CHILE

Chilemúsica

Ricardo Villanueva Lomelí
Rectoría General

Héctor Raúl Solís Gadea
Vicerrectoría Ejecutiva

Guillermo Arturo Gómez Mata
Secretaría General

Luis Gustavo Padilla Montes
**Rectoría del Centro Universitario
de Ciencias Económico
Administrativas**

Missael Robles Robles
**Coordinación de Entidades
Productivas para la Generación
de Recursos Complementarios**

Sayri Karp Mitastein
Dirección de la Editorial

Ignacio Sánchez Díaz
Rectoría

Magdalena Amenábar Folch
Vicerrectoría de Comunicaciones

María Angélica Zegers Vial
Dirección de Ediciones UC

Patricia Corona Campodónico
Edición General

Oliver Knust
Dirección

Francisca Sandoval
Gerencia

Gaby Lena
Coordinación

Natalia Cid
Comunicaciones

Rodrigo Ulloa
Comunicaciones

Agradecimientos a
Raimundo Aguirre

■ *La media vuelta* ■

Enrique Blanc | Gonzalo Planet (coords.)

Canciones de lejos

Complicidades musicales entre Chile y México

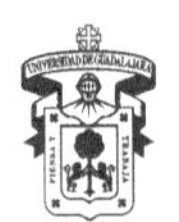 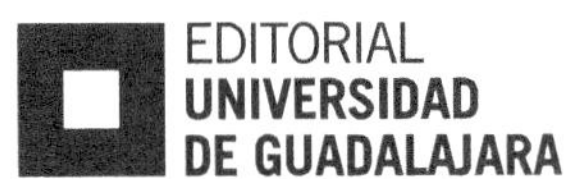 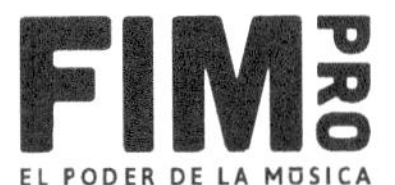 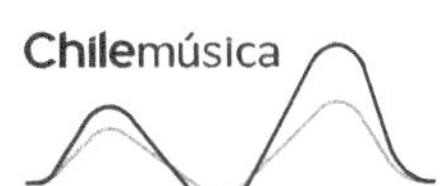 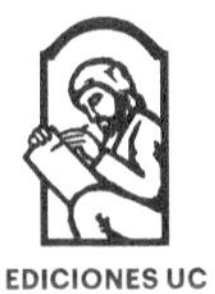

Primera edición, 2021

Coordinadores
Enrique Blanc Rojas y
Gonzalo Alejandro Planet Sepúlveda

Prólogo
© Carlos Reinoso (Ayeaye)

Textos
©Juan Pablo González Rodríguez, Marisol
García Correa, Macarena Lavín de Tezanos
Pinto, Mauricio Gustavo Durán Fernández,
Rainiero Guerrero Flores, David Ponce, Gonzalo
Alejandro Planet Sepúlveda, Pedro Subercaseaux
García de la Huerta, Johanna Watson, Enrique
Blanc Rojas, Lara López Fernández, Elsa Natalia
Cano García, Jaime Rodrigo Alarcón López,
Angie Stephanie Giaverini Santibáñez, Claudia
Jiménez López

Ilustración de portada
© Rodolfo Jofré Saavedra

Coordinación editorial
Iliana Ávalos González

Jefatura de diseño
Paola Vázquez Murillo

Cuidado editorial
Sofía Rodríguez Benítez

Diseño y diagramación
Maritzel Aguayo Robles

EDICIONES UC
EDICIONES UNIVERSIDAD CATÓLICA DE
CHILE
Vicerrectoría de Comunicaciones y Extensión
Cultural

Av. Libertador Bernardo O´Higgins 390,
Santiago de Chile

editorialedicionesuc@uc.cl
www.ediciones.uc.cl

ISBN 978-956-14-2906-2
ISBN digital: 978-956-14-2907-9

Diciembre de 2021

D.R. © 2021, Pontificia Universidad
Católica de Chile

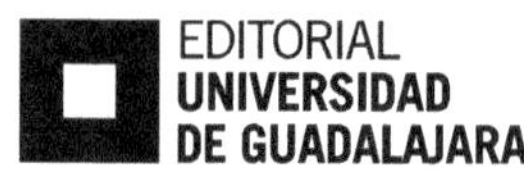

EDITORIAL
**UNIVERSIDAD
DE GUADALAJARA**

José Bonifacio Andrada 2679
Colonia Lomas de Guevara
44657, Guadalajara, Jalisco

01 800 UDG LIBRO

www.editorial.udg.mx

D.R. © 2021, Universidad de Guadalajara

Índice

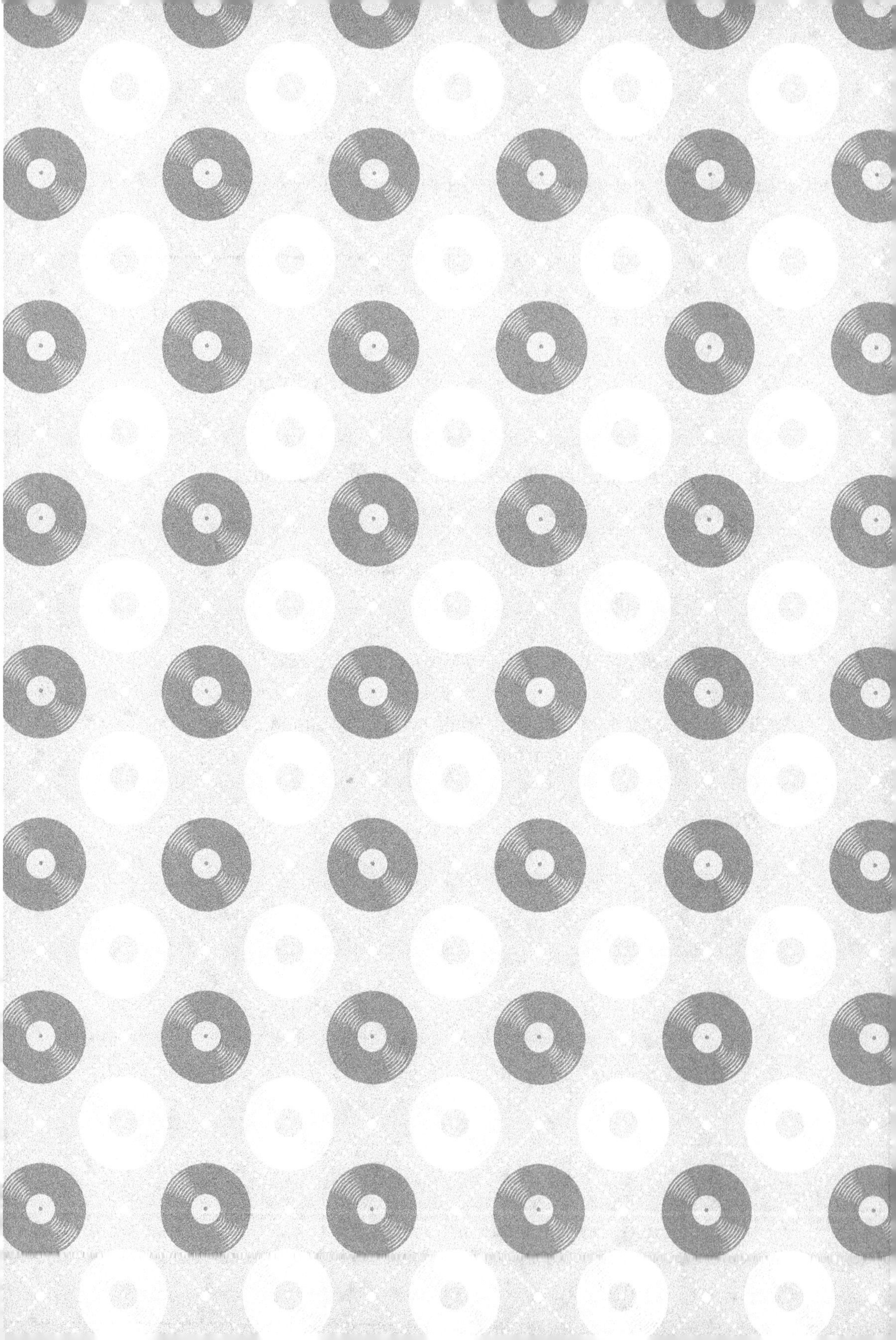

Chile y México:
contigo en la distancia

Que aún en la Costa Chica de México, entre Oaxaca y Guerrero, se canten chilenas —una derivación de la cueca asentada por marinos e inmigrantes chilenos a mediados del siglo xix— y que la ininterrumpida popularidad de las rancheras desde su arribo a Chile durante la primera mitad del siglo xx casi las convierta en un género propio del país austral, no es un simple dato anecdótico: es quizá la constatación de una relación histórica siempre estrecha, constante y duradera que cubre las más amplias capas culturales posibles entre Chile y México, dos naciones separadas por hemisferios y miles de kilómetros de distancia, enlazadas por un cúmulo de experiencias, manifestaciones y expresiones, además, y sobre todo, por una pulsión.

A través de una serie de detallados textos redactados por plumas interdisciplinarias provenientes de ambos países, este libro revela algunas de las singulares claves que conjugan lo anterior con la música popular como eje central.

Del bolero al rock, de la canción romántica a la vanguardia y de la ranchera al pop, los aportes de nombres insignes y diversos como Sonia la Única, Lucho Gatica, Café Tacvba, Los Bunkers, Pedro Infante, Los Ángeles Negros, Jorge Negrete, Los Tres, Hoppo! o Mon Laferte, por mencionar sólo algunos, son revisados a través de la crónica periodística, el ensayo musicológico y el testimonio directo de quienes incluso han sido testigos de los hechos, en una mirada intergeneracional para una alianza genuinamente fraterna entre la nación del norte y la del sur.

Se trata, no obstante, de una fracción de los ricos e innumerables intercambios artísticos entre Chile y México desarrollados por más de dos siglos, pero que conforma una muestra representativa y sobre todo amplia en el modo de abordar cada fenómeno musical que, desde distintas veredas, ha contribuido a cimentar una relación bilateral de larga data.

Producida y editada en plena pandemia global del coronavirus, esta publicación se construyó en gran medida a distancia a raíz de las restricciones de todo orden aplicadas a nivel mundial, lo que supuso desafíos permanentes para su realización y dejó a más de un colaborador en el camino.

Es innegable cómo la música en tanto expresión creativa materializa identidades, emociones y creencias. Chile y México, tan lejos y tan cerca, se han encadenado con la canción. Tal como entonara alguna vez el propio Pedro Infante:

Y, sin embargo, sigues unida a mi existencia
Y si vivo cien años
Cien años pienso en ti.

***

Gran parte de la labor de publicación de este libro está ligada al auge que los mercados musicales han venido teniendo en años recientes en el contexto latinoamericano. Fue en su seno, particularmente en alguno de estos, como los chilenos Imesur, Fluvial y Pulsar o el mexicano Fimpro, donde sus responsables no sólo se conocieron y hablaron sobre las muchas correspondencias existentes de años a la fecha entre ambos países, sino que además fraguaron la idea de constatarlas a través de una serie de textos que las relataran con detalle y con la pasión que inevitablemente envuelve a la música.

Fue así que, sentados en una mesa de algún cafetín de Santiago, los títulos de posibles temas y sus responsables comenzaron a brotar con la espontaneidad con que se recordaron canciones, discos, festivales y complicidades. Habrá que aclarar que las cosas a continuación no fueron del todo fáciles y que transcurrieron más o menos tres años para que todo comenzara a materializarse.

Determinante fue el compromiso que estableció la Editorial Universidad de Guadalajara con el proyecto, a la par del pacto de apoyo al mismo por parte de Chilemúsica. Alentadora fue la respuesta inmediata de varios talentos conocidos en el universo musical y del periodismo que se sumaron a ojos ciegos a esta iniciativa. Fue así que, a fines de 2019, el barco de este proyecto zarpó de buen puerto con la mira puesta en su publicación.

Con toda seguridad, aquí no están todas las historias que son, mas el libro en su conjunto, nos parece, aporta una visión amplia de muchos de los intercambios que Chile y México han tenido con la música como puente en los años recientes.

Atestiguar su paulatina conformación fue como seguir de cerca el proceso de gestación de un nuevo ser al que vas reconociéndole rasgos y acentos de personalidad. Su magnetismo inicial detonó que a la postre aparecieran nuevos aliados dispuestos a seguir sumando esfuerzos. Así fue como llegó el fotógrafo Carlos Juica, quien ofreció su archivo al servicio del mismo. O el musicólogo Juan Pablo González, quien de forma generosa nos hizo llegar también un manojo de las imágenes que ilustran estas páginas.

Sirva este texto para agradecer asimismo a los muchos entusiastas que hicieron eco de esta aventura cuando escucharon sobre ella. La música ha sido siempre uno de los vehículos más eficaces para iniciar y refrendar amistades. Ya Chile y México lo han corroborado en múltiples ocasiones, como aquí se ilustra. Esperamos que las páginas que tienes en tus manos reflejen con intensidad, como nos propusimos desde su origen, esta luminosa e innegable verdad. Y que, de la misma manera, sirvan de punto de partida para inspirar nuevos intercambios a futuro.

Gonzalo Planet y Enrique Blanc
Verano boreal, invierno austral de 2021

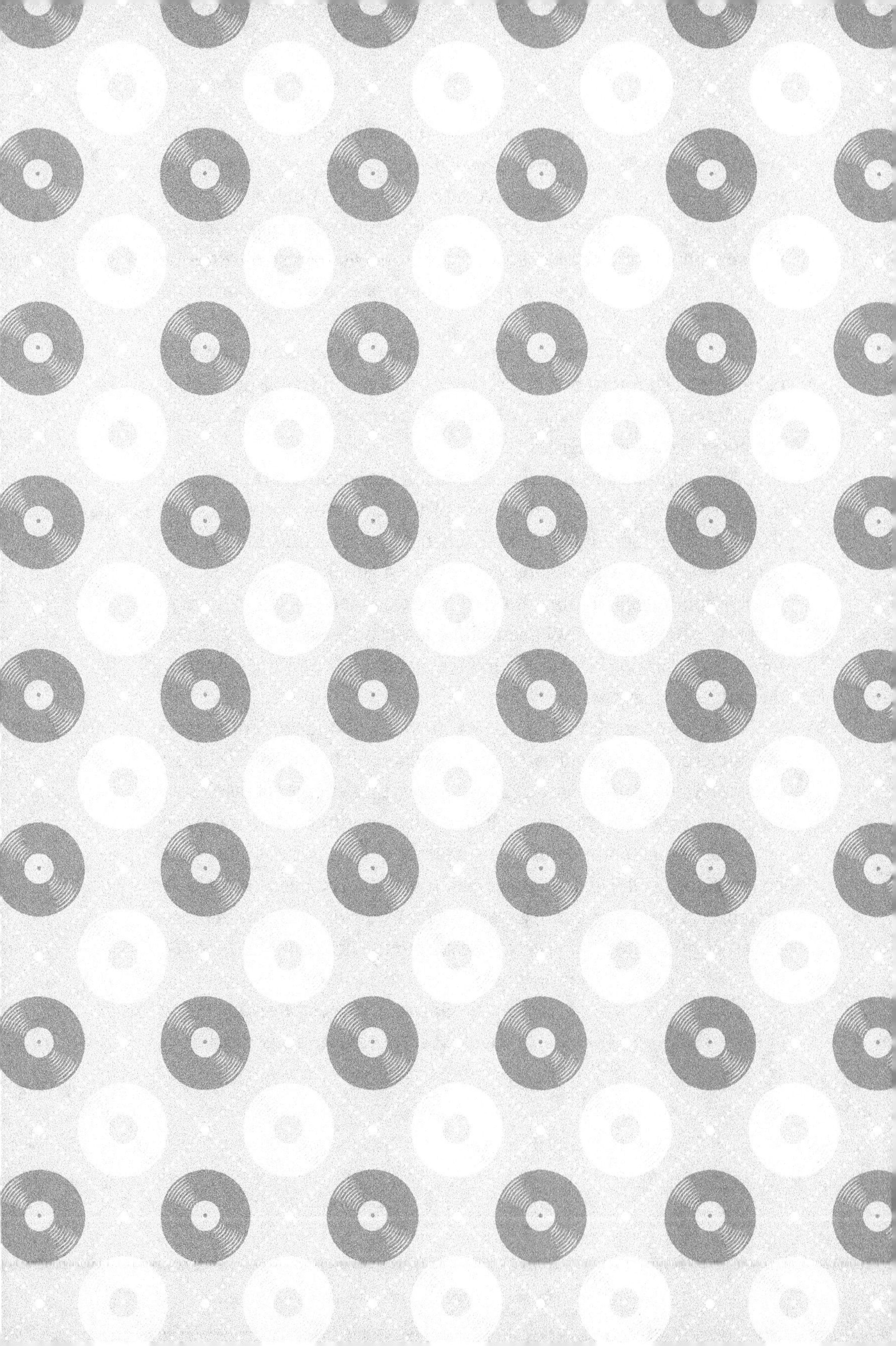

Prólogo
México para Chile, y Chile para México

AYEAYE

Chile es un albur, como también el ingrediente sabroso para cualquier preparación culinaria. Así como siempre veremos a un mexicano sonreír ante una cuidada salsa, de igual forma saluda con empatía a quien viene desde Chile. Es curiosa la relación de dos zonas tan distantes entre sí, geográficamente en polos opuestos y tan similares bajo cierta idiosincrasia. Asombran ciertas interacciones donde el solo nombre de un país facilita las dinámicas de un compadrazgo a distancia, un país que remite a órgano sexual y a la variedad del picor, un sentido picaresco del humor e ingrediente culinario para definir una receta cultural separada por más de siete mil kilómetros y cortada por la línea del Ecuador, que hasta hace que el agua gire en direcciones opuestas. Por cierto, hay veces en que el agua desemboca en los mismos lugares.

Todas las vorágines tienen manifestaciones de corte creativo como testigos directos del acontecer, y con los puertos como entrada. Pasó con la administración del presidente Porfirio Díaz a fines del siglo xix, cuando México se abrió al mundo y a Chile arribaron los valses de Juventino Rosas. Su popular composición titulada "Sobre las olas", que nos lleva directamente a las gradas de cualquier circo local, se vendía en partituras en Valparaíso mientras estudiantinas chilenas adaptaban jarabes tapatíos a su repertorio.

Las dinámicas del registro del disco en el siglo xx harán que el público se identifique con el repertorio popular y sus intérpretes, que junto al auge de la radio darán origen al estrellato popular. Sólo diez meses separan a Chile de México si de primeras transmisiones radiales se trata, entre 1921 y 1922, en días en que Gabriela Mistral, futura Premio

Nobel de Literatura, merodea por México en misiones culturales, bajo la incipiente Secretaría de Educación Pública, que cambiarán la visión de su director, el intelectual José Vasconcelos.

Mientras el mundo trastabillaba, las industrias del cine y la radio frotaban sus manos con estrategias de *marketing* asociadas a las voces del disco. Ya en los años treinta, cine y radio se retroalimentan sin pudor, consolidadas y ligadas al consumo. Es en este periodo donde podríamos señalar el inicio masivo de la identificación de las audiencias chilenas con respecto a las manifestaciones populares artísticas de México.

El año 1937 marca el inicio de la moda del cine mexicano en Chile, un fenómeno de masas de Arica a Punta Arenas que se vive con el desenfrenado recibimiento de la película *Allá en el rancho grande*, dirigida por Fernando de Fuentes y con Tito Guízar como protagonista, arquetipo de galán y cantante.

En este punto la ranchera ya ha penetrado tanto en su país natal como en Chile, motivando esa característica melodramática de la idiosincrasia mexicana proyectada por el cine y reforzada por la radio, justo cuando ambos países inician en esas fechas las migraciones desde el campo hacia las ciudades. Ídolos del cine y el canto en México, como Pedro Infante y Jorge Negrete, desataron verdaderas olas de histeria al visitar Chile, movilizando seguridad pública donde quiera que se presentaran. Agrupaciones chilenas adaptaron ciertos detalles al imaginario local creando una canción de características mexicanas casi textuales tanto en lo musical como en lo estético. Esta sucesión es amparada por sellos musicales como en Odeon o Victor primero editando rancheras y corridos propios de México y después a artistas chilenos como Los Veracruzanos, Los Queretanos y Los Huastecos del Sur, con nombres que son alusiones directas a México como estrategia para poder ser identificados comercialmente en ambas naciones.

El huaso chileno se mexicaniza, al punto de crear una identidad de país basada en la figura mediática del cantante de rancheras y de los mariachis urbanos. Es sorprendente la curiosidad de los mexicanos cuando descubren que en el campesinado chileno estos géneros se asumen casi como propios.

Son los orígenes de un intercambio que se mantendrá constante y fluido las siguientes décadas con nuevos nombres y medios, tal como en algún punto la televisión se sumará a la tríada entre industria discográfica, radiofónica y cinematográfica, con un público chileno totalmente familiarizado con modismos mexicanos gracias a las producciones de los emblemáticos estudios Churubusco, con Televisa reforzando lo anterior con *El Chavo del ocho* y sus omnipresentes telenovelas.

Volvemos entonces al punto donde si le contamos a un mexicano que los festivales de música ranchera chilenos comparten el mismo desenfreno, que una larga y angosta faja de tierra señalada en un mapa parece un chile serrano, y que chile además de ser ingrediente es albur, se hace urgente la humorada del inmortal Mario Moreno *Cantinflas* en el teatro Orfeon despidiendo a Los Queretanos en los años cincuenta: "¡México para Chile, y Chile para México!".

Coatepec, Xalapa
Mayo de 2020

Cortesía de Juan Pablo González

Arribo y consolidación de la música mexicana en Chile

JUAN PABLO GONZÁLEZ

> *Si se realizara en nuestro país (Chile) una encuesta para determinar*
> *cuál es la música que más escucha y repite el pueblo, seguramente no*
> *constituiría una sorpresa el que fueran las repeticiones al infinito de*
> *los cantos sobre medida del cine mexicano.*
>
> Enrique Bello (1959), ensayista chileno

La llegada de música mexicana a Chile antecede bastante a la eclosión producida por la influencia del cine mexicano en América Latina, pues la música de salón decimonónica encontró una salida hacia el exterior en México gracias a la apertura comercial desarrollada durante el extenso gobierno de Porfirio Díaz (1876-1911), por ejemplo, en los valses "Amelia" y "Sobre las olas" de Juventino Rosas (1868-1894).

Desde comienzos de la década de 1920, la editorial Casa Amarilla en Chile incluía el rubro "canción mexicana" en su catálogo de música popular, publicando bajo este concepto canciones tan diferentes como "Estrellita" de Manuel M. Ponce, "Ojos tapatíos" de José Elizondo, "Mi viejo amor" de Alfonso Esparza Otero y "Las mañanitas", del folclor.

En esa época, México no contaba aún con una música que lo representara ante sí mismo y el mundo. Mientras el tango, la rumba y el foxtrot invadían las radios, cines y pistas de baile de América Latina, lo que hoy denominamos música mexicana no estaba totalmente definida como tal. La variedad y riqueza del folclor mexicano resultaba más un impedimento que un elemento facilitador para el desarrollo de un repertorio aglutinador de representación nacional. ¿Por cuál género decidirse? ¿Qué región favorecer? ¿Qué difundir en las ciudades y qué irradiar a los campos?

Resulta entonces sintomático que tres de los cuatro bailes difundidos en la primera transmisión de la emblemática radio xew de Ciudad de México en 1930 fueran el tango, el foxtrot y el *one-step*, ya que todavía no estaba consolidado el mariachi urbano, dirigido a la gran clase media que formaría el nuevo público radial. Además, simultáncamente surgía un público rural y de inmigrantes urbanos de insospechadas dimensiones, el que unido por poderosas cadenas radiales y por una industria discográfica que llegaba a cada rincón del planeta requería de un repertorio de expresión simple y directa, vinculado a valores tradicionales del campo y de la vida en el rancho. Estos requisitos fueron plenamente satisfechos por la canción ranchera, el corrido y los grupos de mariachis, desarrollados de la mano de la pujante industria cinematográfica y musical mexicana; desarrollo del que Chile se verá muy beneficiado.

La canción ranchera surgía de la necesidad de adecuar la canción romántica y el bolero al gusto de los sectores rurales mexicanos expuestos a la cultura de masas, intensificando su carácter machista y dejando de lado los refinamientos y ambigüedades del mundo urbano moderno, expresados en el nuevo bolero de Agustín Lara. El género ranchero, en cambio, desarrollado a partir de la polka —que gozaba de gran popularidad en América Latina–, logró tipificar "lo mexicano" tanto dentro como fuera de México, atribuyéndose su invención al empresario Emilio Azcárraga. Las canciones de Manuel Esperón en la música y Ernesto Cortázar en la letra —el dúo de autores más prolíficos del cine mexicano de la década de 1930— consolidaron el estilo de la canción ranchera que, diseminada por México y exportada a toda América Latina, alimentó la imaginación y el sentir de amplios sectores de chilenos que a partir de fines de los años treinta comenzarían a proveerse sus propios músicos rancheros.

La canción ranchera fue desarrollada por grupos urbanos de mariachis que sumaban dos o más trompetas a la tradicional formación jalisciense de guitarrón, vihuela y violines. Estos grupos se constituyeron en emblema nacional mexicano no sólo por la difusión que lograron con una industria musical y cinematográfica que apoyaba decididamente el nuevo género, sino debido al renovado nacionalismo surgido durante el gobierno de Lázaro Cárdenas (1934-1940), que expropiaba el petróleo de manos de compañías estadounidenses, con el consiguiente temor a una invasión. Como señala el doctor Roberto Cantú, el mariachi eclipsaba otras tradiciones mexicanas en virtud de la unidad nacional, reafirmaba la naturaleza mestiza del mexicano e idealizaba la herencia campesina patriarcal cuando México avanzaba claramente hacia su industrialización.

El género ranchero constituyó el sustento central del pujante cine mexicano de fines de los años treinta, contribuyendo a fijar uno de los tipos característicos de la cinematografía mexicana: el charro cantor, el macho de opereta. Entre los charros cantores que llenarían las pantallas de los cines mexicanos y latinoamericanos destacan Tito Guízar (1908-1999) y José Mojica (1895-1974) en la década de 1930; Jorge Negrete (1911-1953) y Pedro Infante (1917-1957) a partir de los años cuarenta y Miguel Aceves Mejía (1915) desde la década de 1950.

Todos ellos, salvo Infante, llegarían a Chile en la cima de sus carreras. Negrete, por ejemplo, arribó a Santiago a mediados de 1946 y fue recibido en andas en la Estación Mapocho, procedente de Viña del Mar, creando un tumulto que produjo destrozos, desmayos y heridos. La comitiva de periodistas, admiradoras, carabineros y curiosos tapizaron, como nunca se había visto, el centro de Santiago hasta llegar al elegante Hotel Carrera frente al Palacio de la Moneda.

Negrete actuó en el Teatro Baquedano de Santiago y ofreció cinco audiciones en Radio Prat, transmitidas en cadena con radios de Valparaíso, Rancagua, Curicó, Talca, Chillán, Concepción, Temuco y Valdivia. Como señala el historiador César Albornoz, la visita de Negrete a Chile demostró que una estrella de la canción podía producir conmoción pública, lo que resultaba especialmente preocupante para los sectores conservadores, debido al "éxtasis fuera de todo pudor" con que las chilenas recibieron al macho cantor. Algo similar sucedería más tarde con la actuación de Aceves Mejía en el Teatro Municipal de Iquique, quien entró sobre su característico caballo blanco al escenario cantando "Allá en el rancho grande", lo que causó el delirio del público.

El corrido, a diferencia de la canción ranchera, tenía raíces históricas profundas y una existencia popular no mediatizada, lo que puede explicar, en parte, la atracción que ejerció entre los sectores campesinos tanto mexicanos como latinoamericanos. Es a partir de los sucesos revolucionarios ocurridos entre 1910 y 1928 en México que el corrido alcanzó mayor visibilidad, narrando hechos de la Revolución en forma concisa, transmitidos en hojas sueltas y a través de un canto sobrio pero de una expresividad con ribetes épicos. Cuando el corrido parecía llegar a su fin al desaparecer el contexto revolucionario que lo había difundido, fue tomado por una industria musical ya en consolidación. A través de la radio, del cine sonoro y de la grabación eléctrica, alcanzaría una nueva vida.

Durante la década de 1930 se continuaron componiendo corridos en México en recuerdo de figuras de la Revolución, que ahora se difundían a través de la industria musical, como el "Corrido villista" (1935) del chileno Juan S. Garrido con letra de Ernesto Cortázar para la película *El tesoro de Pancho Villa*; "El rifle" de Lorenzo Barcelata y Ernesto Cortázar, y el "Corrido a Emiliano Zapata" (1938) de Concha Michel, junto a corridos referidos a la figura del presidente Lázaro Cárdenas y su apoyo a sectores campesinos y obreros. Desde la década de 1940 se escribirán corridos en homenaje a las grandes estrellas de la música ranchera en el año de su muerte, como el "Corrido de Lucha Reyes" (1944) de Pepe Castillo, y el "Corrido de Jorge Negrete" (1953), los nuevos héroes populares de la cultura de masas.

El cine fue un importante difusor del corrido en Chile desde 1938 y, al igual que sucedía con el tango y el bolero, sirvió de tema y argumento cinematográfico, como en el filme *La feria de las flores* (1942) de José Benavides, por ejemplo, basado en un corrido que narra la vida de Valentín Mancera.

Los grandes tenores del bolero, como Pedro Vargas, que actuaban en Chile desde 1934, incluían también el corrido en sus presentaciones, permaneciendo en el repertorio que difundieron en el país durante los años cuarenta. Los profesores de baile lo incluirán dentro del repertorio enseñado en sus academias, junto al tango, la rumba, el foxtrot, el vals y la cueca durante la segunda mitad de esa década. Paralelamente, era editado en partituras desde 1935 y el sello Victor mantenía desde 1938 una oferta creciente de corridos, ahora con estribillo, según la tendencia desarrollada en la música popular desde comienzos del siglo xx.

Luego de la llegada de los primeros espectáculos costumbristas mexicanos de revista, exhibiciones de charros y películas, comenzaron a visitar Chile auténticos músicos rancheros. La presencia más impactante se produjo después del devastador terremoto que azotó el sur de Chile en 1939, con el envío, por el gobierno de México, del barco Cuauhtémoc, que desembarcó en Valparaíso insumos y personal médico junto a grupos de charros y mariachis que caminaban por las calles llevando un poco de alegría a la atribulada población. Dos años más tarde llegó el afamado Trío Calaveras, anunciado como grupo artístico exclusivo de la National Broadcasting de Nueva York, que se presentó durante las fiestas patrias en la *boite* Lucerna de Santiago.

El trío era dirigido por el guitarrista, cantante y compositor Lorenzo Barcelata (1898-1943), considerado uno de los precursores del cine sonoro en México. El sello Victor ofrecía en Chile, en 1940, una abundante discografía de Barcelata y el Trío Calaveras, destacándose los corridos "Jalisco nunca pierde", de la película *La rancherita del Carmen*, y "Tú ya no soplas", de la película *¡Ora, Ponciano!* (1936), ambos editados en partitura por Casa Wagner en 1937 y 1938. El Trío Calaveras, que acompañaría a Jorge Negrete en su visita a Chile, también fue visto en el país en la película *La feria de las flores* (1942) con Pedro Infante.

Entre tanto macho cantor destaca una mujer, Lucha Reyes (1906-1944), una de las máximas exponentes de la canción ranchera. Apodada "La reina del mariachi", se hizo conocida en el país luego de triunfar en Estados Unidos, como ocurría con muchos artistas latinoamericanos de las décadas de 1930 y 1940.

El pueblo chileno se sintió atraído por la música mexicana, identificándose con la temática rural, pasional y machista imperante en ella, e impactándose con una música orquestal ranchera como la del mariachi, y con el macho de opereta, primera estrella masculina de la canción adoptada en el mundo campesino chileno. Asimismo, existían ciertas condiciones para la incorporación de géneros mexicanos binarios al acervo musical chileno. Como en la música tradicional chilena predominan los metros ternarios de danza —además, la tonada no se baila y la cueca es compleja para bailar—, el corrido, un baile simple de pareja enlazada con movimiento lateral, contribuía a prolongar el baile y ponerlo al alcance de todos, accediendo también al contacto físico de la pareja, algo que la cueca no permitía.

El deseo del propio chileno de acercar la música mexicana a su vida cotidiana y festiva produjo primero la incorporación del corrido al repertorio de los dúos femeninos del campo y masculinos de la ciudad, y finalmente, la aparición de solistas y conjuntos chilenos especializados en los estilos mariachi y norteño. El dúo Bascuñán-Riquelme, intérpretes urbanos de tonadas y cuecas, sumó con naturalidad el corrido mexicano y la ranchera argentina a su formación de arpa y guitarra. En "Adiós, huasita linda", corrido grabado para Odeon en 1946 como lado A, el dúo chileniza el corrido popular mexicano, incluyendo tópicos del campo chileno en la letra, introduciendo punteos de tonada, manteniendo una pronunciación campesina y absteniéndose de emitir los característicos gritos en falsete en los interludios instrumentales a cada estrofa, práctica que constituye una marca de identidad mexicana. La primera cuarteta dice:

> *Mañana dejo el fundo*
> *en que tengo mi amor*
> *me voy para Santiago*
> *mandao por el patrón.*

La modernidad asociada a un género llegado del exterior y la identidad tradicional conseguían un sincretismo inédito en el país.

Los conjuntos chilenos especializados en música ranchera y regional mexicana empezaron a aparecer en Santiago a fines de los años treinta, destacándose Los Queretanos, Los Veracruzanos y Los Huastecos del Sur, considerados los mejores exponentes chilenos del cancionero azteca en los años cincuenta. Hacia 1940, Los Queretanos realizaron su primera gira al exterior, recorriendo toda la costa del Pacífico en el barco mexicano Durango, que había venido a Chile con una embajada de deportistas, músicos y bailarines. En México fueron contratados por la emisora XEW como intérpretes de música chilena y mexicana, proyectando la música nacional a través de esta potente emisora a todo México y los países vecinos. Asimismo, realizaron giras por el país azteca mezclando siempre repertorio chileno y mexicano. Antes de su regreso a Chile, fueron despedidos en el Teatro Orfeón y Mario Moreno *Cantinflas* los anunció diciendo: "¡México para Chile, y Chile para los mexicanos!".

Los conjuntos chilenos de charros —que también se incorporaban a elencos de compañías de revistas, tan proclives al costumbrismo musical— grababan desde 1944 para el sello Odeon repertorio de películas mexicanas exhibidas en Chile, aprendido, en muchos casos, por los músicos chilenos durante las funciones de cine. Realizaban además publicitados viajes a México para traer nuevo repertorio, lo que aumentaba su legitimidad frente al público nacional. A comienzos de la década de 1940, la revista *Radiomanía* elegía el mejor conjunto de estilo mexicano del año, y en 1943 le otorgó el galardón a Los Queretanos. La revista *Ecran* destacaba la calidad y la permanencia en nuestro medio de este grupo, comparándolo con Los Quincheros y Los Provincianos. Ese mismo año, Los Queretanos habían grabado para Odeon los corridos de Manuel Esperón y Ernesto Cortázar "¡Ay, Jalisco, no te rajes!", de la película homónima de 1942, y "Así se quiere en Jalisco", y en 1947 comenzarían a grabar con acompañamiento de mariachi. Sin embargo, los intereses comerciales de los sellos impedían que grabaran música mexicana regional, debiendo enfatizar los ritmos bailables.

De este modo los músicos chilenos desarrollaban un repertorio que alcanzaría altos índices de consumo, satisfaciendo sus necesidades económicas con música mexicana y sus necesidades espirituales con música chilena, como ellos mismos confesaban.

Junto a los conjuntos chilenos especializados en música mexicana sobresalió una cantante, Guadalupe del Carmen —Esmeralda González Letelier— (1917-1987). Se inició en la vida artística a comienzos de los años cuarenta cantando en el tren de Santiago a Valparaíso junto a un músico ciego, y con los Hermanos Campos en la Vega Central de Santiago. Debutó en el Teatro Cousiño como Sandra la Mejicanita y en 1949 adoptó el nombre que unía a las patronas de México y Chile: la Virgen de Guadalupe y la Virgen del Carmen.

Comenzó interpretando canciones de Jorge Negrete, a quien admiraba y del que sabía todo su repertorio difundido en Chile, destacándose "Tequila con limón" y "Así se quiere en Jalisco". Junto con los Hermanos Campos y con Jorge Landy realizó extensas giras de Arica a Punta Arenas, presentándose en cada pueblo y ciudad como una compañía chileno-mexicana. En sus presentaciones mezclaban tonadas y cuecas con canciones rancheras y corridos de compositores mexicanos y chilenos, ya que los sellos incentivaban a los músicos nacionales a que escribieran su propio repertorio.

Este es el caso de "Ofrenda", corrido de Jorge Landy grabado para RCA Victor en 1949, y con el cual Guadalupe del Carmen obtuvo en 1954 el primer Disco de Oro otorgado en Chile, por la venta de 175 mil ejemplares. Tanto los punteos de las guitarras de Los Hermanos Campos como la letra ponen de manifiesto la temática de la tonada chilena mezclada con el corrido de ritmo binario. El estribillo dice:

> *Y en su blanca cordillera*
> *donde el cóndor se pasea*
> *allí en lo alto flamea*
> *el emblema nacional.*
> *Por eso canto a esta tierra*
> *tan hermosa y soberana*
> *igual a la mexicana*
> *por su historia y lealtad.*

En noviembre de 1952, la revista *La Voz de RCA Victor* informaba que Guadalupe había nacido en Chihuahua de madre mexicana y padre chileno, que había llegado a Chile a los tres años y que cuando niña era acunada con canciones mexicanas. En realidad no era más que una estrategia publicitaria de RCA Victor para legitimarla como exponente del cancionero mexicano en Chile.

Sin embargo, su legitimación se la daba el propio público, que abarrotaba los cientos de presentaciones que hacía cada año a lo largo del país. Sólo en 1954, la compañía chileno-mexicana de Guadalupe del Carmen recorrió 76 ciudades y pueblos del sur de Chile. Desde 1955 actuaba en Santiago y Valparaíso, en especial en la Quinta El Rosedal y en la *boite* Zeppelin de la capital, en el Rancho Criollo y la Quinta Forestal del puerto. "Me gusta lo mexicano, tiene alegría y tristeza, tiene de todo, es tan complejo que a una la llena por todas partes", decía Guadalupe del Carmen.

Las hermanas Violeta e Hilda Parra también contribuyeron al cultivo de la música mexicana en Chile con sus actuaciones en los bares La Popular y El Tordo Azul del barrio Matucana y El Banco de Franklin, así también en *boites* del centro de Santiago como El Patio Andaluz y Casanova. En abril de 1944 cantaban en el programa semanal de Radio Agricultura llamado *Rapsodia Panamericana*, que era presentado como "Un saludo de la tierra de Méjico". Su participación se realizaba en forma alternada con grabaciones de Agustín Lara, Pedro Vargas, Alfonso Ortiz Tirado y Jorge Negrete. "Me sobran los Valentinos, los Gardeles y Negretes", cantaría Violeta dos décadas más tarde.

El cine mexicano, que trataba temas de charros, amores fatales o la dura vida del desposeído, en melodramas rurales y urbanos, incluía con bastante frecuencia canciones interpretadas por los propios protagonistas del filme o por artistas invitados. Sin duda que este cine, en especial el llamado ranchero, influyó en la popularidad de la música mexicana, que penetró hondamente en el corazón del chileno. La fama que Jorge Negrete tenía en Chile desde el impacto de su gira de 1946 continuaba con Pedro Infante, quien heredaría gran parte del público que dejaba Negrete luego de fallecer en 1953, y con Miguel Aceves Mejía, que empezaba a hacer giras hacia América del Sur acompañado de mariachis en 1954 y filmaría 64 películas entre 1955 y 1962, de amplia difusión continental. Asimismo, con el cine mexicano de temática urbana —de gánsteres, cabarés, mulatas de fuego y boleros—, continuó la difusión en Chile del cancionero de Agustín Lara, Pedro Vargas, María Antonieta Pons, Toña la Negra, Los Panchos y Libertad Lamarque, quien trabajaba en México, lejos del gobierno de Perón. Todos ellos se convirtieron en figuras de culto para el público chileno y latinoamericano.

Es así como la música mexicana, una vez consolidada como producto de exportación, alimentó el sentir y la imaginación de amplios sectores de chilenos que expandían sus horizontes culturales. Al mismo tiempo, esta música nutrió las carreras de muchos músicos nacionales, que pudieron vivir gracias a ella, proporcionándoles nuevos materiales para desarrollar expresiones modernas enraizadas en elementos tradicionales, que ponen de manifiesto aspectos comunes de la cultura mestiza latinoamericana.

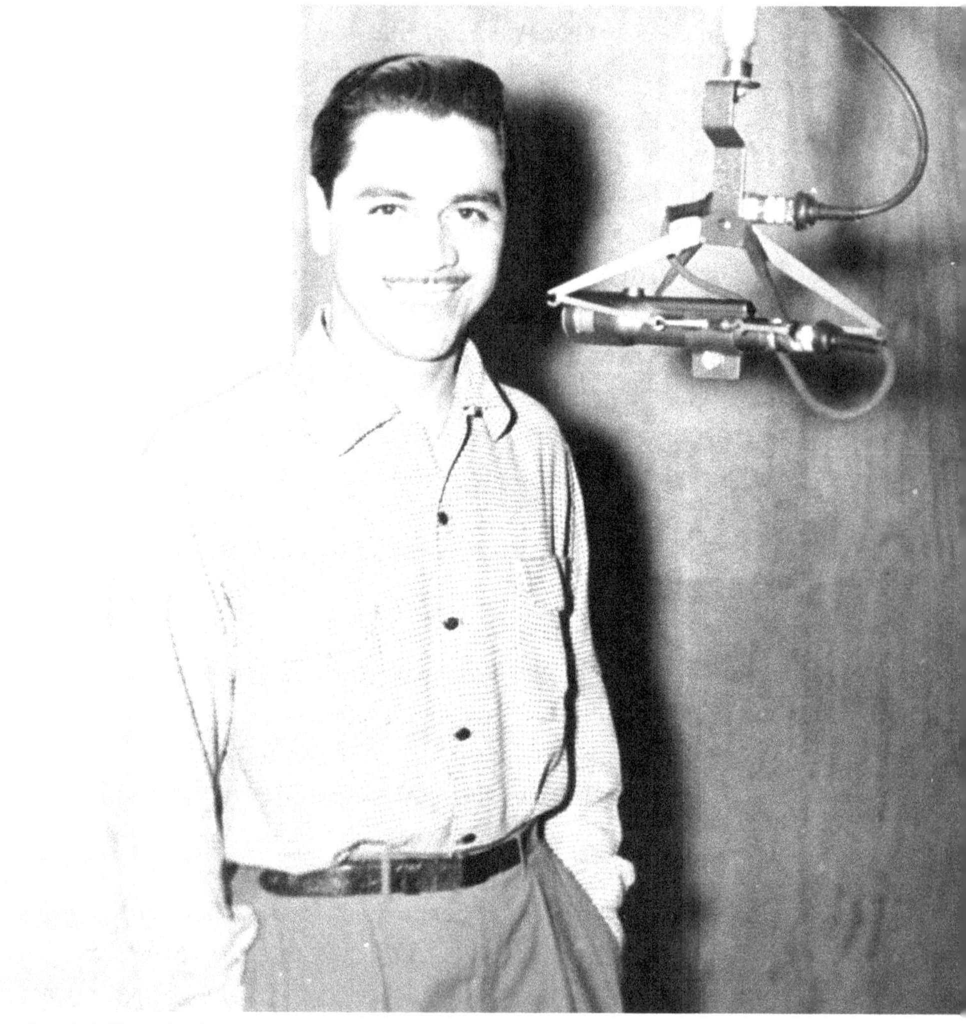

Cortesía de Marisol García

Lucho Gatica y México: encadenados

MARISOL GARCÍA

No tenía aún ni la idea de una estrategia promocional, pero hacia la primera mitad de los años cuarenta Lucho Gatica ya había hecho de la radio de México una referencia clave en su vida de futuro gran cantante. Era una estación de radio de ese país, la xew, la que el entonces escolar de Rancagua captaba por onda larga para acceder a la música que más lo inspiraba, el bolero latinoamericano de creadores vigentes.

La estación, identificada como "La voz de la América Latina desde México", se distinguía desde la década previa como un surtidor regional de radioteatros románticos, impecables locuciones, estrenos de grandes autores como Agustín Lara, y canciones en las voces de Jorge Negrete, Los Panchos, Los Tres Diamantes, Elvira Ríos y Pedro Vargas, entre otras estrellas. Ofrecía el tipo de autoeducación que el joven Lucho Gatica buscó darse a la espera de pistas sobre su futuro en el canto, incluso antes de siquiera poder compartir esa afición con cercanos. El alumno de los Hermanos Maristas en el Instituto O'Higgins aprendía así por cuenta propia sobre compositores, arreglos de tríos, conjuntos y orquestas, entonaciones y repertorio.

Allí donde la gente captaba un terreno ancho e indefinido de canción romántica en castellano, Gatica persistía en el esfuerzo de formarse a sí mismo a través de la escucha y la práctica a solas, y era ya capaz de entrever matices, texturas y estilos, habiendo comprendido por su cuenta que el gran mercado de la música hispanoamericana constituía un tejido firme que urdía hilos y talentos múltiples.

Era un adolescente aún, pero incluso en el alcance a distancia de los 6 600 kilómetros entre Rancagua y Ciudad de México contaba con un radar musical activado y preciso. Estaba en esa edad en la que entusiasmo y metas se mezclan con ilusión vaga y ambición desmedida. Sin pruebas con las que justificar su ambición, Luis Enrique Gatica Silva sabía que tarde o temprano iba a poder él mismo sumarse a esa irresistible colmena de trabajo.

Diría mucho más tarde, ya instalado en México como una gran figura de la música y la cultura de ese país:

> Fui valiente, lo reconozco, pero yo tenía esa convicción del artista: querer ser algo. En México estaban todos los cantantes que yo admiraba, y en su época de gloria. Era la capital del bolero; la competencia era ¡tremenda! Quién me iba a decir que yo iba a terminar trabajando con todos esos artistas que antes sólo escuchaba por radio.

Las anécdotas con la radio mexicana iban a aparecerse de nuevo en la trayectoria de ascenso de aquel Lucho Gatica en camino a ser nombre universal. Convertido ya en un cantante respetado en varios países de Sudamérica, seductor de masas en Cuba y con grabaciones significativas junto a gente como Vicente Bianchi, Roberto Inglez y Tom Jobim —"La resurrección del bolero", así lo había llamado la revista *Cruzeiro* en su primera visita a Brasil—, el chileno llegó por primera vez a México en 1955. No cumplía aún los 30 años de edad, seguía soltero, y una habitación del Hotel Regis pasó a ser a la vez su hogar y centro de operaciones.

Acumulaba para entonces varias grabaciones importantes en Chile, Brasil, Perú e Inglaterra —ya estaba su nombre en ediciones de "Contigo en la distancia", "Nadie me ama", "Sinceridad" y el famoso "Bésame mucho"—, pero sin producción local ni contactos el desafío de la conquista de México era todavía palabras mayores, que no pocos cercanos le describían como una ilusión imposible.

Lejos de amilanarse, el chileno redobló energías y esfuerzos. Fueron su propia motivación e ingenio sus principales asesores en esa inicial promoción en el Distrito Federal (DF).

Debutó en ese país en el espacio televisivo de la cadena XEM AM *Revista musical Nescafé*, junto a la orquesta del cotizado José Sabre Marroquín (1909-1995). Compositor y arreglista, el nativo de San Luis Potosí contaba al momento de conocer al chileno con grabaciones junto a Pedro Vargas, Agustín Lara y Olga Guillot, entre varios grandes nombres, además del éxito de un bolero de su autoría, "Nocturnal". Encargos no le faltaban, pero vio en Lucho Gatica algo tan especial que no dudó en renunciar a proyectos personales para convertirse primero en su asesor musical, y luego en su representante y *manager*, volviéndose clave para la expansión de la fama del cantante en México.

Sabre Marroquín estuvo en los arreglos de las primeras grabaciones de Lucho Gatica en México. El debut de su sociedad a través de "Historia de un amor / No me platiques" (Odeon, 1955) no pudo haber sido mejor escogido, al aunar los respectivos boleros de Carlos Almarán y Vicente Garrido, en nuevas versiones que en la voz del chileno iban a quedar fijados en el estatus de clásicos.

Era todavía la radio la plataforma más importante para dar a conocer nuevas voces, figuras y tendencias, y por eso el recién llegado Lucho Gatica creyó conveniente llevar siempre un pequeño aparato consigo. Ubicó un par de programas que acogía peticiones de los escuchas, y entonces comenzó él mismo a llamarles tres o cuatro veces al día para pedir su propio tema. "Ponía un pañuelo sobre el teléfono para ir cambiando la voz sin que me reconocieran", recordó años más tarde el cantante con una sonrisa traviesa.

Contactos permanentes, por carta y teléfono, con compositores y músicos que despertaban su admiración llenaban su tiempo de trabajo como hoy lo haría quien teje aquello que llamamos red de contactos. Era el modo artesanal que tenía un chileno para ubicarse en una gran trama de trabajadores de la industria del espectáculo, a la que primero se asomó como admirador pero a la que no tardó en sumarse como protagonista.

Así, antes de cerrar la década de los cincuenta sucedió lo antes impensable: canciones de grandes autores mexicanos se hicieron famosas en su país de origen en la voz de un chileno. Esa discografía de auténtico cruce intercultural incluye las versiones que Lucho Gatica grabó de "El reloj" y "La barca" de Roberto Cantoral, "Encadenados" de Carlos Arturo Briz, y "Solamente una vez", "Noches de Veracruz" y "María Bonita" de Agustín Lara: estándares internacionales para el bolero todo de ahí en adelante.

"Lucho nos llevó a la cima a nosotros, los compositores mexicanos y cubanos", dijo una vez Vicente Garrido, el autor de "No me platiques más", el bolero que una vez el chileno describió como "la canción que me identifica, es la canción mía", y cuyo éxito fue tal que incluso lo ubicó con un rol discreto en una película del mismo nombre (1956), su debut en el cine mexicano.

La gran industria del entretenimiento se volvió así campo fértil para Lucho Gatica, un inmigrante que llegó a ganar el estatus de gran figura local e incluso orgullo popular, y que en su conquista estuvo dispuesto a asumir nuevos roles (como el de actor), forjar alianzas sinceras de amistad y de familia, y al fin abrazar a México como la plataforma definitiva desde la cual proyectarse. Lo hizo, sí, "tratando de tener un propio estilo, muy diferente a otros cantantes: eso fue lo que me hizo triunfar".

Del llamado "estilo Gatica" se ha escrito mucho, detallando el análisis sobre todo en su técnica vocal. Un intérprete naturalmente dotado, supo darle a esa ventaja rasgos de carácter, como su magistral uso del llamado *rubato* (ligera aceleración o retardo del tempo en el canto respecto al del acompañamiento instrumental), ganando con ello distinción y misterio, tanto en discos como en vivo.

Pero el estilo de Lucho Gatica fue en verdad fruto de decisiones más amplias, opciones hábiles de trabajo que abarcaban, por cierto, a su canto pero también a códigos de trato, presencia y colaboración creativa. Él mismo se definió una vez como "un cantante con la convicción de un artista".

Su empuje profesional, sus acertadas intuiciones al decidir pasos claves de su trayectoria, su elección de asociados y de repertorio, y también la cercanía que eligió tener con la audiencia fueron también pruebas de su talento, aunque no quedasen evidentes al oído.

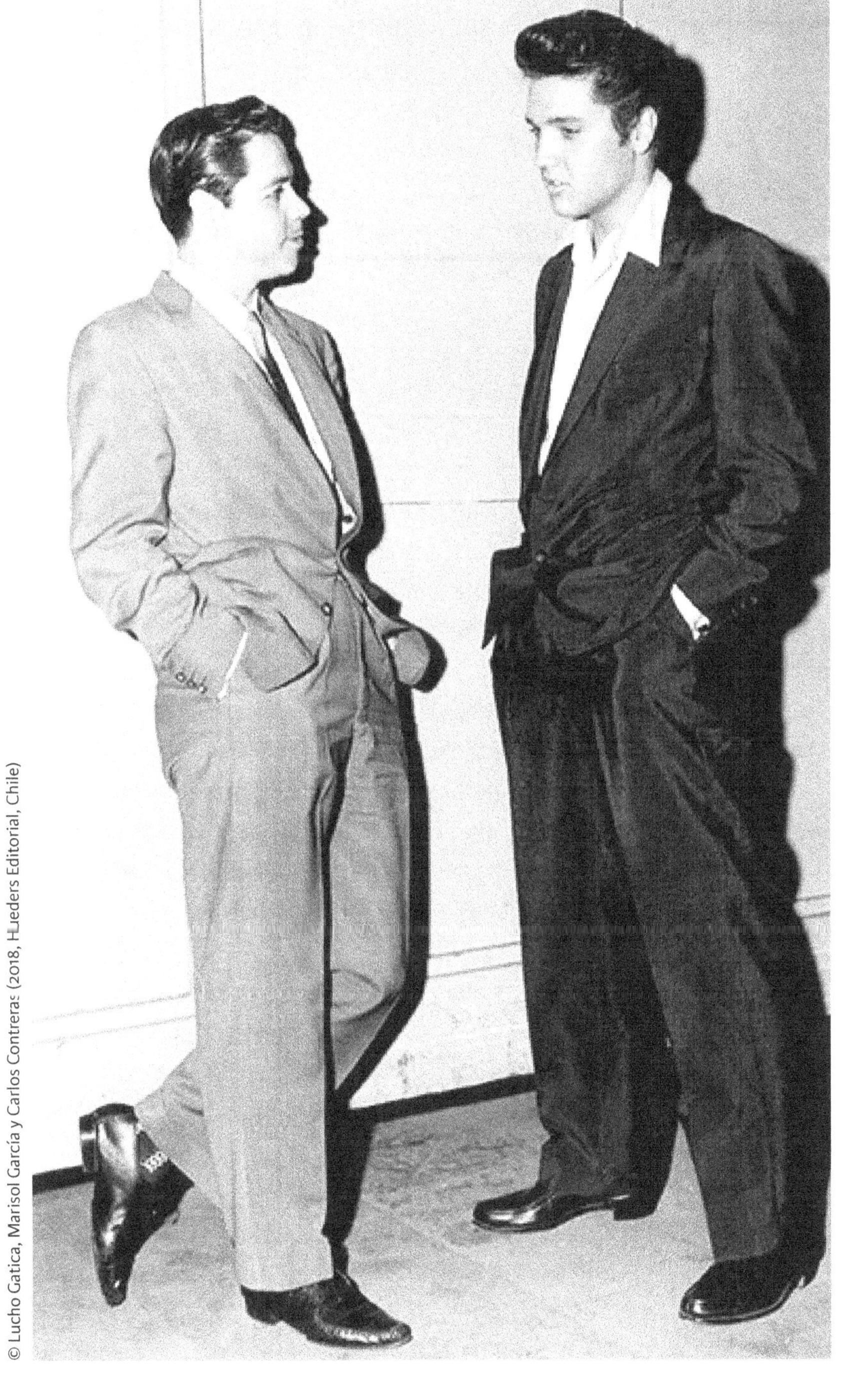

© Lucho Gatica, Marisol García y Carlos Contreras (2018, Hueders Editorial, Chile)

En la elección de los cientos de canciones que eligió grabar —boleros, sobre todo, pero no exclusivamente, si se consideran sus notables incursiones en tonadas, sambas, bossanovas, tangos y baladas en inglés— hubo varias anécdotas elocuentes de su personalidad y visión de trabajo, guiada en parte por el amor profundo por el repertorio latinoamericano y su potencial de cercanía con la historia y sentimientos de la audiencia.

Dos ejemplos, entre muchos: contaba que tanto le gustó "Sabor a mí" cuando se la tararearon por teléfono, que de inmediato se marchó de Barcelona a México para poder grabarla cuanto antes. Y está también su testimonio de cómo le llevó la contraria a un representante suyo que no quería que cantara "La barca" porque era "muy corriente".

"Esas son las que me gustan, las corrientes. Porque van directas al pueblo", le respondió Lucho Gatica. Y tenía razón.

Son sólo dos pruebas del excepcional olfato de quien buscaba apuntar con sus canciones "directo" a su audiencia. Parece extraño ahora, que ya sabemos de su fama universal, pensar que en algún momento el chileno tomó muchas de sus grabaciones como lo hace un apostador con un número que tan sólo le presenta un pálpito de triunfo.

El relato amoroso reconocible por el gran público era la brújula a la que el cantante estaba siempre atento. "Nadie escapaba a su embrujo; nadie se avergonzaba de adorarlo, de sentirlo, de hacerlo un espejo del alma cotidiana", ilustra el ejecutivo de Odeon Rubén Nouzeilles en el texto de carátula para uno de sus discos.

La carga galante del canto y la sofisticación melódica de los arreglos en sus grabaciones, sumadas a la decisión de lograr con ello un cruce intergeneracional, fueron también parte de esa marca personal: del tan aplaudido "estilo Gatica", capaz de diagnosticar su tiempo y aportarle al bolero dosis justas de sutiles innovaciones para su renovación.

Había en el primer repertorio de Lucho Gatica en México un doble cuidado hacia la tradición y la frescura. En la contraportada de uno de sus LP para Discos Musart, en los años sesenta, se destaca la rapidez de sus conquistas en la llamada "catedral del bolero", y se desafía al auditorio con una tesis:

¿Cuál es el secreto de Lucho Gatica? Independiente de sus cualidades artísticas, de su buena voz y magnífica dicción, podemos aventurar una afirmación: Lucho Gatica ha triunfado rápida y plenamente en nuestro país, puesto que con su estilo original vino a romper la monotonía que ya caracterizaba a uno de los géneros musicales más populares entre nuestro público, el bolero [...]. La mayor parte de los cantantes de la nueva generación imprimían a sus interpretaciones de boleros un sello parecido al que había hecho famoso a los grandes artistas consagrados en el pasado [...]. El bolero vegetaba sin ir ni atrás ni adelante. Llegó Lucho Gatica y su estilo nuevo y sensacional llamó poderosamente la atención.

Aunque la rapidez de su ascenso en México quedó alguna vez descrita injustamente por una revista chilena como la excepción de un muchacho "mimado por la suerte", Lucho Gatica mostró una disposición al éxito mediante arduo trabajo, que lo hizo cuidar tanto lo grande como lo pequeño. Una nota de la revista *Ecran* de diciembre de 1953 destaca:

[...] posee una extraña facilidad para adaptarse al medio en que se desenvuelve, lo que le ha permitido granearse la simpatía de sus compañeros. Lucho sabe reír, contar chistes y anécdotas; como también arrugar el ceño y escuchar atentamente consejos, palabras de aliento o críticas. Lucho Gatica escucha todo, y de cada cosa saca un provecho. Es un muchacho que está aprendiendo, que le gusta estudiar, y que tiene muchas y grandes ambiciones.

El entusiasmo de sus seguidoras puede también sumarse a todos aquellos nuevos códigos de época que el chileno no tuvo problemas en abrazar sin pudor. Sus retratos en revistas y en portadas de discos apoyaban la identificación de un talento joven al que admirar desde la cercanía: siempre sonriente, llano, sin restricciones de formalidad. Para mediados de los años cincuenta se asentaba en el dial chileno el programa *Cita con Lucho Gatica*, en torno al cual giraban cartas constantes, entusiastas socias y concursos que seguían su trayectoria a la distancia. Poco antes se había fundado un primer club de fans chilenas del cantante.

Los efectos de su encanto estaban en la repetición de adjetivos descriptivos en sus notas de prensa (guapo, atractivo, elegante), y quedaron registradas para la referencia de décadas en la novela *La tía Julia y el escribidor* (1977), en la que Mario Vargas Llosa convirtió la anécdota de una estampida en una radio de Lima en la certificación de una conquista: "Esa nube de muchachas era un homenaje a su talento", da fe el Nobel peruano.

México se convirtió para Lucho Gatica en hogar elegido y país de adopción, pero también fue la sede de sus más relevantes alianzas y conquistas profesionales, así como el lugar de su primer matrimonio y la cuna para sus cinco hijos. Allí conoció a María del Pilar Mercado, actriz y ex Miss Puerto Rico, conocida como Mapita Cortés. Se casó con ella el 21 de mayo de 1960. La fiesta de boda, la temprana convivencia y el nacimiento de cada uno de sus hijos les dieron pauta a revistas del corazón, e incluso una foto para la carátula del álbum *Lucho en la intimidad*, en la que puede verse a la pareja junto a su hijo recién nacido.

Su fama en la música no tardó en llevarlo a la pantalla grande. Debutó en 1956 en el filme musical *No me platiques*, pero en pocos meses ya compartía elenco en otras cintas con figuras como Miguel Aceves Mejía (*¡Que seas feliz!*, 1956; *Viva la parranda*, 1960), Silvia Pinal y Pedro Vargas (*El teatro del crimen*, 1957), y José Alfredo Jiménez y Demetrio González (*Cada quien su música*, 1959).

El vínculo entre el chileno y México iba a ser firme hasta su fallecimiento, en un cruce entre generaciones de escuchas y admiradores que devolvería su nombre como referencia en el trabajo con superventas de Luis Miguel para su álbum *Romance* (1991), donde figuran varios boleros popularizados décadas antes por el chileno.

Pero desde mucho tiempo atrás había pruebas del respeto prodigado hacia el chileno por el espectáculo mexicano, en fotos y vínculos de amistad con celebridades como Mario Moreno *Cantinflas*, la actriz María Felix, el gran Agustín Lara —el brillante compositor de quien grabó decenas de composiciones y a quien le dedicó el álbum monográfico *Lara by Lucho* (1960)— y Armando Manzanero.

Este último había puesto su talento en el piano al servicio de Gatica incluso antes de brillar él mismo como bolerista y autor. Los presentó hacia 1958 el compositor Luis Demetrio, durante una cita en el DF a la que Manzanero llevó cuatro canciones suyas que quiso cantar al teclado. Cuando Lucho Gatica le escuchó "Voy a apagar la luz", decidió de inmediato que la grabaría al año siguiente con su voz. Fue su versión la primera canción del yucateco convertida en éxito internacional.

El chileno en el micrófono y el mexicano al piano salieron de gira por Estados Unidos en 1959, fortaleciendo así una relación de trabajo y amistad. La sintonía entre ambos forjó más tarde nuevos créditos compartidos, cuando el cantante llevó a disco también composiciones como "Contigo aprendí", "Cuando estoy contigo", "Esta tarde vi llover" y "Adoro".

Ambos se presentaron juntos en citas para la televisión hasta entrados los años noventa. Comentó una vez Manzanero: "Lucho Gatica llevó la música romántica a su máxima expresión. Su sello y distinción son inigualables. El gran Lucho Gatica es un señor que cantó hermoso para todos quienes hablamos este bello idioma que es el español".

Los muchos lazos entre Chile y México tienen en Lucho Gatica un nudo poderoso, atado incluso de modo póstumo. En la capital federal fue que el cantante pasó sus últimos años de vida, y murió el 13 de noviembre de 2018. Fue un luto que excedió fronteras, con portadas en diarios de toda Hispanoamérica, y notas en medios franceses, italianos, estadounidenses y británicos con la noticia del duelo al día siguiente.

"LUCHO GATICA, THE KING OF BOLERO, DEAD AT 90", anunciaba *Billboard* cuando aún su familia lo despedía en el Panteón Francés del DF.

Las cenizas de Lucho Gatica fueron depositadas a fines de noviembre en una cripta de la iglesia de la Santa Cruz, en El Pedregal, al suroeste de Ciudad de México. Volvían sobre la memoria reflexiones de su hija Juanita, quien pocos meses antes había visitado Rancagua en representación de la familia: "Mi padre siempre trabajó con la conciencia de que aportaba algo más allá de él, de su carrera. Era su amor por la música, y saber que la canción es parte de una herencia cultural mayor. Él siempre lo tuvo claro".

Con Lucho Gatica en la distancia, ese ancho legado es ahora prueba viva de un cruce entre naciones.

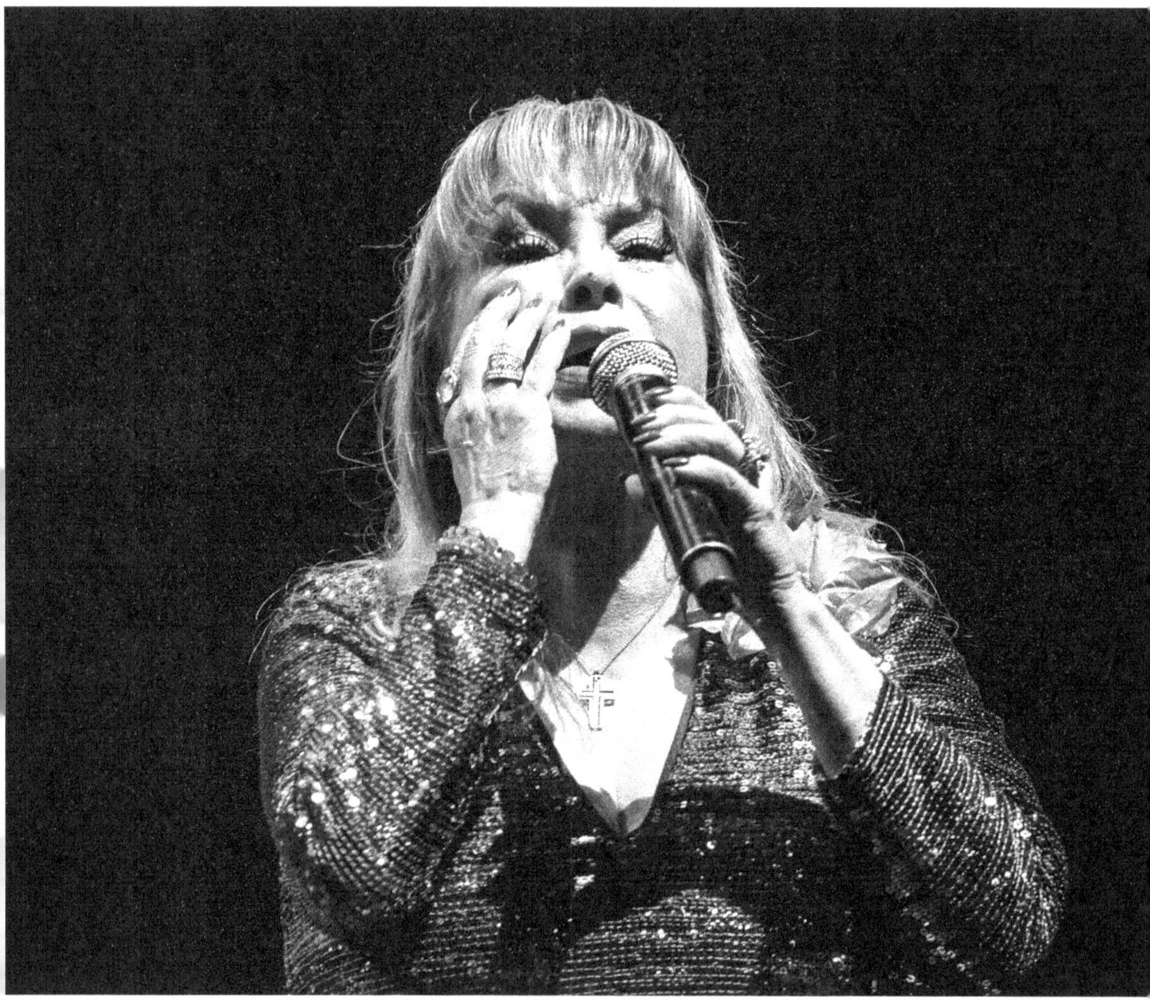

Cortesía de Palmenia Pizarro

Monna Bell, Sonia la Única y Palmenia Pizarro: las chilenas que triunfaron en México

MACARENA LAVÍN

Así les decían. Tres cantantes exitosas en México, tres voces extraordinarias con sus estilos y características que las hicieron únicas. Cuando se habla de músicos chilenos radicados en México las referencias se remontan principalmente a Los Ángeles Negros, Lucho Gatica y en estos días a Mon Laferte, por supuesto. Pero también están los relevantes casos de Monna Bell, Sonia la Única y Palmenia Pizarro, en ese orden. Tuvieron la suerte de quedarse allá en la época dorada del cine y la televisión, cuando codearse con las estrellas de América del Norte era sinónimo de éxito. "La chilena que triunfa en México" era una manera de nombrar a las tres en la prensa chilena.

Cada entrevista o nota que hemos encontrado en medios chilenos sobre estas estrellas resume sus logros, para luego preguntar por su marido o hijos y la cotidianidad. En este texto intentamos desenhebrar esas historias para hacer notar lo reluciente del talento y la perseverancia de cada una de ellas.

Monna Bell

Su enseñanza la sentí en su voz. La vida me regaló la oportunidad de que mis oídos la escucharan, luego de que mis ojos la vieran y más tarde, de que mis labios le hablaran. Después vinieron los hechos y pudimos ser amigos.

Juan Gabriel

Fue una vuelta larga y de alto estrellato la que realizó Monna Bell antes de radicarse en tierras aztecas. Solía actuar en Chile en la radio desde 1953 y también en la orquesta del casino de Viña del Mar y el Hotel Carrera cuando la vio el director de orquesta escocés Roberto Inglez, que estaba en una gira sudamericana para recoger sonidos locales. En Chile actuó muchas veces con Lucho Gatica y luego con la misma Monna Bell. Como vocalista de Roberto Inglez & his Latin Orchestra, la cantante se embarcó en una gira internacional por Argentina, Brasil, Cuba y Europa, para culminar en Nueva York. En esa ciudad fueron contratados por el Waldorf Astoria por cuatro meses, estadía que se alargó más de un año. A estas alturas Monna Bell ya había grabado varios discos para el sello RCA con diversos estilos como cha cha cha, samba, beguina y bolero-afro, dando cuenta de su versatilidad musical. A pesar de ello la prensa la catalogaba simplemente como cantante melódica.

Su primera parada larga en el extranjero fue en España, donde aportó canciones para varios largometrajes, que fueron editadas a través de Hispavox en distintos EP como *4 éxitos de películas* (1957) y *El cantarillo de Adriana* (1958), mientras cumplía su contrato en el club madrileño Pasapoga, primero junto a la orquesta de Inglez y luego de manera independiente, dando puntapié inicial a su carrera solista con todas sus letras.

Ese año vendría un hito decisivo en su carrera, pues se coronó nada menos que como la ganadora de la primera edición del festival Benidorm con "El telegrama", la que "fue genialmente interpretada", en palabras del alcalde Pedro Zaragoza. En una nota del diario ABC dijo: "Fue un hermoso mensaje en la voz de Monna Bell", citando la letra a continuación, "Destino: tu corazón / domicilio: cerca del cielo / remitente: mis ojos son / y texto: te quiero, te quiero". Tanta fue la popularidad del tema que llegó a tener más de setenta versiones. A los compositores, los hermanos Alfredo y Gregorio García Segura, les valió "un millón de pesetas" en regalías, según señaló el segundo de ellos en una entrevista de la época.

También significó réditos para la propia intérprete, ya que consiguió contratos en Madrid, París, Italia, Alemania y hasta Finlandia. En 1959 realizó una gira por distintas localidades de México, en la que visitó sets de televisión y programas de radio que hicieron crecer su fama. Era una de las figuras destacadas del momento, y de las mejor pagadas, según Radiomanía, y era promovida como "la mejor cantante de habla hispana".

Al año siguiente ganó el segundo lugar en Benidorm, y a comienzos de 1961 hizo dúo con Pedro Vargas en la televisión local. La revista *Ecran*, que anunciaba la edición de los discos de Hispavox en Chile, la muestra vestida con un poncho, sonriendo junto al cantante. Dividía sus meses entre España y México. Su aparición en programas de radio hispana como *Cabalgata fin de semana* contribuyó a su creciente popularidad y a su condición de estrella. Según Raúl Matas, "a Monna Bell la consideran española no porque ella niegue su nacionalidad, sino por sus mayores éxitos, desde 'Pequeña' hasta 'El telegrama'".

El director de cine José Díaz Morales indicaba que "entre las damas, Monna Bell, popularísima, logra lo que quiere en México". Este comentario no es al azar, ya que la cantante se aventuró también a la actuación en películas. La primera fue *Las recién casadas* (1962), en la que protagonizó a una de las recién casadas

> [...] que enfrentan los problemas de la vida conyugal. Su marido, un oficinista, no ve con buenos ojos el nacimiento de una estrella de la canción. El director plantea que el éxito, el triunfo, el trabajo mismo, son atentatorios a la felicidad del hogar. El papel de la mujer sólo consiste en atender al hogar y ser una fiel servidora del marido.

Entre 1968 y 1975 se cambió de casa discográfica. Primero fue Musart y luego Orfeón, pero en esta última no tuvo la difusión de antaño. Mucho se habló de la menor calidad orquestal y de arreglos en sus grabaciones. Lo explica su admirador y amigo Juan Gabriel en su página web:

> Pasaron los años y como a Monna Bell le gusta hacer cosas con mucha calidad ha tropezado con gente que no le ha correspondido, que no le han hecho justicia ni le han dado el trato de calidad que ella se merece. Ahora ya sé por qué dejó de grabar en aquel tiempo.

Uno de esos tropiezos fue la edición del LP *La Nueva Onda de México* junto a Aldemaro Romero, donde reinterpretaron clásicos mexicanos. Todo iba bien hasta el diseño de la carátula, en que se veía a los cantantes vestidos de guerrilleros mejicanos,

[...] manipulando las fotos en tonos sepia para que parecieran antiguas. Todo un homenaje a la constitución de la nación mexicana. Pero el gobierno mexicano de la época se lo tomó como un insulto y el Ministro del Interior se encargó de sabotear la propagación del disco, moviendo sus hilos para paralizar su promoción y haciendo que las emisoras se negaran a radiarlo. Se habían fabricado 3000 copias y las ventas fueron bajísimas.

Al mismo tiempo que "Está escrito" era incluida en la banda sonora de *Pepi, Luci, Bom y otras chicas del montón* de Pedro Almodóvar, Monna Bell dejaba su carrera artística. Pero esta no terminaría ahí. En 1993, Juan Gabriel compuso y produjo canciones para ella contenidas en el disco *Ahora*. No tuvo la difusión que le hubiera gustado, debido a un asunto contractual que tenía el cantante por derechos autorales. Después de este traspié se puso en campaña para editar un álbum recopilatorio junto a EMI, llamado *La divina Monna Bell*, finalmente en 1996. El sello aportó las canciones y Juan Gabriel puso a disposición las fotos y partituras que venía juntando desde hacía años. También aprovechó para escribir una sentida crónica sobre cómo llegó a ella, dando cuenta de su admiración. En ese texto señala:

> [...] discográficamente este es un rescate fabuloso. Porque permite conocer su arte en un momento que carecemos de artistas de valor, artistas de reyes, de reinas. Estoy agradecido de la gente que sabe de esta música. Monna no es una desconocida. La gente que sabe de música piensa instantáneamente en ella. Decir calidad es decir Monna Bell.

Sonia la Única

> *En dos años he hecho algo más que el dúo en 23. No puedo subestimar*
> *el factor suerte en mi satisfactoria situación actual.*
> Sonia la Única

Su apellido Von Schrebler era difícil de retener en la memoria, poco recomendable si se buscaba el triunfo. No le gustaba su seudónimo, pero no quedaba otra. Ha contado que Armando Manzanero la bautizó así porque era la única que quedó del dueto. Sonia y Myriam se formó a principios de los años cuarenta, cuando las hermanas Von Schrebler tenían un poco más de once años y se presentaban en salones de té santiaguinos como el Tap Room, el Violín Gitano, en el Lucerna, el Goyescas, entre otros, que se repletaban de niños. Su primera presentación en radio fue pagada con una muñeca y un coche.

Tras siete años de silencio discográfico el dúo volvió a juntarse en 1957. En esa oportunidad ficharon con Odeon y sacaron varios sencillos. Contratadas por el mismo representante de Lucho Gatica, se embarcaron rápidamente en una gira por varios países de Latinoamérica, como Venezuela, Colombia y Puerto Rico, enamorándose especialmente de Cuba. Como declararon a la revista *Ecran* en su paso por Chile, "nos fue mucho mejor de todo lo que podíamos esperar —suspiran—. En cada país que nos presentamos… y donde no nos recordaban o no nos conocían, prolongaron nuestra actuación". Eran conocidas como "las chilenas" y compartían veladas con personajes como Eva Perón o Fidel Castro y Pedro Vargas. Todo este plan de internacionalización era global de parte del sello Odeon, ya que se buscaban grabaciones chilenas para exportarlas al mercado extranjero, donde se incluía a Raúl Shaw y las mismas Sonia y Myriam.

Pero ya tenían un pie en México, ya que como indica el periodista Rodrigo de la Carrera, "comenzaron a triunfar y a cantar muchas canciones y un repertorio muy bien escogido dirigidas por Mariano Rivera que era el director artístico de RCA Victor, hacen mucha radio en aquel entonces". En 1962 lograron un contrato con la televisión azteca, conquistando a la prensa: "Las guapas cantantes chilenas Sonia y Myriam están causando verdadera sensación en nuestro mundo artístico", citaba *Ecran*, al contar además que eran las que "más discos venden" en ese país. De hecho, ese año se llevaron el premio Macuilxochitl en la categoría Mejor Artista Extranjera, por encima de Sammy Davies Jr., por nombrar algunos. Este galardón era otorgado por la Asociación Mexicana de Periodistas de Radio y Televisión.

La actividad de las hermanas no paraba. Se presentaban en vivo en lugares como el cabaré Señorial del DF, y actuaron en el programa de televisión *Revista musical* del Canal 2, para seguir de gira por distintos lugares del país, como Obregón y Acapulco. También incluyeron una antigua canción de ellas, "Envidia", en un filme del prolífico actor Luis Aguilar. "Era tanto el interés por hacernos intervenir en la película, que esta sufrió una adaptación para justificar nuestra canción", contaban las hermanas en una entrevista, y se convirtió en uno de sus mayores éxitos en México.

Esto se sumó al nombramiento como "las mejores intérpretes extranjeras" en el Festival de la Canción Mexicana y obtuvieron un Disco de Oro de RCA Victor, por un millón de discos vendidos. Luego de editar dos volúmenes de grandes éxitos en LP e intensas giras por toda Latinoamérica, el dúo vivió otra ruptura luego de que Myriam decidiera dejar de cantar en 1964, con el fin de dedicarle más tiempo a su familia. En todo caso, siguió trabajando como ejecutiva en la industria discográfica en España. Pero todo lo construido por ellas dos dio su fruto y Sonia siguió como solista. No pudo resistir quedarse en Chile y no seguir en la música. Estuvo en lo correcto, ya que tenía a su favor el desplante, la gracia de su voz robusta y camaleónica, más su personalidad en las entrevistas. Fue bautizada como Sonia la Única por Armando Manzanero, quien en ese entonces, mientras actuaba como pianista suyo, se inició en la composición.

Un día me dijo "Ay, señora, ¿le molestaría mucho que yo cantara antes?". Y le dije "Noo, encantada, canta no más". Y se sentó al piano y estuvo cantando como una hora. Y le empezó a ir muy bien. Porque era muy bueno. Yo me quedé con el ojo cuadrado con lo que oí cantar. Y después yo entraba fresca y cantaba; eran dos formas distintas de interpretar. Y le dije: "No, pues, Manzanito: yo voy a poner Sonia la Única y Armando Manzanero. Nada de estar por allá abajo".

La carrera de Sonia se consolidó como nunca y no hacía otra cosa que crecer en México, llegando incluso a tener un programa propio, *Mi nombre es Sonia,* en el Canal 4 de la televisión local en 1966. Esto fue seguido por su interpretación de "Lágrimas amargas" para el tema central de la teleserie del mismo nombre en ese país. El éxito repercutía en Chile, donde su sencillo "Te amaré toda la vida" estaba totalmente agotado en el mercado. La canción sería incluida en la banda sonora de la película mexicana *Los perversos*, estrenada a comienzos de 1967, y en la telenovela *El abismo*. Todo esto iba de la mano de la publicación de sencillos como también el LP *Adiós tristeza!*, donde incluyó cuatro composiciones del mismo Armando Manzanero, como "Esta tarde vi llover", que más adelante interpretaría él mismo.

Le siguió una gira por Venezuela y Puerto Rico, donde volvería al cine. En una entrevista incluso anunciaba su participación en el famoso programa de Ed Sullivan en Nueva York, y volver a presentarse en el Festival de Viña del Mar a comienzos de 1968. Ese año publicó otro álbum estelar llamado *Esta noche la paso contigo*, incluyendo la canción del mismo nombre que la compositora mexicana Laura Gómez escribió especialmente para ella. Según la revista *Billboard*, un tema grabado para una telenovela de ese país estuvo en el cuarto lugar de los sencillos más vendidos por dos semanas dentro del catálogo de la RCA mexicana.

Sonia la Única volvió a Chile en los años setenta y con su hermana Myriam fundaron el sello SyM. En 2006 se presentó en el ciclo Teatro del Parque, que protagonizó con otras cantantes locales, como Carmen Prieto. Una crónica de David Ponce en el diario *El Mercurio* funciona como una reseña que hubiéramos esperado de la prensa de los años sesenta, cuando triunfaba como solista, porque da cuenta de su calidad sin decir sólo esta palabra, sino explayándose en una argumentada descripción:

> Ese oficio se advierte en la expresión sentida con que canta los boleros, en la propiedad con la que se pasea por la métrica de "Se te olvida" o "Sabor a mí", adelantando y atrasando el fraseo en el compás sin perder el pulso, y hasta en detalles como el modo innato en que gradúa el volumen de la voz al alejar el micrófono en alguna nota aguda. Se entiende bien con su pianista: basta un guiño al cabo de cada canción y Sonia la Única se lanza sin pausa sobre la siguiente, con un ritmo que los Ramones envidiarían por incesante.

Palmenia Pizarro

Y después de Santiago,
me voy a ir a México
y allá voy a ser famosa.
Y cuando esté en México,
voy a cantar con Miguel Aceves Mejía.
Palmenia Pizarro

Hacia comienzos de los años setenta sumaba 29 álbumes y más de quinientos sencillos, reconocimientos y premios, público amplio, oportunidades en el extranjero y finalmente un desaire en el mundo del espectáculo chileno. Hay veces en que hay que mirar afuera. Fue así como Palmenia Pizarro se estableció por más de veinticinco años en México.

Nacida en San Felipe, comenzó su carrera en radios, llegando a tener contratos en dos al mismo tiempo (Minería y Portales). Cantaba principalmente boleros y valses peruanos, que componían especialmente para ella o que estuvieran inéditos. Así se puede leer en *El Musiquero*: "Palmenia se siente orgullosa de haber recibido felicitaciones por su interpretación del cancionero del país hermano del cónsul peruano en Iquique. El entusiasmo del cónsul llega hasta enviarle grabaciones peruanas para que Palmenia aumente su repertorio".

La gracia era que al interpretarlas con tanto sentimiento hacía que las canciones le fueran casi propias. Uno de sus éxitos mayores, "Cariño malo", fue compuesto por el peruano Augusto Polo Campos, quien lo terminó en el avión a Chile antes de encontrarse con Palmenia. Le recomendó cambiarle algunos versos por considerarlos demasiado desgarradores, pero la cantante se negó y logró cantarla como si fuera de ella, con mucho ímpetu, cada vez que la actuaba. "Su éxito ya consolidado se vería reflejado en la década de los 60, pues durante siete años consecutivos la artista recibió el premio 'La Medalla de Oro' de Discomanía que otorgaba el programa radial que conducía Raúl Matas".

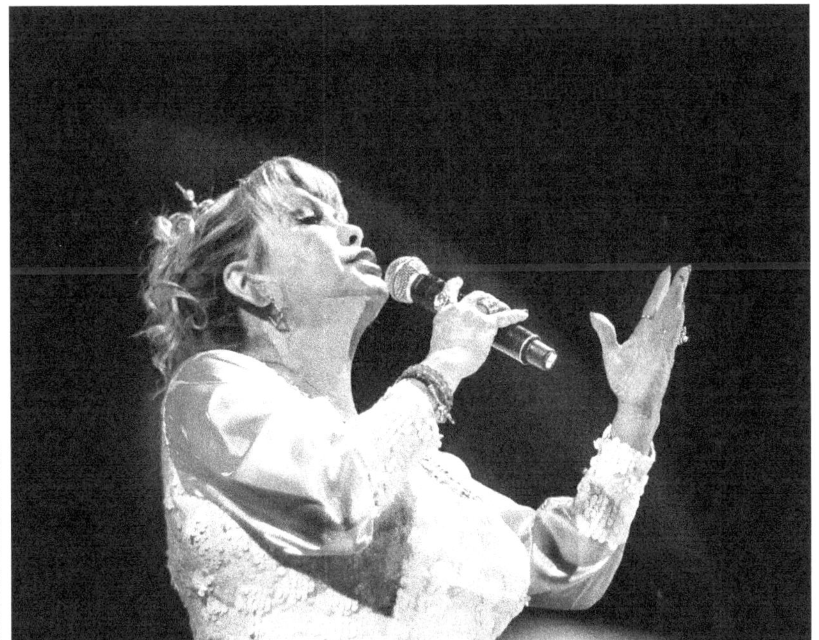

Tentó su suerte en Argentina, Perú, Ecuador, Puerto Rico, pero el país azteca la recibió con mariachis en el aeropuerto y un contrato televisivo digno de estrellato a comienzos de 1973. El programa era nada menos que *Siempre en domingo*, conducido por Raúl Velasco, que se había estrenado en 1969. A los pocos días, Palmenia ya era reconocida en las calles por sus nuevos seguidores gracias a su sencillo recién reeditado, "Ajeno", que volvió a grabar a cuatro días de llegar al país.

Palmenia llenó tres veces el popular Teatro Blanquita, que le recordaba al Caupolicán de Santiago. "Fue su gran recibimiento popular", según la biografía *Qué lindo canta Palmenia*. Trataba de actuar allí cada vez que podía para mantener el lazo con sus seguidores acérrimos y que tenían menos recursos. Fue en uno de esos espectáculos donde colapsó en el escenario al estar sin noticias de su familia luego del golpe de Estado. Recuerda: "Estaba cantando una balada de Marco Aurelio, que dice: 'Quiera Dios que te ilumine y al final guíe tu paso'. Es una canción de mucha fuerza y es muy triste, y alcanzo a cantar esa frase y caigo". En un escenario, por decir opuesto, se presentó en el Conservatorio

45

Nacional de Música, dando un concierto llamado *Latinoamérica en la voz de una mujer: Palmenia Pizarro*, donde conquistó a los seguidores de música selecta. Su éxito era entonces transversal.

En el Mundial de Futbol de México de 1986, Palmenia fue una de las artistas contratadas para actuar junto a otros cantantes románticos. La actividad era diaria y con gran aforo. La transmisión en vivo de Televisa la registró en el mejor momento.

> Lo más impresionante es que se transmitió aquella parte del coro en el taquirari donde el público me responde "¡Amiga!"; y que lo digan 100 o 500 personas, fantástico, pero un millón... ¡Extraordinario! Fue como sentir que México entero me trataba de amiga.

En el despuntar de los años noventa fue invitada al programa de televisión *La movida*, que conducía Verónica Castro. En esa oportunidad interpretó una recopilación de temas latinoamericanos, en distintos trajes, y además pudo contar cosas sobre su vida. "Logramos una audiencia fabulosa y desde numerosos países me llegaron cientos de felicitaciones", comenta Palmenia. También era asidua al matinal *Hoy mismo*, conducido por Guillermo Ochoa, otra emisión de Televisa.

No hay mejor relato del regreso de Palmenia Pizarro a Chile como el escrito por Pedro Lemebel ilustrando la revaloración de su legado:

> Vino la mexicomanía y los programas estelares de Raúl Velasco y Verónica Castro ganaron sintonía en el *rating* nacional. Y ahí recién volvimos a encontrar a nuestra Palmenia, triunfando como reina envuelta de brillos y plumas amarillo limón. Ahí recién recuperamos su imagen, como si no hubiese pasado el tiempo, igual de joven, igual de hermosa con su cascada de pelo azabache y el repiqueteo trizado de su garganta. Y ahí, recién nos dimos cuenta del gran vacío sentimental que en todos esos negros años nos había dejado su ausencia. Y ahora, por supuesto que, avalada por la fama internacional, los empresarios chilenos se atrevieron a contratarla como figura invitada de la tele democrática. Y Palmenia, generosamente humilde, le dedicó a todo Chile el "Cariño malo" de su exiliada humillación.

Pero ese éxito no fue el que la hizo volver definitivamente sino una enfermedad cardíaca y una prohibición médica de volver a viajar. Palmenia Pizarro ya había actuado en Chile en diversas visitas al país, se llevó todas las Gaviotas en el Festival de Viña el 2001 e hizo un gran Caupolicán para celebrar sus 35 años de trayectoria. Su carrera discográfica sigue vigente. Entre otros, editó un disco triple de sus grandes éxitos, otro de homenaje a Augusto Polo Campos en 2018, honrando su propia trayectoria y sus inicios. Pero si de inicios se trata, valga la redundancia, el mejor tributo es el que recibió de San Felipe al nombrar su festival local con el nombre de Palmenia Pizarro.

Las tres estrellas tuvieron su ruta distintiva de Chile a México. Monna Bell pasó de los salones al cine. Decir que fue descubierta por el director Inglez queda casi como un despropósito con todo lo que logró después, musicalizando innumerables bandas sonoras y momentos de la vida de los mexicanos. El tratamiento que le dio la prensa era afín a la época dorada del cine en que el glamur de una estrella sobrepasaba la construcción de una artista en su trabajo. Sonia la Única partió con su hermana Myriam y juntas se hicieron conocidas internacionalmente como "las chilenas". Pero soltando la mano de su compañera, se embarcó como solista con una seguridad implacable; y llegar a tener un programa de televisión para ella sola en un país extranjero no lo cuenta cualquiera. Estas dos cantantes pueden haber pavimentado la llegada de Palmenia Pizarro a México, pero sus méritos y camino se sostenían por sí solos con convicción y decisiones correctas. De la radio a teatros llenos de miles de personas pasó a tener un contrato televisivo con el programa del momento para toda Latinoamérica y un sinfín de otros logros. Las tres hicieron bolero en una época en que el twist y el *rock and roll* era lo que se llevaba. Es mejor, a veces, ir a contracorriente.

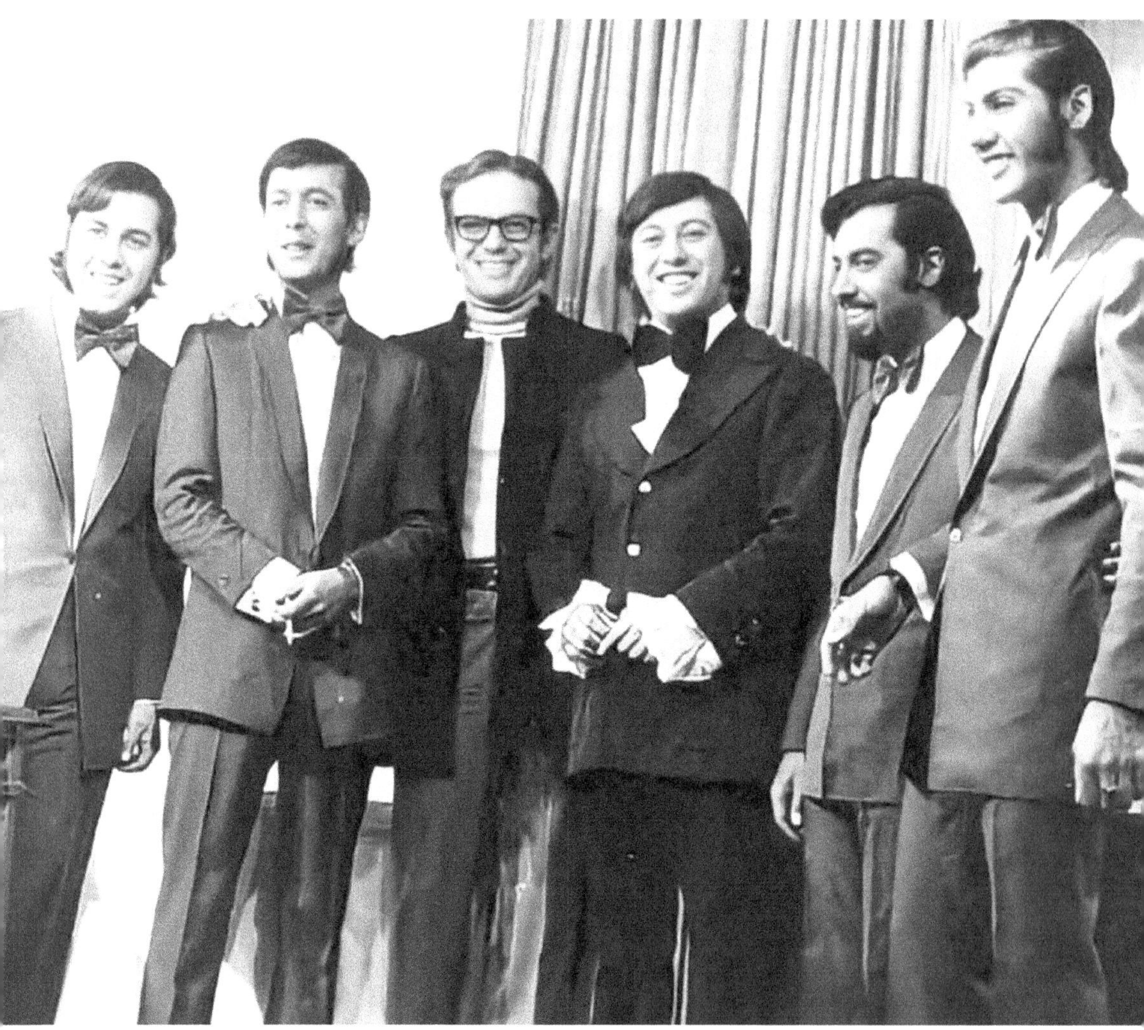

Cortesía de Mauricio Durán

Los Ángeles Negros
en el corazón de México

MAURICIO DURÁN

Germaín de la Fuente está solo sentado en un sillón del camarín del Teatro Metropólitan. Tiene los ojos cerrados y la cabeza inclinada hacia atrás. Respira profundo varias veces hasta que logra bajar su ritmo cardíaco. Se mantiene imperturbable mientras escucha a lo lejos varias de las canciones que alguna vez ayudó a inmortalizar.

El sonido llega poco definido, pero envuelto en una fragancia que le resulta familiar y lo conecta directo al pasado. Chillán, Quito, Buenos Aires, Nueva York, Ciudad de México. Después de un rato se para y camina con decisión hacia el espejo. Se mira desafiante, como si la imagen reflejada correspondiera a otra persona, a alguien que debe convencer con la mirada de saltar al vacío. Toma un cepillo para el cabello y comienza a hacer ejercicios vocales simulando que es un micrófono. Logra centrarse y sentirse cómodo pese a los nervios. Una vez que termina su calentamiento, empieza a dar vueltas por la habitación como si fuera un animal enjaulado. Nunca pierde de vista su propia imagen.

Alguien llama a la puerta y le dice que ya es hora. Camina hasta llegar al costado derecho del escenario. Siente la adrenalina a tope. Está a minutos de cantar por primera vez con Los Ángeles Negros luego de 44 años. Mario Gutiérrez, su antiguo amigo de San Carlos, lo presenta. Germaín entra al escenario mientras suenan los primeros compases de "Cómo quisiera decirte". El teatro se viene abajo.

Cinco horas antes, durante la prueba de sonido, ambos músicos habían protagonizado una coreografía extraña y poco calculada mientras ensayaban sobre las tablas del Metropólitan. Luego de tocar algunas canciones, Mario mandó a buscar a Germaín para darle una pasada a los temas que interpretarían juntos esa noche. La banda comenzó con los primeros acordes de "Murió la flor". Mario lideró la introducción con su memorable *riff* de guitarra para luego dar paso a la voz de Germaín:

Desde hace tiempo espero yo
oír tu voz, sentir tu amor.
Y ya no sé lo que es reír,
no sé vivir si tú no estás.

Cualquiera que extrapolara los sentimientos subterráneos de la canción pensaría que en ningún otro momento había sonado tan precisa. Ambos se encontraban en lados opuestos del escenario con la vista hacia el suelo, como si sintieran pudor de encontrarse. Demoraron casi un par de minutos en juntarse en el centro de la bóveda y cruzar las miradas. Los dos asintieron dando a entender que todo estaba bien. Condensaban 50 años de música en un abrir y cerrar de ojos.

Germaín era un niño cuando sentado en una butaca escuchó a Jorge Negrete que lo llamaba por los altavoces del Teatro Municipal de San Carlos. Cautivado por el oriundo de Guanajuato, se había pasado toda la tarde en el rotativo viendo una y otra vez la misma película, así que cuando su prima lo llamó para llevarlo de regreso a casa, alucinó que era el cantante mexicano quien le hablaba.

A mediados del siglo xx, la mayoría de los chilenos establecieron su primer contacto con la cultura del país norteño a través de sus filmes; en particular con los de la Época de Oro del cine mexicano —protagonizados por el mismo Negrete o Pedro Infante—, en los cuales el personaje del charro era la figura central que representaba muchos de los anhelos populares que habían surgido en el México posterior a la Revolución. La música mexicana, como ningún otro estilo, permeó en Chile de manera profunda con un soporte visual fuerte que no tendría parangón hasta la aparición de internet. Ni siquiera el cine que dio cuenta de los albores del *rock and roll*, o la música disco, ni el canal mtv llegado por cable en la primera mitad de los años noventa logró penetrar en el interior del país; es decir, no sólo en las grandes ciudades, sino también en el mundo rural. Gracias al cine, la música mexicana se inyectó en las venas de Chile.

Por eso no es de extrañar que cuando Óscar de la Fuente instaló la quinta de recreo El Parronal, en San Carlos, la mayoría de las jornadas y tertulias de domingo se amenizaran con música mexicana. La concurrencia estaba formada en su mayoría por gente de clase trabajadora que asistían en la labor campesina, o en el cuidado de los niños, la limpieza de las casas, y una que otra prostituta que también aprovechaba el único día libre de la semana para divertirse. Era un público más bien difícil al que sólo le interesaba bailar y beber, y que no prestaba mayor atención a quien estuviera sobre el escenario. En un inicio, el joven Germaín pinchaba discos de la época; pero no pasó mucho tiempo para que, cada vez que llegaba un conjunto de músicos, él les insistiera en sumarse y cantar algunas canciones. ¿Sus favoritas? Las del trío Los Panchos.

Una mañana cualquiera, descubrió en el interior de un estuche un acordeón que un cliente había dejado empeñado en la quinta a cambio de alcohol. Se sintió cautivado de inmediato. Proyectaba un volumen de sonido que no había encontrado en ningún otro instrumento. De hecho, siempre había sentido que la guitarra sonaba muy bajo al momento de enfrentar a un público mediano, así que no se demoró mucho en tomarlo, sacar las notas de las teclas e incorporarlo a sus propias interpretaciones.

Quien había encontrado la solución al problema de potencia de la guitarra era Mario Gutiérrez. Cautivado por la atracción que producía el instrumento en las chicas adolescentes, había comenzado a tocar la acústica cuando aún estudiaba en la Escuela Consolidada, pero luego del advenimiento del *rock and roll* en breve quiso electrificarse. El gran problema era que en la pequeña localidad de San Carlos no había tiendas donde comprar una guitarra eléctrica. Apoyado por su profesor de artes manuales, decidió fabricarla por su cuenta. La construyó de un gran trozo de madera, toda de una pieza, sin separar el mástil del cuerpo. Trazó la forma del instrumento y luego cortó y pulió el tablón hasta quedar lo suficientemente conforme. Para el coloreado recurrió a un taller de automóviles, donde le aplicaron distintas placas de pintura hasta obtener el *degradé* que buscaba. En un viaje a Santiago consiguió las cápsulas, el cableado y la fina vara metálica que debía comprar por metro para instalar los trastes. Sin embargo, aún le faltaba el puente que asentaría las cuerdas al instrumento. La solución la encontró arriba de un bus de la línea LIT. Los ceniceros incrustados en la espalda de cada asiento traían una tapa que al joven guitarrista le recordó el tiracuerdas de las Fender Jaguar.

Germaín conocía a Mario y su hermano de cuando vivían en calle Bilbao, frente a la escuela de Monjitas. Sin embargo nunca habían hecho música juntos. No fue hasta que Sergio Rojas invitó a Germaín a unirse a la banda que comenzaron a tocar. El grupo, también integrado por los hermanos Federico y Cristian Blasser además de Gutiérrez, necesitaba un vocalista para presentarse en un concurso organizado por Raúl Lara y radio La Discusión de Chillán, donde el ganador sería premiado con la grabación de un sencillo para el sello Indis. De la Fuente resultaba una elección natural: gozaba de una buena reputación en San Carlos, misma que había forjado tocando con tríos de boleros y posteriormente con la orquesta Los Monarcas.

Si bien el sonido de Los Ángeles Negros no se consolidaría hasta meses más tarde con la llegada de Ortiz, Concha y González, no cabe duda de que la unión de la guitarra de Mario y la voz de Germaín serían los dos ingredientes primarios de la identidad del grupo. La reverberación de las cuerdas de Chet Atkins y de Hank Marvin (The Shadows) comenzó a delinear el sonido que con el tiempo definiría una escuela, ya a estas alturas, de larga data en el continente. Por otro lado, la pasión absoluta vertida no sólo en la canción romántica, sino también en la de raíz mexicana —con Javier Solís como su mayor influencia—, dio las pistas de lo que desde un inicio sería la marca registrada del *frontman* del grupo.

Desde la irrupción de Elvis Presley y su fiel escudero Scotty Moore, el tándem vocalista-guitarrista se ha convertido en uno de los íconos más representativos y llamativos en la historia de la música pop. Desde mediados de los sesenta con el aumento de la popularidad de las bandas por sobre los solistas, la dupla fue adquiriendo un carácter más fuerte debido al balance de roles y la equivalencia de fuerzas dentro de los propios conjuntos, tales como Jagger-Richards, Page-Plant, o más tarde, Mercury-May. En este sentido, es probable que el binomio Gutiérrez-De la Fuente sea el más célebre de la música chilena. Resulta difícil encontrar un ejemplo más claro en nuestra historia, donde tanto el sonido de la voz como el de la guitarra definan de forma tan categórica la personalidad y la enorme popularidad de un grupo.

Los Ángeles Negros concretaron el primer hito de su carrera en junio de 1968, al llevarse el primer lugar en el concurso de la radio en Chillán, una de las ciudades que mejor representa la cooperación cultural chileno-mexicana. Ubicada a 25 kilómetros de San Carlos, y con una población cuatro veces mayor, la capital de la provincia de Ñuble había sido destruida casi en su totalidad por un fuerte sismo en enero de 1939. De inmediato, en los ámbitos privado y público se iniciaron campañas para ayudar a los miles de damnificados de la zona, siendo la creación de la Corporación de Fomento de la Producción (Corfo) la medida más importante del gobierno. En el plano internacional, Chile recibió ayuda de varios países, con México como el más destacado, no sólo por su aporte de capitales sino también por la construcción de la Escuela México, donada por la administración de Lázaro Cárdenas. En este punto sería clave el papel del poeta Pablo Neruda, cónsul general en territorio mexicano entre 1940 y 1943, quien logró que David Alfaro Siqueiros y Xavier Guerrero viajaran a Chile en 1942 para erigir los murales que hasta el día de hoy engalanan los muros y cielos de la escuela.

Con el triunfo en Chillán vino la grabación del primer sencillo, "Porque te quiero". La canción la recogieron de un vinilo de escasa trascendencia publicado dos años antes por el joven José Seves acompañado del grupo Los Dacks. El disco había llegado a manos de Mario por intermedio de Carmencita Auad, una amiga de la escuela cuyo padre era propietario de la única disquería de San Carlos.

La versión de Los Ángeles Negros se transformó en un éxito de manera casi inmediata, y repercutiría en dos hechos que marcarían el futuro del grupo para siempre. El primero es el inicio de la colaboración musical con el compositor Orlando Salinas, quien a partir de ese momento comenzó a escribir más material para ellos, nutriendo por años un repertorio que incluiría otros éxitos, como "Tanto adiós" y "Cómo quisiera decirte". El segundo es la aparición del sello EMI Odeon y su interés por incorporar al grupo rápidamente a sus filas con el fin de concretar la publicación de un LP.

La grabación de este disco se puede dividir en dos partes: una inicial en la que tocan los integrantes originales de San Carlos, y otra donde se incorporan los tres músicos de sesión, que terminarían por dar forma no sólo al álbum sino también al grupo; es decir a la formación que hasta hoy se reconoce como la clásica de Los Ángeles Negros. Luis Ortiz en batería, Jorge González en teclados, Nano Concha en bajo, Mario Gutiérrez en guitarra y Germaín de la Fuente en voz. El *long play*, publicado en 1969, fue bautizado igual que el sencillo "Porque te quiero", y se completó con otra composición de Salinas, "Porque no pudo ser"; una original de Germaín, "Tú y tu mirar, yo y mi canción", y unas cuantas versiones de temas de otros cantantes de la época, como Sandro y Leonardo Favio.

El éxito del disco trajo el inicio de la fiebre por Los Ángeles Negros en el cono sur; una aventura que se inició en Ecuador y que los llevaría a presentarse no sólo en las capitales, sino en muchas ciudades del interior de Argentina, Colombia, Perú, Bolivia y Venezuela. Por su parte, en Chile la banda comenzaría a cubrir el territorio con una serie de presentaciones, dentro de las cuales destacó la gira 007, un espectáculo itinerante organizado por el guitarrista Óscar Arriagada, que recorría el país de norte a sur los siete días de la semana y que contaba con la presentación de renombrados artistas no sólo de la escena local sino también internacional.

Fue en este contexto donde conocieron e iniciaron una larga amistad con la estrella de la música mexicana Miguel Aceves Mejía, quien dos años más tarde los recibiría en su casa durante la primera gira al país del norte. Pero para llegar a eso, aún debía pasar algo de agua bajo el puente. Tras el sorpresivo éxito sudamericano, la banda estaba lista para más y se encontraba en forma para registrar un nuevo álbum.

Y volveré llegó a las disquerías en 1970 y significó la consolidación total de Los Ángeles Negros en Chile y el resto de América. Con una colección de canciones alabada hasta el día de hoy, el grupo terminó por reafirmar el sonido que los convertiría en leyenda. Una base rítmica con raíces en la música negra, asentada en el *jazz*, el soul y el *funk*, un órgano de grandes armonías que bebía del más fino *rhythm and blues* de la época; la potente y reverberante guitarra heredera del *western* y la música *surf*, y una vigorosa y apasionada voz de oro que desde ya se inscribía dentro de las mejores de la historia de la música popular.

El LP abría con "Cómo quisiera decirte", un clásico instantáneo salido del filón creativo de Orlando Salinas. Seguía con "Mi niña", tema compuesto por una veinteañera Scottie Scott y que al cabo de un par de meses sería registrada en México por José José. Luego vendría la desgarradora "Ay amor" de Óscar Cáceres y Luis Barragán, para dar paso a "El rey y yo" de Osvaldo Geldres, que décadas más tarde, gracias a los Beastie Boys, se convertiría en referencia obligada dentro de la cultura *hip hop*. El primer lado terminaba con dos composiciones más de Salinas, "Yo sé que estás" y la célebre "Tanto adiós".

La cara B iniciaba con la canción que da título al disco, obra del francés Alain Barrière, y que pese a que en un principio Germaín se mostró reticente a grabarla, terminó realizando una magistral adaptación lírica, inspirándose en una carta que había recibido de su novia. El disco seguía caminando por la veta dolorosa con "Por siempre" y "Mejor es morir" de Luis Alarcón y Osvaldo Geldres, respectivamente. Luego, aparecía una nueva de Scott llamada "Y buen viaje", seguida por esa oscura oda a la resignación, "De otro brazo", compuesta por Carlos Alegría y Juan Carlos Gil. Para cerrar el disco, Los Ángeles Negros levantaron uno de los más grandes monumentos al romanticismo, "Murió la flor", original de Nano Concha y el propio Germaín.

Ante tamaño repertorio el continente se rindió a sus pies. A los países sudamericanos se sumaron los más grandes de Centroamérica: Panamá, Costa Rica, Nicaragua, El Salvador, Honduras y Guatemala. El grupo giró por Estados Unidos cubriendo por el oeste todo el estado de California y por el este, ciudades como Chicago, Boston y Nueva York. Incluso llegaron a concretar una única presentación en Canadá. ¿Y qué pasaba con México?

Pese a que en todos los países las oficinas de EMI estaban editando *Y volveré*, los encargados de la filial azteca se resistían a hacerlo. En una política que podríamos denominar proteccionista, los ejecutivos mexicanos eran reacios a difundir números extranjeros a no ser que tuvieran un éxito comercial mayor o vinieran protegidos por órdenes de sedes europeas. Al ser el mercado de habla hispana más grande del continente, preferían que artistas mexicanos lanzaran el material de suceso en otros países. La grabación de "Mi niña" por parte de José José respondía un poco a esa lógica. De hecho, varias canciones de la banda chilena fueron publicadas antes por otras agrupaciones, pero no funcionaron. Incluso hubo intentos de producir grupos con un sonido similar, pero la magia no estaba ahí.

Y volveré estuvo guardado cerca de un año antes de ser finalmente publicado en México. No obstante, se transformó en sensación de forma automática. Los Ángeles Negros fue el primer grupo en ser difundido por radios de frecuencia modulada, cuyas señales en esa época estaban reservadas exclusivamente para las producciones con presupuestos millonarios.

Así, arribaron por primera vez al aeropuerto Benito Juárez en 1971. El impacto fue inmediato. Quedaron sorprendidos al ver que había gente esperándolos con mantas pintadas con el nombre del grupo, al más puro estilo de la *beatlemanía*. Luego, al enfrentarse a la modernidad de la Ciudad de México, se dieron cuenta de que lo que habían visto a través del cine y la televisión distaba mucho de la realidad, más bien correspondía a la imagen rural y folclórica del país al que tanto habían ansiado llegar.

Además del éxito del álbum, la banda puso tres sencillos en las más altas posiciones de las listas de la época: "Y volveré", "Cómo quisiera decirte" y "Murió la flor". Al poco tiempo, Germaín se volvió una estrella, y el tono instrumental de cada uno del resto de los muchachos se convirtió en tendencia dentro de la industria musical mexicana, dando paso a una gran ola de bandas que se fundarían imitando el sonido de Los Ángeles Negros.

Durante los años venideros el grupo continuó haciendo extensas giras por el país azteca. En 1973, después del golpe militar, intentaron radicarse, pero por un problema de visas tuvieron que retornar a Chile. Para ese entonces habían publicado la asombrosa suma de seis álbumes más, entre los cuales destacan *Quiero más de ti*, *Esta noche la paso contigo*, *El tren hacia el olvido* y *Déjenme si estoy llorando*; incluso llegaron a editar otro más al año siguiente con el sugerente y premonitorio título *Aplaude mi final*, el último antes de que Germaín dejara la banda. El vocalista siguió años trabajando solo en México hasta que retornó a Chile a comienzos de los años noventa. El resto de la banda se establecería finalmente en 1982 para iniciar una carrera que hasta el presente los mantiene vigentes con presentaciones multitudinarias a lo largo de toda la república.

Pese a ser el último país en enamorarse de Los Ángeles Negros, México sería el que con el tiempo establecería una mayor conexión con su obra, logrando una identificación cultural profunda e inédita para la historia de nuestra música. En la actualidad, existen al menos cinco bandas que intentan estafar a productores y público haciéndose pasar por ellos. Incluso hay un par de impostores dando vueltas y haciendo presentaciones en solitario bajo el nombre de Germaín de la Fuente. Muchos mexicanos incluso no saben que el grupo es chileno, otro indicio de que su penetración popular pareciera ser más fuerte en el país del norte que en su lugar de origen.

A lo largo de su historia, se han presentado en los festivales más importantes y populares del continente, demostrando la expansión total de su música. En 2015, en México, Los Ángeles Negros tocaron en el festival más grande de rock iberoamericano, Vive Latino, evidenciando una transversalidad generacional que pocos han logrado. En Chile jamás han pisado el escenario de su festival más popular. Por eso no es casualidad que luego de cinco décadas de música, Mario y Germaín se hayan vuelto a reencontrar en un legendario teatro de la Ciudad de México y no en Santiago de Chile.

La identificación de la gente con sus canciones, y en particular del pueblo mexicano, se debe por una parte a la conexión a través del romanticismo de la letra, y luego a los arreglos musicales directos que enganchan al oyente con sus memorables introducciones, siempre derivadas de la melodía principal de la canción, nunca en busca del alarde artístico, y la interpretación única y original que sólo se desprende de la pasión de comunicar los sentimientos más profundos de la existencia humana.

Las canciones de Los Ángeles Negros hablan de manera directa al oyente. No ponen trabas. Logran transmitir esa extraña complejidad de la sencillez. Por eso han saltado barreras sociales y políticas, sobrevivido al paso del tiempo y atravesado los más diversos géneros musicales. El grupo no sólo ha sido tributado por grandes bandas de *hip hop*, rock o cumbia, sino que ha logrado fusionar su música con el folclor de un país tan rico como México. Es tan fácil como viajar por el interior del país para constatarlo. Se pueden escuchar sus clásicos interpretados por conjuntos de los más diversos estilos, tríos de boleros, sones, bandas norteñas y también mariachis. Los mismos que ellos idealizaban cuando todavía no había guitarras, discos, ni giras.

Los Ángeles Negros han materializado un vínculo entre dos países por más de medio siglo, un lazo que se inició cuando la música ni siquiera era una idea, sino apenas una sensación inexplicable golpeando el pecho de un niño en el viejo teatro de San Carlos.

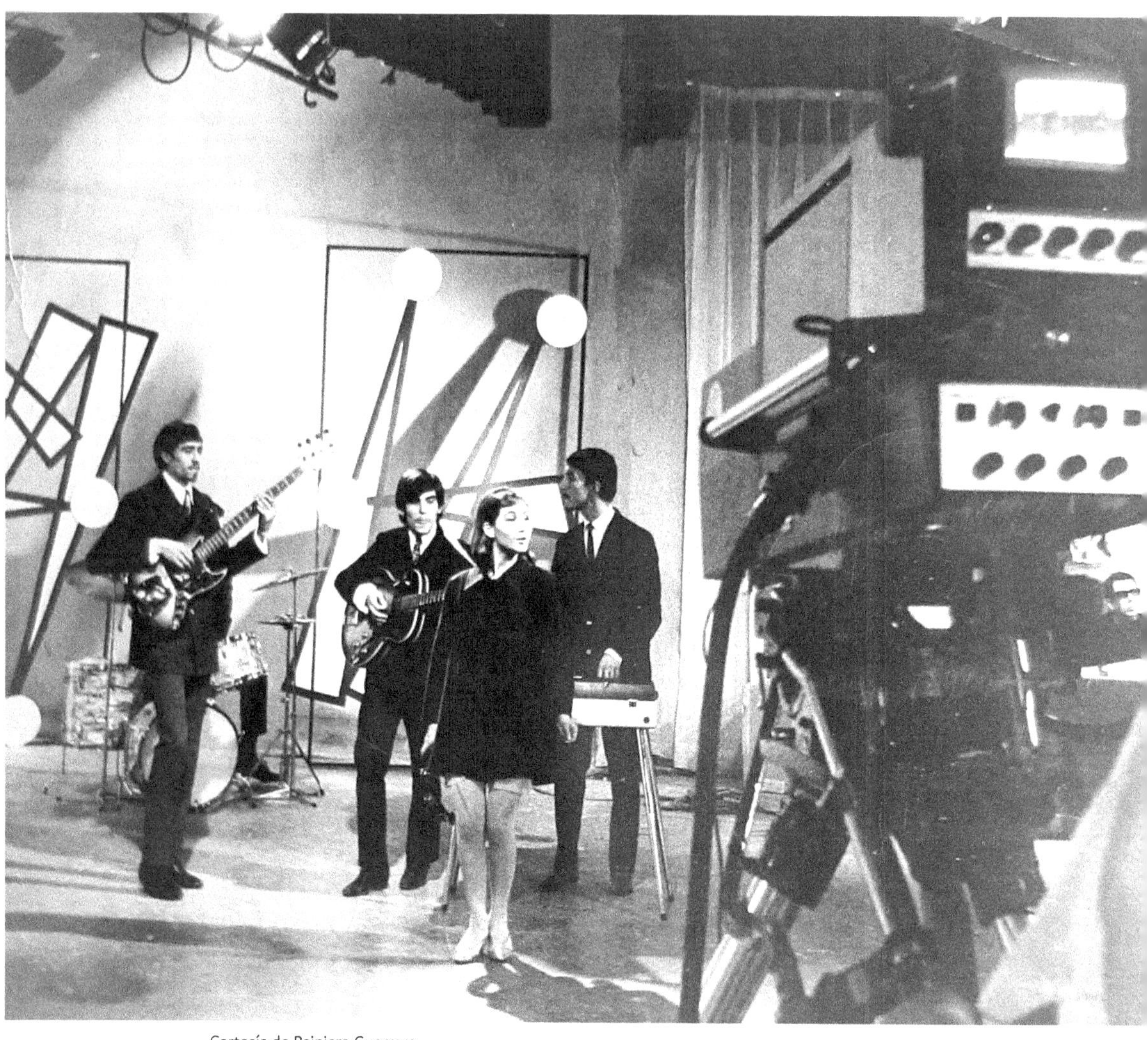

Cortesía de Rainiero Guerrero

Mayita Campos: la heroína chilena del rock mexicano

RAINIERO GUERRERO

En 2014 la revista *Rolling Stone* —en su versión mexicana— publicó una edición especial de colección dedicada a la escena del rock latino, con textos sobre el género que recorren desde México hasta la Tierra del Fuego. Cada país contaba su propia historia con el siguiente hilo conductor: dictadura y/o represión. En su página 27 aparecía una nota firmada por Julia Palacios que incluía la imagen de una chica con mucha seguridad en su mirada y manos en la cintura. En el pie de foto se leía: "Pionera. Campos, la chilena que floreció en México". ¿La chilena? ¿Qué chilena? ¿Quién es ella? ¿Mayita Campos? ¿Estará viva?

En el Santiago de 1949, un 11 de junio nace Margarita Campos Buchelli en San Joaquín, en la zona sur de la capital chilena. Hija de Enrique *el Chilote* Campos y Aura Colomba Buchelli. San Joaquín es una comuna reconocida por sus extensos cordones industriales y fábricas; uno de los últimos bastiones de resistencia durante los primeros días de la dictadura de Augusto Pinochet en 1973. Margarita, a quien desde niña llamaban Maggie, pasaría sus primeros años cerca de sus padres, y poco después con la compañía de su hermano menor, Jorge Campos, conocido como Kiko. Maggie y Kiko crecieron en un ambiente de fondas, kermeses, viajes y giras con sus padres, ambos artistas. "Nos llamaban los hermanitos Campos", recuerda Mayita desde Ciudad de México. "Desde muy chicos cantábamos, y la gente se detenía a escuchar a mi hermano, que lo hacía como Joselito".

Enrique *el Chilote* Campos es uno de esos personajes importantes y muy reconocidos en la historia de la música chilena. Respecto a su obra, salta a primera vista la canción "Corazón de escarcha", escrita en 1941 y considerada entre las grandes composiciones del folclor chileno. "La figura del *Chilote* llamaba la atención porque se sabía que era muy mayor cuando fue papá de Margarita y Jorge, pero todos sabíamos quién era él por lo que había hecho en la música y el cine", explica el periodista, investigador y músico Carlos Contreras. El trabajo del *Chilote* en el cine destaca por ser uno de los pioneros del género. Su historia está muy bien detallada en el sitio cinechile. cl, donde se le ubica como director, guionista y actor de las primeras películas que se filmaron en Chile a mediados de la década de los veinte.

Desde temprana edad, Margarita Campos comenzó a desarrollar el mejor de sus talentos: cantar. Las vacaciones que compartía con sus padres, o bien las giras de estos, le dieron la oportunidad de acompañarles sobre el escenario. Así, virtualmente, la pequeña se fue transformando en Maggie, quien en edad adolescente, y gracias a los contactos que su padre manejaba en el mundo de la radio, empezó a acercase a la escena que a fines de los años cincuenta se conoció como la Nueva Ola. Aquel fue el primer movimiento musical juvenil que giró en torno a canciones melosas que provenían de los Estados Unidos, y se adaptaban a la chilena. En ese universo fueron surgiendo nombres como los de Luis Dimas y sus Twisters, Danny Chilean, Sussy Vecky, Pat Henry, Gloria Benavides o Peter Rock, entre otros. Tímidamente, también asoma Maggie.

Para la Nueva Ola en Chile la radio fue el gran agente difusor de sus estrellas en ciernes. Entre las emisoras que se hicieron cargo de esparcir los éxitos de esa joven generación de cantantes, tiene un papel importante Radio Portales de Santiago, creada en 1960, que albergará uno de sus programas principales: *El Calducho*. "El programa entró con todo. Contrataron a Roberto Inglez y su Orquesta. Uno de sus primeros conductores fue un señor que se llamaba Eduardo Brunner. De alguna manera todos y todas pasaron por *El Calducho*. El que quería ser famoso, tenía que llegar ahí", rememora Contreras.

Una de las principales figuras de la Nueva Ola fue Pat Henry, cuyo nombre de inscripción es Patricio Enrique Núñez. Fue él quien junto a sus Diablos Azules logró erigirse como uno de los puntos altos en la escena, impulsado por el sencillo instrumental "Te quiero" y otras piezas. Desde México, Pat recuerda ese ambiente, y es allí, entre sus memorias, donde también está Maggie:

Yo nací en el *show* nocturno de la Radio Portales; no en *El Calducho*, pero ahí conocí a Maggie, con la que fuimos muy amigos. Yo la quería mucho. De hecho, salimos un par de veces. Era muy buena cantante, y además que llamaba la atención de todos porque era muy guapa ella y muy pequeña también.

Al respecto, la entonces Maggie evoca:

Fue una etapa preciosa. Los sábados se hacía un concierto en el auditorio de la radio. Toda la Nueva Ola estaba ahí en ese programa. Y entre semana tocábamos las canciones que iban subiendo y bajando en el *ranking*. Yo también trabajaba en la radio junto al locutor Poncho Pérez y hacíamos el dueto y las presentaciones los sábados.

Así es como la recuerda, en efecto, el histórico locutor Miguel Davagnino: "Campos fue conductora reemplazante en el programa *Savoy Hits*, una suerte de espacio donde las canciones subían y bajaban de lugar dependiendo del termómetro de la gente".

Para 1963 Maggie atrapaba la atención de sus muchos seguidores por su calidad vocal y su corta edad, que para ese momento apenas alcanzaba los 14 años. Ella también sería protagonista de las entonces conocidas fotonovelas, relatos contados a través de fotos actuadas y con diálogos en formato de viñeta. Otra importante forma de llegar al público y que la tuvo como protagonista en títulos como *Un poco de remordimiento, Allá en el suburbio* (coprotagonizada con Héctor Noguera) y *Hay que saber esperar;* todas fechadas en ese mismo año. Su éxito en este medio, así como la exposición mediática que tuvo a través de la radio y algunas publicaciones escritas, le permitieron firmar su primer contrato con el sello Odeon.

El cancionero temprano de Maggie constaba mayormente de baladas románticas con marcadas influencias de *jazz* y *blues*. Recuerda:

Grabé varias canciones siendo muy adolescente. En esos años la voz no está totalmente formada. Tenía una buena voz, muy afinada y canté "Al compás de los dedos"; todas [las canciones estaban] relacionadas con el *jazz* y el *shuffle*. Toda la música que yo grabé era de autores chilenos. "Las estrellas" fue una canción que me pasó una locutora que se llamaba Gladys Ocampos, y fue un exitazo. También grabé "Tanto amor" de María Pilar Larraín.

Carlos Conteras agrega otros datos sobre los primeros años de la carrera musical de Maggie. "Grabó con los mejores músicos y orquestas del momento", sentencia. "Con Valentín Trujillo, con la orquesta de Luis Barragán, la de Fernando Morello y con el maestro Vicente Bianchi. Es decir, con lo mejor de lo mejor que había." Y también confirma el repertorio total de su corta carrera. "Trece canciones, todas escritas por compositores chilenos como Víctor Sabella, Pilar Larraín, Jorge Pedreros, Rodolfo Soto o Guillermo Carvajal, y varias de ellas llegaron a ser éxitos." Entre las que quedaron registradas, llama la atención una que Mayita recuerda y que tiene que ver con la realización de los históricos juegos universitarios del fútbol chileno entre las universidades de Chile y la Católica. El sencillo, lanzado con motivo de ese evento en 1963, contenía "Un perfume de amor", canción escrita por el músico Rodolfo Soto, creador de toda la parafernalia carnavalesca que vistió aquellos clásicos futboleros en los albores de la década de los sesenta. Otras de las composiciones que destacan son dos grabaciones incluidas en el LP de la radionovela musical *Música para un crimen* (1963) y cuyos títulos son "Qué fácil es ser feliz" y "Hoy es domingo", ambas grabadas bajo la dirección musical del maestro Luis Barragán. Sin embargo, fueron las canciones "Las estrellas" y "Al compás de los dedos", esta última grabada con el maestro Valentín Trujillo, las que resaltaron en la rápida carrera musical de Maggie en Chile.

Junto con el canto, la actuación también estaba en la órbita de Maggie.

Mi papá quería que yo fuera actriz. Yo tenía vocación de cantante, pero actuar era muy importante como formación artística. El Teatro de Ensayo de la Universidad Católica (TEUC) presentó una obra que se llamaba *Wurlitzer* y yo daba el perfil del personaje cuyo nombre es Natasha. El primer actor era Patricio Castillo.

Fue en ese tiempo, simultáneamente a su participación en *Wurlitzer,* que Maggie formó parte del elenco de *La pérgola de las flores*, la pieza teatral chilena creada por Isidora Aguirre y con música de Francisco Flores del Campo. "Se organizó una gira a México y mi padre me dijo: 'Quiero que vayas'. Fue por ahí en 1963 o 1964. Era un elenco de 60 actores", concluye la también actriz.

Fue en *La pérgola de las flores* donde Maggie conoció al actor y cantante Pedro Messone, considerado una de las voces más importantes de la música folclórica chilena. Él, que era varios años mayor, inició una relación amorosa con Maggie bajo todas las reglas establecidas. Juntos emprendieron aquella gira por México que prácticamente recorrió todo el país, producida bajo un acuerdo para fomentar el intercambio cultural con Chile. Maggie Campos recién alcanzaba los 17 años. Sobre esta importante experiencia en su vida recuerda: "Yo viajé con pasaporte diplomático y en compañía de mi madre. Nos presentamos en Bellas Artes y en el Teatro de los Insurgentes. Hicimos una temporada muy importante en México".

Una vez terminado su periplo, la comitiva chilena debía regresar a Santiago. Pero a la hora de abordar el vuelo, la lista de pasajeros reveló varios nombres menos. En el corazón de 1966, Maggie Campos dejó atrás Chile, su carrera como cantante, su paso como actriz y un amor que aparentemente la marcó.

De Maggie a Mayita

Tere Estrada, destacada compositora, cantante e investigadora, autora del libro *Sirenas al ataque. Historia de las mujeres rockeras mexicanas* (Océano, 2008), remarca que el traslado de Mayita Campos a México fue en 1966 y que se produce por la búsqueda personal de nuevos horizontes, "debido a problemas políticos y económicos en Chile". Afirmación que no puede corroborarse del todo ya que en ese entonces la Democracia Cristiana, con Eduardo Frei Montalva al frente, gobernaba un país que mostraba signos de prosperidad y estabilidad, en apariencia al menos.

Para Maggie, la llegada a México marcó también el fin de su relación con Pedro Messone. "Nosotros le dijimos que se quedara. Teníamos las opciones, pero él no quiso y se regresó a Chile. Y ahí terminó todo", explica ella. *Nano* Concha, músico amigo de juventud de Maggie y Kiko, y futuro integrante de Los Ángeles Negros, tiene otra visión: "La Maggie estaba enamorada de Pedro. Ella no se quería quedar, quería volver a Chile, pero la decisión ya estaba tomada". Quien también da su versión del rompimiento es el mismo Messone: "Éramos pololos con Maggie y estuvimos mucho tiempo en México. Nos iban a ver chilenos residentes. Lucho Gatica aparecía en las funciones", rememora el cantante en conversación exclusiva para esta investigación. "Cuando vino el regreso, a mí me ofrecieron quedarme, pero yo no quería. Yo tenía mis planes en Chile. Recién había dejado a Los Cuatro Cuartos y estaba empezando con Los de Las Condes. Nunca tuve intenciones de quedarme y ahí se acabó nuestra relación."

Una vez instaladas Mayita Campos y su madre en la capital mexicana, los contactos con el mundo artístico fueron apareciendo en su camino. Es posible que la importancia del *Chilote*, su vínculo con el cine y el teatro, facilitaron que se abrieran nuevos horizontes para la joven artista. Así, rápidamente Maggie y su hermano —quien junto con su padre llegaría tiempo después— comenzaron a perfilar una carrera musical con algunas primeras grabaciones como dúo para el sello RCA.

El primer material que presentaron Mayita y Kiko fue un EP con el sencillo "Lentamente", canción que en palabras de Mayita era "el primer bossa que se grabó en México". Las otras composiciones allí incluidas fueron "Señor locutor", "La taza de té" y "No te gusto".

Para Tere Estrada, la persona fundamental que facilitó la integración profesional de la familia Campos en México fue Valentín Pimpstein, el reconocido productor de telenovelas, bautizado como "el padre de la novela rosa". También de origen chileno, Pimpstein nació en el Barrio Brasil, en Santiago, en 1925. Llegó a México a eso de los 20 años con intenciones de poder desarrollar su pasión por el cine y el teatro. Comenzó como asistente de dirección. Después fue posicionándose como un destacado creador de guiones, así como productor de las nuevas series que a la postre fueron las que dieron forma a las grandes telenovelas, en un momento crucial cuando México se afianzó como una productiva industria del género en el mundo. Por esa razón a Pimpstein se le reconoce como una de sus figuras fundamentales. Fue el directo responsable de que Maggie pudiera ingresar en el negocio de la televisión mexicana en 1967.

La televisión y el camino al rock

Operación Ja Ja fue un programa que se emitió a través de Televicentro. Estaba conducido por quien sería una de las leyendas del medio en México, Manuel *el Loco* Valdés, hermano del también afamado comediante Germán *Tin Tan* Valdés y de Ramón Valdés, el popularmente conocido Don Ramón, uno de los personajes importantes de *El Chavo del ocho*.

Maggie se incorporó a la emisión y con rapidez se transformó en la comparsa de su conductor. "La participación de Mayita se dio entre los años 1967 y 1968, y se transforma en parte del elenco estable del programa, no fue que estuvo un par de veces y nada más", remarca Tere Estrada. Fue esta experiencia, en una "nueva" vida artística, por decirlo de cierta manera, cuando *El Loco* Valdés la rebautiza como Mayita. "Fue así. Había otra chica en el elenco a la que le decían Margie, y a mí me decían Maggie. Entonces *El Loco* vino y me dice: 'Se me confunden los nombres, así que de ahora en adelante serás Mayita, ¿estamos?'. Y de ahí en más fui Mayita Campos", rememora la chilena.

La participación de Mayita en *Operación Ja Ja* fue de corta duración. Para ella, el mundo de la música, el *blues*, el soul y el *jazz* pesaban mucho más. Así, ya con 18 años, comenzó a tener un contacto más cercano con esos géneros, que se recreaban con avidez en la naciente escena del rock mexicano. Eran los días en que distintas bandas provenientes de la frontera norte, fuertemente influenciadas por lo que se producía en Estados Unidos, alternaban con aquellas instaladas en la capital. Se gestaba una nueva escena, repartida entre los rockeros más tradicionales y aquellos otros que merodeaban la órbita del *hippismo,* parte de lo que en México se conoció como la cultura jipiteca. "Por un lado estaba toda una juventud que conectaba con lo político y social, y por otra parte estaba toda esta cultura que venía del *hippisimo* y a quienes muchas

65

veces acusaban de estar desconectados de la realidad", sostiene Rafael González Villegas —mejor conocido como Sr. González—, el músico e investigador mexicano, integrante de Botellita de Jerez, autor de *60 años de rock mexicano*, la crónica del rock en ese país repartida en tres tomos, publicados en 2016, 2018 y 2019 respectivamente.

Tras un año como parte de *Operación Ja Ja*, Mayita optó por volver a cantar, esta vez junto a Kiko y dos instrumentistas que llegaron también desde Chile: Enrique *Nano* Concha y Luis Ortiz, ambos futuros integrantes de Los Ángeles Negros. El proyecto musical que los hermanos Campos crearon se llamó Sonido 5, un quinteto que abordaba repertorio de *blues* y *jazz*, a la par de versiones de originales de los Beatles y los Rolling Stones. Sus escenarios fueron principalmente los bares de los grandes hoteles de la Ciudad de México, entre los que destacó uno de los entonces principales centros de diversión para turistas, el bar Veranda del hotel María Isabel.

"Esto fue a mediados de 1967. Yo viajé desde Chile junto con Lucho Ortiz, porque conocía a Kiko por la música desde 1963 o 1964. Pese a que crecimos en el mismo barrio, nos conocimos cuando yo salí del Internado Barros Arana y me volqué con todo a la música. Ahí conocí a Kiko y un poco a Maggie", evoca Concha, quien llegó a integrarse a Sonido 5 no como bajista, su rol más natural, sino como tecladista. "El puesto de bajista lo usaba el que era la pareja de la Maggie. Entonces Kiko me dice que tengo que tocar el teclado, y ahí me compré el Ace Tone que luego vendí a Jorge González (tecladista de Los Ángeles Negros). El sonido de 'Y volveré' viene de ese teclado", agrega el chileno.

Para Concha, los días finales de Sonido 5 no fueron los mejores:

Todo se hizo muy incómodo y problemático porque ella ya no quería cantar las canciones que Kiko le decía; o bien, justo antes de empezar, decía que tocáramos una canción y teníamos que cambiar. Al final era pura pelea entre ella y Kiko, porque ella se estaba metiendo en toda esa movida del *hippismo*.

A fines de 1967, Mayita Campos estaba enfocada en ser lo que quería ser, de la mano de lo que quería cantar y no de lo que, según su hermano, debía cantar. Sonido 5 llegó entonces a su fin. Concha y Ortiz partieron rumbo a Canadá con la mira de probar suerte bajo el nombre de Los Topsys. A su regreso a Chile, el destino les tenía preparado un nuevo desafío ya que, junto a Germaín de la Fuente y Mario Gutiérrez, dos músicos de la ciudad de San Carlos, estaban a poco de despegar el exitoso viaje de Los Ángeles Negros.

En 1968 el *hippismo*, el rock y la sicodelia eran parte de un nuevo lenguaje, aunque hay quien lo relaciona con una generación hedonista y desconectada de lo social. Ese año, México fue el escenario de una de las revueltas estudiantiles más sangrientas que recuerde la historia. El 2 de octubre un mitin universitario terminó con la vida de un centenar de estudiantes—de acuerdo con las versiones oficiales, aunque hay testimonios que aseguran que fueron muchos más—, muertos a manos de la policía militar. El presidente Gustavo Díaz Ordaz estaba determinado a erradicar el protagonismo exacerbado de los estudiantes y esa fue una más de sus drásticas medidas. La matanza de Tlatelolco será recordada como una de las tragedias más dolorosas perpetradas por agentes del Estado en la historia de México. Otro hecho que se sumó a este panorama de represión fue la denominada "matanza del Jueves de Corpus Christi", también conocida como "el halconazo", en junio de 1971, que dio por resultado 120 estudiantes muertos. La relación entre el gobierno y la juventud mexicana se crispaba.

En este panorama, la televisión mexicana, pese al partidismo oficialista que exhibía, continuaba abriendo espacios de difusión a esa misma juventud que no titubeaba en dar rienda suelta a su libertad de la mano del sonido del *rock and roll*. "Unos de los lugares que fueron el núcleo del rock y toda esa escena eran las pistas de hielo, donde los mismos productores de la televisión organizaban encuentros que reunían a la juventud y las nuevas bandas de este sonido del rock", explica Mayita. Refiriéndose a estos espacios, el Sr. González considera: "Las pistas de hielo fueron esos lugares de encuentro, exclusivos de la Ciudad de México, y no eran más de tres". En este contexto de inquietud musical y ebullición cultural mostrado por la juventud mexicana, se cruzaba la realidad política de un Estado observante y represor que daba claras muestras de que si era necesario usar la violencia, esta se haría efectiva.

En 1969, Mayita Campos se integra a Soul Force, la fuerza musical comandada por Javier Bátiz, la leyenda del *blues* mexicano; pero su paso por esta agrupación también fue corto, ya que en breve se sumaría al proyecto Los Esclavos, con el que emprenderá otra ambiciosa aventura. Fue en ese mismo año cuando, junto a su nueva banda, se traslada a Nueva Orleáns, donde se asentará por un año, empapándose de toda la cultura que emanaba del suelo fundacional del *jazz* y el *blues*. "Fue una experiencia única. Estuve en el corazón de mi música favorita, aprendiendo, escuchando, cantando y más; encima tuve la oportunidad de viajar a Atlanta, donde vi en vivo a Jimi Hendrix y BB King", recuerda Mayita, para entonces resueltamente hecha una cantante de *blues* y *jazz*.

Avándaro: auge y caída del rock

Un evento que combinaría una carrera de autos y algunas bandas de rock en vivo pareció ser el pretexto ideal para la convivencia familiar. Además sería televisado, transmitido por la radio y auspiciado por Coca-Cola. Así fue como se concibió el festival de Avándaro, acontecido en Valle de Bravo, Estado de México, en el que pasó de todo menos la carrera de autos anunciada. Beto Cronopio, investigador experto en ese suceso histórico, relata detalles de cómo se realizó lo que inicialmente sería un espectáculo deportivo:

> Luis de Llano, productor de Televisa, le pidió a Armando Molina que consiguiera dos bandas para el evento. La Revolución de Emiliano Zapata y Javier Bátiz eran los nombres. Los primeros no podían por tema de fechas. Y Bátiz pidió los 40 mil pesos exclusivos para su banda, situación que fue negada. Eran 20 mil por banda, pero ninguna estaba a disposición.

Al no contar con números musicales, de Llano encargó entonces a Molina conseguir otras dos bandas de entre las que este manejaba como promotor de rock. Los grupos invitados venían de todos lados de México. Fueron Los Dug Dugs, Epílogo, Peace and Love, Los Yaki y Tequila, entre otros, del total de doce bandas que accedieron a la invitación. Destaca en las dos últimas la presencia femenina, única en el festival, de Marisela Durazo con Tequila y Mayita Campos con Los Yaki.

"Nosotros tocábamos en el Café Champagne cuando llegó Armando Molina para ofrecernos ir a tocar", relata Mayita. "Yo no era del grupo, pero el cantante, Benny Ibarra, tenía que ausentarse para montar un obra de teatro y a mí me piden que lo reemplace." La determinación de la chilena por asumir un estilo de vida alrededor de la música, hizo posible que fuera ella una de las dos únicas mujeres que cantaron en Avándaro.

"El 11 y 12 de septiembre serán dos días históricos para la juventud y el rock en México. Para cuando entraba la noche del 11, más de veinte mil personas ya se habían ubicado en el lugar, situación que ya comenzaba a llamar la atención de todos", expresa Cronopio. Un número aceptado es de entre 100 mil y 150 mil jóvenes que llegaron esa noche a Avándaro para pasársela hasta el otro día a ritmo de rock. Todo fue fiesta, todo fue paz y todo fue amor. No así para el Estado y sus brazos represores porque, a partir del 12 de septiembre, arrancó un bombardeo mediático de su parte que no dejó de utilizar términos como "drogadictos", "caos", "sexo", "desorden", entre otros calificativos negativos para referirse al evento. Es entonces cuando comienza un periodo de proscripción implacable *de facto* para el rock. La gran mayoría de bandas pasaron a la clandestinidad y Mayita Campos entró en una zona de resistencia. De la noche a la mañana el sueño de un mundo mejor se apagó para despertar en la peor de las resacas que haya vivido la juventud mexicana, y que se extendería por poco más de una década. Era 1971 y Mayita recién tenía 22 años.

La persecución desatada por parte del aparato represivo y comunicacional del Estado hizo que toda la escena del rock en la capital mexicana emigrara hacia las afueras, desde donde se gestó la resistencia en los espacios que se denominaron "hoyo fonki". Los "hoyos" no eran otra cosa que viejos teatros y bodegones abandonados en los que se improvisaban conciertos al margen de la ley. A Mayita le tocó ser parte de esa realidad, aunque la llegada de su primer hijo la llevó a buscar otras opciones musicales.

En 1974, Mayita Campos fue parte de Lucifer, agrupación de *jazz* y rock fusión que comandaba el saxofonista Popo Sánchez y que dejó un trabajo discográfico de alta factura. Allí, Mayita demostró una vez más por qué seguía siendo una de las voces destacadas en la escena. Por esa misma época, también se hizo corista de la cantante, vedete y violinista Olga Breeskin, artista muy popular en ese momento, ligada a las emisiones de Televisa, el emporio de medios mexicano que no era muy bien visto por el circuito del rock. "Mayita debió rebuscárselas porque al rock ya lo habían apagado por completo y ella necesitaba trabajar. Entonces se vio obligada a hacer trabajos que no eran de su total agrado. Pero ahí estaba. De alguna forma, Mayita hace una resistencia desde su camino para finalmente seguir en lo suyo", así define Tere Estrada ese período en la vida de la cantante.

El desarrollo de Mayita Campos continúa en 1979. Ese año, junto a Baby Bátiz —la hermana de Javier, también reconocida por sus dotes vocales— y Norma Valdez, forman Las Loquettes a partir de la invitación que les hace el músico Rafael Acosta —pionero del rock mexicano, exbaterista de Los Locos del Ritmo y Mr. Loco—, trío con el cual grabaron en inglés un popurrí de *covers* de música tradicional mexicana que salió al mercado bajo el nombre de *Mr. Loco Loco*. Mayita guarda un imborrable recuerdo de aquella producción: "*Mr. Loco* es un disco de música folclórica mexicana, y fue por 1978. Lo grabamos en inglés y español. Hicimos versiones de Agustín Lara con mariachi y con banda de rock. Nos ganamos la Palma de Plata por ventas. Fue un gran ingreso y eso me marcó mucho".

Tras ingresar al Conservatorio Nacional de Música, Mayita Campos tiene un regreso al *blues* y al *jazz* con el grupo Ginebra Fría Blues Band, en 1982, donde comparte escenario con quien sería su esposo, el músico Luis Enrique Sánchez. Puede decirse que los años ochenta para ella estuvieron marcados por una suerte de desaparición autoimpuesta, así como por la idea de generar algún tipo de escuela, con el propósito de poder devolver de alguna forma todo lo que había conseguido en la travesía que inició en 1966, cuando aterrizó en suelo mexicano.

Tere Estrada agrega:

Mayita se va a transformar en una muy importante gestora cultural y organizadora de festivales de *jazz* internacionales en Ciudad de México, principalmente femeninos. Ella siempre impulsó ese trabajo y la visualización femenina en el *jazz* y el *blues*. De hecho, yo fui parte de uno de esos primeros festivales organizados por ella a principios de los años noventa.

Sobre este momento en su vida, la propia Mayita expresa:

Mi generación en una generación de pioneros. Yo me casé con el músico Luis Enrique Sánchez de la Cerda. Él tenía una banda de *blues* que conservaba la tradición. En 1995 hicimos un disco con la Ginebra que se llama *Un mundo sin hambre,* a petición de un movimiento que presidía John Denver, a través de ese proyecto que ayudó a mucha gente. El proyecto *Hambre* empodera a la mujer para potenciar sus proyectos de vida, en todo el mundo. A través de mi canción es una forma de unirnos, donde la mujer necesite más apoyo.

Presente

En la actualidad, Mayita Campos sigue ligada al mundo de la música a través de su familia. Tanto sus hijos como sus nietos y sobrinos continúan con su legado girando en torno a los escenarios. Por su parte, Kiko Campos resalta como uno de los más afianzados productores musicales y de televisión. En marzo de 2021 recibió un Grammy Latino por la producción del álbum *Un canto por México. Vol. 1,* de Natalia Lafourcade.

Margarita Campos Buchelli regresó a Ciudad de México luego de varios años de vivir en Cancún. Nunca más volvió a Chile. La pandemia del 2020 la mantuvo en casa grabando, trabajando y recordando. Su deseo de años es volver a la actividad para seguir creando y así brindar a otros la posibilidad de destacar. También ha impartido clases de canto. Para ella es probable que lo más importante sea que aún sigue presente, vigente. Y su impronta de mujer independiente y valiente que desde la adolescencia lidió con un mundo masculino. Sobre ello reflexiona y explica: "Nunca estuve sola. Éramos muchas y siempre buscábamos la forma de estar todas juntas. Yo espero continuar haciendo lo mismo con mis proyectos para seguir apoyando a las mujeres".

La ruta en México fue larga y ardua, pero le permitió convertirse en una heroína del rock en una tierra ajena que poco a poco fue haciendo suya. O, como dijo Julia Palacios en su nota publicada por *Rolling Stone*: "Mayita Campos, la chilena del rock mexicano".

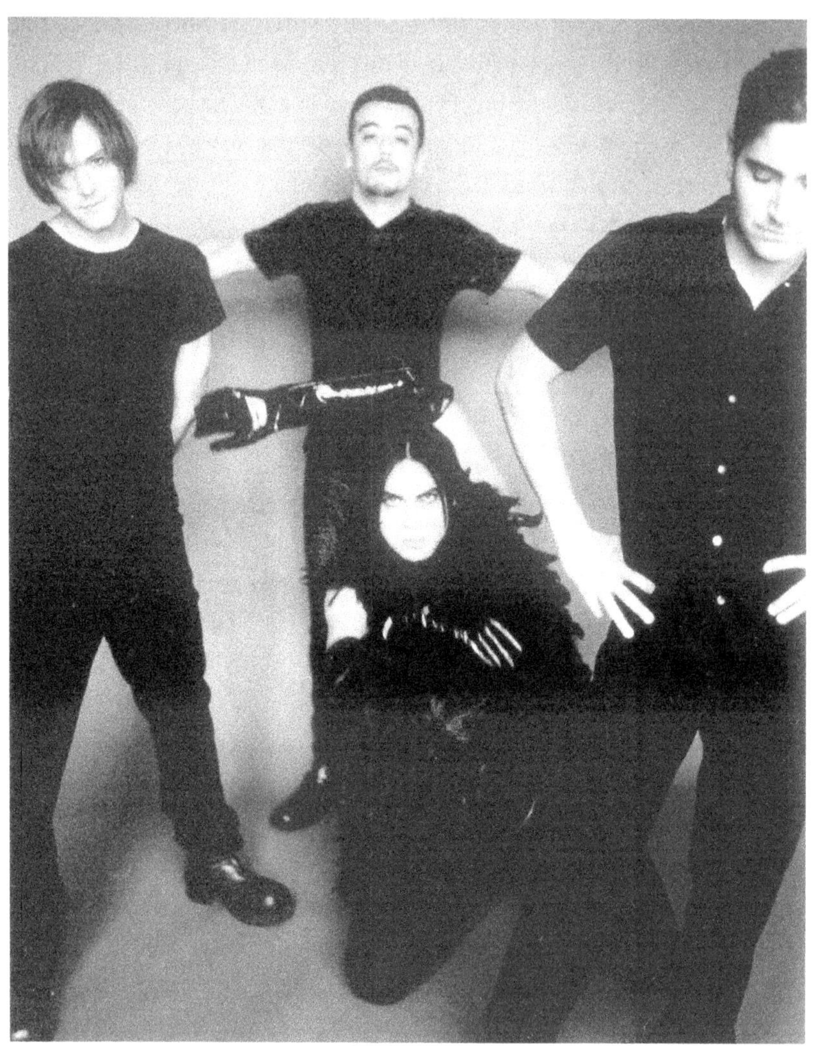

La Ley, cuarteto: Pedro Frugone, Beto Cuevas, Mauricio Clavería y Luciano Rojas. Tomada de *El arte de ser Beto Cuevas* (Editorial Universidad de Guadalajara, 2012).

La Ley en México. Chilenga banda

DAVID PONCE

"Ya chole, chango chilango": en el continente habrán sido miles quienes aprendieron cuando menos ese primer verso. Gracias al trabalenguas transformado en éxito musical de 1996, con el título de "Chilanga banda", una banda mexicana enseñó a Latinoamérica todo un diccionario del habla popular de su país. Desde el mero inicio de esa canción de Café Tacvba conocimos por ejemplo la palabra *chilango*. Y, en tiempos en que Google no había sido inventado, hubo que arreglárselas de algún modo en el resto del mundo para averiguar que chilangas y chilangos son las y los habitantes del DF, por Distrito Federal, la capital mexicana.

Otra banda tan o más protagónica en el pop y el rock latinoamericanos de la época había llegado, años antes que eso y en persona, a México a aprender qué es ser chilango. Una banda chilena. Chilena por nacimiento, pero cosmopolita por definición. Por estilo, por sonido y por ambición: todos los rasgos necesarios para cruzar fronteras. Esa banda es La Ley, que en 1993 había hecho su primera incursión a la capital mexicana y que tres años más tarde estaba instalada en el país y había consolidado un arrastre de masas espectacular entre la audiencia nacional.

Tuvieron status prioritario en el catálogo de la compañía discográfica multinacional Warner Music. Superaron por lejos el millón de discos vendidos a escala regional. Rotaron en el canal de videos musicales MTV Latino para el continente. Prepararon así el camino para ser el único artista de Chile en ganar un Grammy, además de la vitrina completa de premios Grammy Latino que iban a coleccionar. Y cumplieron giras por diversas ciudades y estados de México, con su base de operaciones en la capital. Eran Beto Cuevas, Pedro Frugone, Coti Aboitiz, Luciano Rojas y Mauricio Clavería, y vivían casi todos en distintos puntos del DF, como cinco chilangos más de la ciudad.

Sólo que no iban a ser exactamente chilangos.

No por nada habían llegado hasta acá desde Chile.

—Somos chilengos —dijo alguno de ellos entrevistado por este reportero en el *backstage* de uno de sus espectáculos en 1996, en el Auditorio Nacional, en ese mismo DF en el que se habían transformado en estrellas, cuando corrían los días del esplendor internacional de La Ley. La chilenga banda que hizo historia en México.

Por el tamaño de la empresa y por su dimensión histórica se anunciaba como una tarea de proporciones. La magnitud concreta de la apuesta era titánica: llegar de Chile, en el cono austral de Sudamérica, a ganar un espacio en el mercado musical de habla hispana más grande de la región, desde donde operaban las casas matrices del negocio discográfico para todo ese continente.

Y la perspectiva histórica del desafío lo hacía más considerable. Porque en el pasado hubo artistas de Chile que sumaron logros memorables en México. Habían sido desde exponentes de una canción latinoamericana de vieja guardia como Los Cuatro Hermanos Silva hasta un grupo tan sensacional e internacional como Los Ángeles Negros. Y entre ellos había pasado el mayor astro del bolero mundial que es la definición de Lucho Gatica, el cantante chileno más internacional de la historia que es Antonio Prieto, una estrella melódica de los años cincuenta y sesenta como la muy bien llamada Sonia la Única y otras grandes figuras de la canción como Monna Bell y Palmenia Pizarro.

Pero eran historias más o menos remotas para esos años noventeros. Estos eran tiempos en que la palabra "globalización" había pasado directo desde las ideas de Marshall MacLuhan a transformarse en signo de la época por igual en el discurso de U2 o en el de Don Francisco. Y como ejemplo posible de ese espíritu, un denominado rock latino alternativo recorría el continente. Sonaba desde México a Panamá, Venezuela, Colombia, Brasil, Uruguay, Argentina o Chile, por cuenta de nombres rockeros y raperos de la primera mitad de los años noventa, como Café Tacvba, Control Machete, Rabanes, Los Amigos Invisibles, Aterciopelados, Paralamas, Peyote Asesino, Los Fabulosos Cadillacs, Illya Kuryaki & The Valderramas o Los Tres, además de los ya consagrados Soda Stereo e incluso con Mano Negra como una presencia extracontinental en la misma sintonía.

Cuando en medio de este panorama sonoro La Ley aterrizó por primera vez en el Distrito Federal en 1993, tenía todo por construir. De hecho demandó tiempo tomar la decisión: fue sólo dos años más tarde que en 1995 el grupo hizo público su anuncio de radicarse en México. Y es cierto que no iba a ser rápido. Iba a ser meteórico. Y no iba a ser exitoso: iba a ser explosivo. Ya en la temporada siguiente, en octubre de 1996, la banda estaba agotando funciones en el primordial escenario de espectáculos de la capital mexicana, el citado Auditorio Nacional, envuelta en un estrellato sin precedentes en su carrera, con la atención de la prensa, un contrato discográfico internacional de primer orden y un impacto de público que proyectó a La Ley a los primeros lugares de popularidad.

Ya en Chile el grupo era reconocido, además de por sus primeros éxitos a escala local desde 1991, por su disciplina. Y ese mismo método, con el fundamental trabajo que desempeñó su representante en la época, Alejandro Sanfuentes, fue el que pusieron en práctica en México. Desde ese mencionado debut de 1993, que fue una actuación en el teatro Ángela Peralta de la capital, sumaron fechas por escenarios de Cuernavaca en Morelos o de Monterrey en Nuevo León, y al año siguiente hicieron noticia en la prensa chilena por su participación en el Festival de Acapulco en 1994, antes de embarcarse entre 1995 y 1996 en dos incansables años de giras. Si en esos días en La Ley aprendieron la palabra *chilango*, antes aun pusieron en práctica el significado de otra: *chamba*. Chambeando de arriba a abajo, ahí fue la chilena banda tocando en teatros y auditorios, pero también en festivales, en bares y en palenques, otra palabra nueva más, que Luciano Rojas explicaba en esas entrevistas de fines de 1996: palenques son lugares destinados, por ejemplo, a peleas de gallos, contaba el bajista. La Ley, que alguna vez tocó en medialunas de rodeo chilenas, tocó más de una vez en palenques mexicanos.

Fuera en un palenque o fuera en el megaescenario del Auditorio Nacional, La Ley tenía un código. Un ADN puesto en escena, y hecho de las influencias recibidas por estos músicos desde sus inicios durante los años ochenta. Y era un código que iba a sentar bien al gusto de parte importante del público mexicano.

El periodista aquí firmante vio al grupo en el primer *show* de su historia desde el momento en que renovó su formación para emprender su carrera definitiva: Beto Cuevas (voz), Andrés Bobe (guitarra), Rodrigo *Coti* Aboitiz (teclados), Luciano Rojas (bajo) y Mauricio Clavería (batería). Fue en 1989, en un bar del barrio Bellavista en Santiago de Chile, ante un puñado de gente que no repletó el lugar, pero frente al cual la banda hizo gala de su estilo como si hubiera estado en una arena. Aunque eran los inicios, desde ya esa época está entre los puntos altos en su trayectoria.

Por generación La Ley estuvo en condiciones de procesar ese cúmulo de influencias iniciales venidas de escuelas como el *postpunk*, la *new wave* y el *synth pop* o tecnopop de los años ochenta, para elaborar, con esa educación musical, un estilo. Mucho antes de ese debut de 1989, estos músicos estaban grabando y tocando en vivo en algunas de las modernas bandas de la generación de Los Prisioneros, que, en ese Chile oscurecido y atrasado de noticias por efecto de la dictadura civil y militar de Pinochet, vinieron a generar una escena inédita y *underground* desde mediados de ese decenio.

Mauricio Clavería se había iniciado en bandas progresivas y hasta metaleras como Brain Damage y Evolución cuando era el incipiente pero ya lanzado baterista al que llamaban *Clavito*, para pasar luego al auténtico estrellato nacional conseguido por el grupo Pancho Puelma y los Socios. Luciano Rojas tocaba en una de las estimulantes experiencias de ese subsuelo *new wave* de esos días, La Banda del Pequeño Vicio, donde ya ejercitaba su aproximación *funky* a las cuerdas del bajo. Rodrigo Aboitiz era parte de una de las bandas más químicamente puras del tecnopop local de la época en Aparato Raro, cuarteto apertrechado con sintetizadores y capaz de sonar como un Gary Numan del tercer mundo con esos teclados analógicos y digitales. Y Andrés Bobe, además de compartir con Luciano Rojas en bandas como Paraíso Perdido y los citados Pequeño Vicio, había echado a andar la primera alineación de La Ley a trío con Coti Aboitiz y la cantante Shía Arbulú y con un sugerente sonido de *synth pop* y voz de mujer como resultado.

El arribo de Beto Cuevas en 1989 vino a coincidir del mejor modo con este cuadro. Al frente del quinteto, el nuevo cantante parecía un aprendiz aplicado de asignaturas como la estilización de Bryan Ferry, el garbo de Tony Hadley, vocalista de la banda *new romantic* Spandau Ballet, y el timbre vocal de Mark Hollis, cantante de los siempre conmovedores Talk Talk. Con esos referentes compartidos entre los cinco integrantes, el primer disco de La Ley, *Desiertos* (1989), es pop fino en gran forma. No se compara su efecto con el éxito nacional que marcó el siguiente, *Doble opuesto* (1991), pero es una pieza de colección en el catálogo de la banda.

Tal como esa, pero elevada a un millón, era también una cima musical de su carrera la que el grupo estaba viviendo cuando llegó a México, a pesar de que, del modo más paradójico, La Ley estuviera cruzando al mismo tiempo la peor prueba que afrontó en toda su historia. En un suceso que golpeó no sólo entre sus fans en Chile sino en el país en general, y no es exageración teniendo en cuenta la cobertura de prensa que generó la noticia, el guitarrista y fundador Andrés Bobe murió al estrellar su moto en una calle de Santiago, el 10 de abril de 1994. Justo en medio de los planes para cambiar de domicilio y cuando la banda preparaba su ofensiva continental. Tal vez otro grupo hubiera quedado demolido por el infortunio. La Ley en cambio demostró su temple y, como si la respuesta a la tragedia fuera ir adelante y reinventarse, volvió a México con mística renovada y sin dejar de honrar la memoria de Bobe con una canción llamada, por supuesto, "El duelo".

"El duelo" fue una de las tres canciones que el grupo guardó para el final de esos históricos espectáculos de los días 11 y 12 de octubre de 1996 en el Auditorio Nacional de Ciudad de México. El enviado especial aquí firmante tuvo también la ocasión de verlos entonces, esta vez frente a ovaciones y multitudes. La Ley era furor absoluto. Beto Cuevas se comportaba como un *frontman* nacido para ser el ídolo escénico que en esos días estaba consagrando. La banda operaba como un engranaje ajustado y brillante entre esa combinación de ritmos programados y percutidos en la batería de Mauricio Clavería, el buen gusto de siempre por los colores y timbres de los teclados de Coti Aboitz, las distintivas líneas de bajo de Luciano Rojas, fiel al estilo personal de transitar casi siempre por fuera de las tónicas obvias de cada acorde, y en especial el nuevo guitarrista Pedro Frugone, quien no sólo se había acoplado con naturalidad al grupo, sino además había enriquecido la *performance* musical y escénica de La Ley con su uso llamativo de los efectos de guitarra y con el desenfado de su parada en el escenario.

Tan o más importante, el grupo tenía de su lado además el mejor disco que hicieron en su trayectoria. Era *Invisible* (1995) y su trilogía de canciones envolventes entre "Día cero", "Hombre" y "Animal" además de la mencionada "El duelo" y otras. El resto lo hacía la industria: Warner Music garantizaba los más altos niveles de promoción, difusión en radios y presencia en televisión para difundir *Invisible*. En los días previos a esos *shows* de octubre de 1996, La Ley protagonizó una concurrida conferencia de prensa en una de las sedes de la cadena Hard Rock Café en el DF, fueron entrevistados por una figura tan rutilante como Verónica Castro en un *show* de televisión con público en la factoría Televisa, se codeaban con colegas de bandas mexicanas en el *backstage* de los conciertos, y las veredas y escalinatas de todo el frontis del Auditorio Nacional estaban tapizadas de *merchandising* pirata de la banda, prueba aun más irrefutable del cariño de un pueblo que le entregó los discos de oro y platino que el grupo cosechó en la época para *Invisible* y para los dos álbumes venideros, *Vértigo* (1998) y *Uno* (2000).

Es en ese punto donde aflora la perspectiva más histórica del éxito internacional de La Ley. El grupo se sumó por derecho propio y con los mayores merecimientos a esa nómina selecta de artistas de Chile que ganaron el afecto de las mayores audiencias mexicanas. Y como en todos esos casos, resulta encomiable el logro de abrirse paso en una industria caracterizada históricamente por lo competitivo de su negocio del entretenimiento, por lo fuerte de sus sindicatos y por su protección a los artistas locales, entre otros rasgos. En una entrevista retrospectiva de su carrera en 2007, el propio Lucho Gatica recordaba que no era fácil para un músico extranjero grabar en México, incluso por disposiciones sindicales, y el experimentado pianista chileno Valentín Trujillo ha recordado a su vez cómo, cuando estuvo en México tocando para artistas como Monna Bell, Sonia la Única o Cecilia la Incomparable, él y el pianista Pedro Mesías, también chileno, sólo podían trabajar en vivo si sus pares mexicanos estaban ocupados.

Son memorias de los años cincuenta y sesenta, pero no cuesta trabajo extrapolarlas a una escena de los años noventa en la que el pop y el rock mexicanos contaban con profusión de bandas, algunas de gran poderío. Entre ellas Maná, Caifanes, Molotov, Plastilina Mosh, los citados Café Tacvba, La Lupita, Maldita Vecindad, Víctimas del Doctor Cerebro y muchas otras, si bien distintas al estilo de La Ley, coexistían con nombres como

Aleks Syntek y la Gente Normal o en especial los estupendos Fobia, que sí compartían códigos más similares con el grupo chileno. En ese sentido el suceso de La Ley en ese mercado habla del carácter del grupo para acometer y lograr la empresa, pero también de la predisposición de la audiencia mexicana a adoptar a una banda extranjera capaz de establecer una sintonía con esos gustos musicales, como La Ley supo hacer con la mayor eficacia.

En adelante el grupo escaló aun más en la industria musical internacional con nuevos hitos a gran escala, como su grabación MTV *Unplugged* (2001) y su álbum *Libertad* (2003), cuando ya los roces internos habían decantado la alineación en el trío entre Cuevas, Frugone y Clavería. Es la historia que vino a terminar, como es sabido, con un último período activo entre 2013 y 2016 y clausurado sobre la marcha apenas la banda había lanzado su disco final, *Adaptación* (2016). Fue el epílogo del recorrido descrito por el grupo chileno de música pop y rock que más lejos llegó en la historia, en materia de impacto y reconocimiento internacional. Y pese a que esas grandes ligas de la industria musical y discográfica puedan estar determinadas por cuestiones extramusicales de mercado y de negocio, en último término la identidad musical y la convicción de La Ley son los factores que hicieron posible esa marca en la crónica internacional de la música chilena.

Entre las tres últimas canciones de esa noche de 1996 en Ciudad de México, el grupo cerró su presentación con "Tejedores de ilusión", un *hit* de su álbum previo, grabado en 1993 y todavía con Andrés Bobe presente, para rubricar el tributo en vivo que habían rendido minutos antes con "El duelo". Y justo entre esas dos eligieron tocar un *cover*, para encomendarse a otro referente nítido en la identidad musical de la banda. Y esos podrán haber sido años de *grunge*, de rock alternativo, de sonidos latinos, de influencias de la tradición e incluso de distintos folclores en el trabajo que muchas bandas del continente estaban haciendo, pero esa vez, en el Auditorio Nacional de México, en una fiel versión puesta a sonar por la banda, Beto Cuevas salió adelante a cantar "Ashes to Ashes" de David Bowie. Música pop de la mejor, en la forma y en el fondo, en el aspecto y en el efecto. En la concepción de una canción para ser escuchada en la radio y coreada en una arena, y en el resultado concreto de una banda chilena tocando esa canción en un espectáculo y confirmando así cuán lejos y alto llegó gracias a ese carácter cosmopolita.

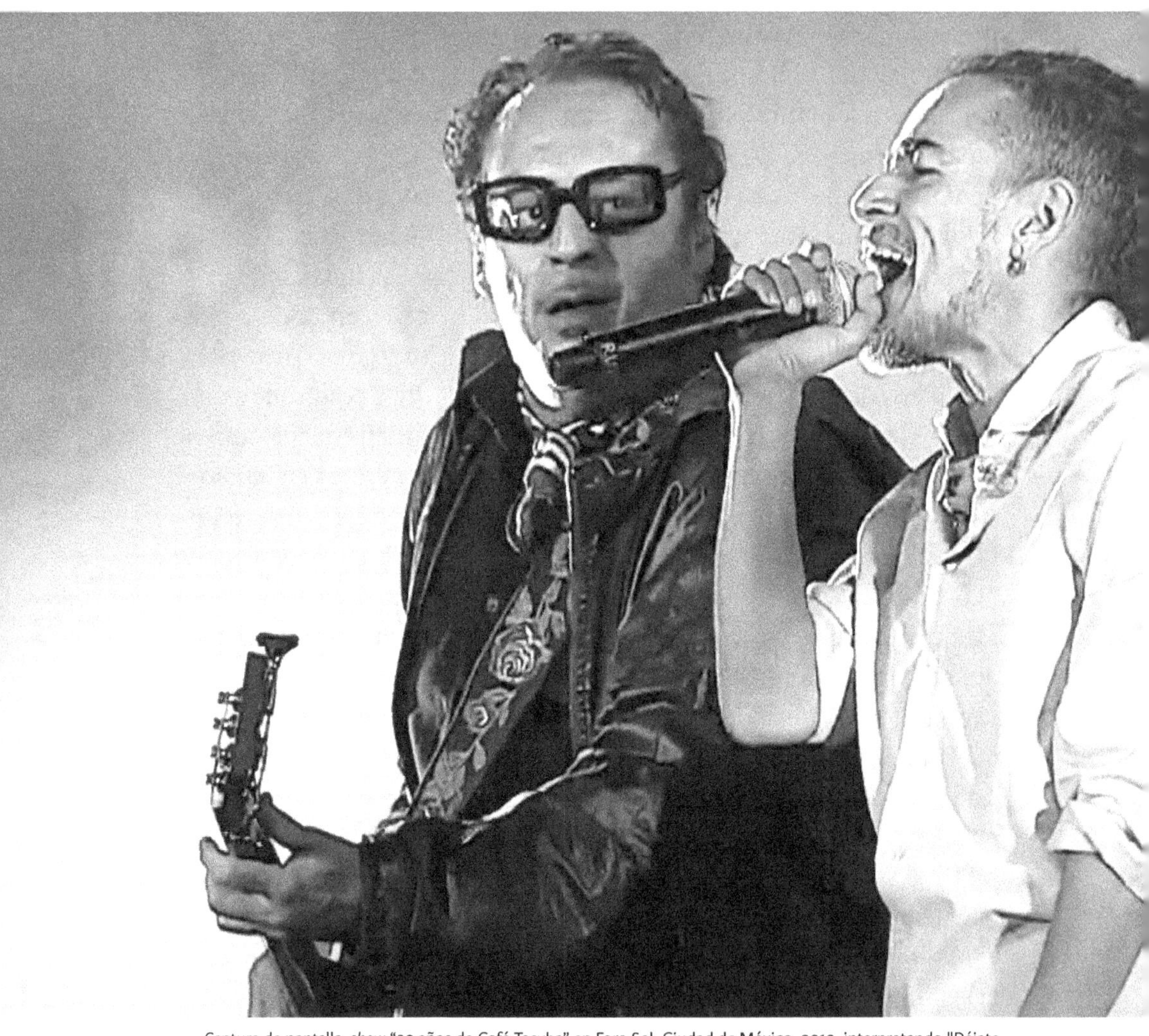

Captura de pantalla, *show* "30 años de Café Tacvba" en Foro Sol, Ciudad de México, 2019, interpretando "Déjate caer" junto a Los Tres. Extraído de la cuenta oficial de Café Tacvba en YouTube.

Café Tacvba y Los Tres:
un viaje a sus adentros

GONZALO PLANET

La imagen es asombrosa y elocuente. Un mar de gente atiborra el inmenso Foro Sol de Ciudad de México en diciembre de 2019 para conmemorar tres décadas de actividad de Café Tacvba, uno de los nombres mayores del rock latinoamericano, en plena actividad y vigencia. Suena el pulso del bombo de la batería y es Rubén Albarrán quien al micrófono canta los primeros versos:

> *Déjate caer*
> *Déjate caer*
> *La tierra es al revés*
> *La sangre es amarilla*
> *Déjate caer.*

Es posible que buena parte de las 65 mil almas que corean el resto de la letra estén convencidas de que se trata de una canción compuesta por la verdadera institución mexicana que tienen al frente, de tanto oírla en su repertorio habitual. Pero se trata en realidad de un tema escrito unos 25 años atrás por dos de los invitados que esa noche celebran la fiesta de Café Tacvba instrumentos en mano: Álvaro Henríquez y Roberto Titae Lindl, los fundadores del fundamental grupo chileno Los Tres.

Ahí están juntas en pleno ambas legendarias agrupaciones en escena. ¿Podrá ese instante condensar las décadas de colaboraciones, amistad y coincidencias que vinculan a estos dos ineludibles grupos de rock del continente? Al menos abundan las sonrisas, los pasos de baile y la inconfundible coreografía que los mexicanos dedican a la popular composición en cada interpretación, celebrada con entusiasmo por la multitud. Así se construye un clásico. O así se deconstruye.

El destino quiso que Los Tres y Café Tacvba se encontraran y forjaran un lazo tan estrecho como duradero, unidos por el talento pero también por convicciones y puntos de vista coincidentes en torno a lo que significa hacer música rock desde Latinoamérica, situados en dos puntos distantes del continente que encierran muchas más similitudes que diferencias, tal como se ha desarrollado la rica historia de enlaces profundos y perdurables entre Chile y México.

Fue hacia 1994 cuando una melodía tan enigmática como atractiva entonada por una sugerente voz andrógina se repetía una y otra vez en el dial chileno, particularmente en Rock & Pop, una nueva emisora cuyo estilo fresco y novedoso de hacer radio cosechaba una alta sintonía juvenil. Ese sencillo, que era imposible no tararear tras su escucha, se llamaba "El ciclón", y fue la corriente que dio el impulso a Café Tacvba para extender un fenómeno de proporciones en el país del sur.

Le siguieron otras canciones como "La ingrata", cuyo video de rotación constante lograba situar desde lejos un caleidoscopio vibrante a ojos chilenos. Era un torrente arrastrado por la señal internacional MTV Latino, ya instalada a mediados de los años noventa como una generosa vitrina de música de la región para casi todo el continente, cuando en Chile la televisión por cable era un medio relativamente nuevo.

Verles era tan relevante como escucharles: Rubén Albarrán —bautizado Cosme en esos días—, Emmanuel del Real, Joselo Rangel y Quique Rangel irradiaban una cercanía y un carisma sin par que conectaba de modo directo y transversal con el público chileno, acostumbrado a la presencia de las estrellas de la cadena Televisa pero que advertía en Café Tacvba el otro México que el grupo eligió retratar, tan habitual y remoto a la vez. Tanto, que cuando se concretó su visita a Chile en 1995 luego del impacto de *Re*, con una serie de conciertos a tablero vuelto primero en Santiago y después a lo largo del país, no sólo gente joven llenaba las graderías.

Era divertido percibir cómo los músicos cruzaban miradas cómplices en escena, siempre sonrientes y próximos, como si no dieran crédito al verdadero suceso que desprendía un álbum inexplicablemente resistido al principio en su propio país, pero que en Chile no sólo sumaba discos de oro y platino por sus miles de copias vendidas, sino que hogares completos entendían que *Re* encarnaba un eslabón en la extensa y valiosa presencia cultural del país del norte en el del sur: los abuelos que conectaban con Pedro Infante, los padres con Juan Gabriel y los más jóvenes, bueno, con una fiesta y multiculturalidad poco vista en un país aún gris que recién salía de una dictadura cívico-militar de años.

Seguro que en esos multitudinarios *shows* los propios Café Tacvba recordaban su primera visita a Santiago como una banda anónima hacia 1992. Fue en un intercambio de grupos musicales chilenos y mexicanos cuando debutaron ante unos pocos curiosos como unos perfectos desconocidos en el Museo de Bellas Artes, en pleno centro de la capital, justo a un costado del Parque Forestal, donde tres décadas atrás Violeta Parra se instalaba con su guitarra y sus arpilleras en la concurrida Feria de Artes Plásticas. La misma Violeta que Rubén Albarrán conoció en su infancia en la voz de la argentina Mercedes Sosa, girando en los surcos de un vinilo compilatorio que también sumaba versiones de Víctor Jara, posiblemente sus primeros acercamientos a la música chilena. Décadas más tarde, ya en suelo santiaguino, Rubén no se aguantó la risa cuando el presentador del Museo de Bellas Artes introdujo a Café Tacvba con una línea recurrente en este libro: "¡México para Chile, y Chile para México!".

Aquella lejana travesía sirvió además para conectar con nuevas amistades chilenas, que como buenos anfitriones les guiaron en la efervescente escena del rock local. Fue así como Rubén padeció la esquizofrenia de grupos como Pánico y navegó por el soul característico en De Kiruza, además de acceder con curiosidad al casete de unos jóvenes músicos de Concepción instalados no hacía mucho en Santiago. Se trataba del primer álbum de Los Tres, publicado el año anterior por el sello independiente Alerce, uno de los discos debut más relevantes del recambio del rock chileno de la década, con canciones como "He barrido el sol" o "Un amor violento", que permanecerían no sólo en su repertorio de modo permanente, sino que se alzarían como clásicos de la música chilena reciente. De esa forma Rubén escuchó por primera vez "Un amor violento", sin imaginar la carga que esa canción y sus autores tendrían en el futuro de Café Tacvba.

Los Tres se habían formado en la ciudad de Concepción como un grupo de amigos amantes del *rockabilly*, integrado por Álvaro Henríquez, Roberto Titae Lindl y Francisco Molina. A fines de la década de los ochenta se establecieron en Santiago, donde se ampliaron a un cuarteto con la incorporación de Ángel Parra, hijo del prolífico cantautor del mismo nombre, nieto de la influyente y multifacética Violeta Parra. Ángel había vivido parte de su infancia en Ciudad de México junto a su hermana Javiera durante el exilio de su padre, probablemente al mismo tiempo que Rubén oía la obra de su abuela Violeta en el disco que giraba en casa.

La conexión de Ángel con el resto de Los Tres se concretó en los días en que Álvaro Henríquez daba vida a La Regia Orquesta, la pintoresca banda que musicalizaba en vivo la primordial obra de teatro *La negra Ester*, del cantor y poeta Roberto Parra, hermano de Violeta, en una expresiva puesta en escena dirigida por el talentoso dramaturgo Andrés Pérez de la compañía Gran Circo Teatro, quien revolucionaba las tablas chilenas.

El genuino arte de Roberto Parra caló hondó en el cantante, guitarrista y compositor de Los Tres, al punto que se generó un lazo estrecho entre ambos creadores de generaciones y mundos tan distantes. Álvaro se sumergió en un universo de la cultura popular en ese entonces enterrado por el folclor de postal que adornaba los medios de comunicación durante los años de la dictadura. A ritmo de foxtrot, Roberto interpretaba lo que él llamaba *jazz huachaca*, mientras que sus cuecas estaban lejos de cualquier ensoñación campesina. Urbanas, relataban el submundo de Chile, los bajos fondos.

"Su obra es de un legado enorme", diría Henríquez en 1998. "A mí me cambió la vida totalmente. Su naturalidad y gracia como poeta es única y auténtica. A todos nos abrió los ojos para darnos cuenta que las cuecas no eran sólo lo que hacían Los Quincheros, Los Cuatro Cuartos y todos esos grupos oficialistas. La riqueza de la cultura popular chilena iba mucho más allá."

Esa impronta ya era palpable en el debut de Los Tres y continuaría incólume en su futuro como una banda de rock permeada por la influencia del folclor y la canción popular. Al propio Roberto Parra le dedicaron *Los Tres Unplugged*, su concierto desenchufado para el canal MTV Latino grabado en Miami poco después de su muerte en 1995, con versiones acústicas de su discografía hasta ese entonces —*Los Tres* (1991), *Se remata el siglo* (1993) y *La espada & la pared* (1995)—, el tema inédito "Traje desastre", más el golpe de gracia de la impecable presentación con tres canciones de Roberto: las cuecas "El arrepentido", "La vida que yo he pasado" y el foxtrot "Quién es la que viene allí".

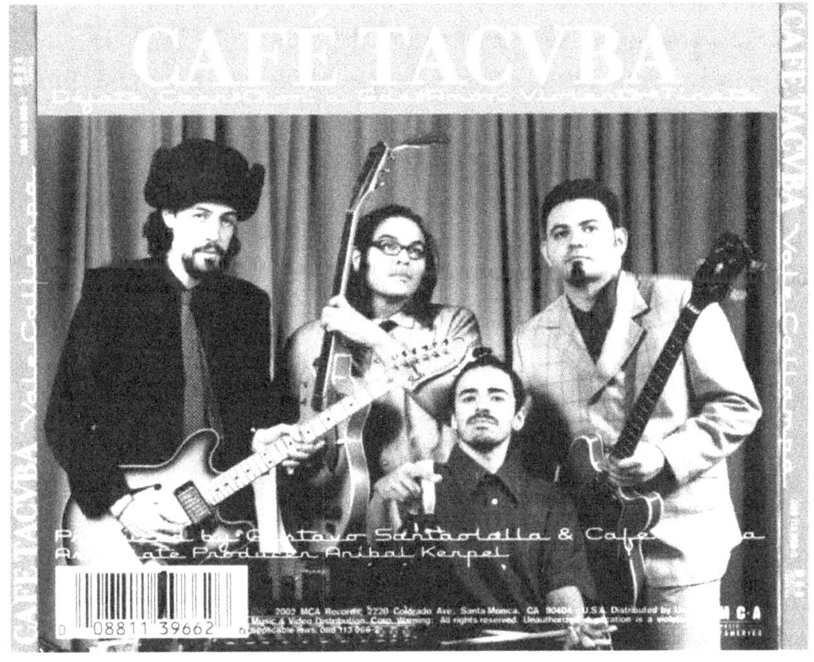

No es exagerado exponer que *Los Tres Unplugged* generó un cambio cultural. Redefinió lo que se entendía hasta ese entonces por chilenidad, empujó a que se bailaran cuecas en las discotecas por primera vez en la historia, y llevó al grupo a un estatus de popularidad inédito y transversal con más de 150 mil discos vendidos a pocos meses de su lanzamiento en 1996.

Café Tacvba hacía lo suyo en Miami con su propio *Unplugged*, grabado también en 1995. El registro no se publicaría como disco sino hasta una década más tarde, pero su emisión en MTV Latino junto con el *show* acústico de Los Tres revelaba dos caras de una misma moneda: dos grupos latinoamericanos de origen rock de estilos musicales muy distintos, pero unidos por rutas totalmente conscientes de su lugar en el mapa, una que Los Tres descubría a través de Roberto Parra, y otra que Café Tacvba encontraba en nombres como José Alfredo Jiménez y Agustín Lara, y en el acto de romper las fronteras de la homogénea Ciudad Satélite, donde surgieron a fines de los años ochenta para perderse en el ecléctico laberinto de Ciudad de México.

Era una búsqueda por latitudes de identidades lejos de nacionalismos al igual para Los Tres, lo que Albarrán explicitaría justamente en Chile el año 2014, durante el primero de dos *shows* en el Teatro Nescafé de las Artes que conmemoraron dos décadas del álbum *Re*. Hacia el fin del concierto alguien intentó acercarle una bandera chilena desde el público. "Con todo respeto, a mí no me gustan las banderas", le respondió el cantante. "Te la devuelvo. Que viva el planeta."

Alguna vez Roberto Titae Lindl, el bajista de Los Tres, aseguró que tras visitar Ciudad de México pudo entender realmente cómo había surgido allí una banda como Café Tacvba. "Sólo al pasear por ahí se entendía la diversidad de sus discos." Claramente era distinto advertirlo *in situ*, por más que la sustancial exposición a lo amplio de la cultura mexicana esté naturalizada en todo chileno desde tiempos decimonónicos. Era cotidiano para Los Tres, por ejemplo, admirar el impresionante mural *Presencia de América Latina* en la Casa del Arte de la Universidad de Concepción, monumental obra del pintor y muralista mexicano Jorge González Camarena, dispuesto como parte de la reconstrucción de la Universidad tras el catastrófico terremoto de 1960, donación del gobierno de México.

Por supuesto son una infinidad de canciones, películas y personajes marcados en la memoria colectiva de Chile, desde la huella hasta hoy imborrable del cine mexicano de los años treinta a las voces de tantas estrellas de la música que arrasaban en el masivo Festival de Viña del Mar en décadas posteriores. O la conmoción de la visita a Santiago de Mario Moreno *Cantinflas* en 1967, ocasión en que el conocido intérprete compartió en el Palacio de la Moneda con el presidente Eduardo Frei Montalva, y justo una década después, la colosal gira por Chile de *Chespirito* y su equipo, que en dos funciones en el Estadio Nacional reunió unas ochenta mil personas, nada menos. Los miembros de Los Tres eran unos niños en ese entonces.

En otra cancha, a mediados de los años noventa, Álvaro Henríquez se encontraría cara a cara por primera vez con Rubén Albarrán y Emmanuel del Real listos para patear el balón en un capítulo de Rocangol, la serie de partidos de futbol que organizaba MTV Latino con los músicos que nutrían su señal internacional. Los Tres figuraban entonces con el sugerente video del *single* "Déjate caer", parte del disco *La espada & la pared*, en rotación para todo el continente.

El encuentro daría pie a una amistad fruto de la admiración mutua entre Café Tacvba y Los Tres que el tiempo no ha hecho más que estrechar, en una alianza que perfectamente simboliza la unión entre dos pueblos marcados por su historia y su cultura.

Eran días en que se encontraban más en Santiago que en cualquier otro lugar. Es que era tan habitual la presencia de Café Tacvba en Chile que fácilmente viajaban unas cinco veces al año. Así sucedió en la época de *Re*, y más adelante como una escala ineludible de su gira Chévere-Cachai-Macho-Chido-Che, vinculada al sorprendente y exitoso álbum de versiones *Avalancha de éxitos* (1996).

La correspondencia de Los Tres con México, asimismo, se intensificaba con giras más extensas y la participación en festivales masivos tras el descomunal suceso de su disco *Los Tres Unplugged*. Sucedió también con el magnífico álbum *Fome* (1997), que, entre otros escenarios, les llevó a compartir en la primera versión del festival Vive Latino en el Foro Sol de Ciudad de México, por más que ciertas señales que desembocarían en el primer quiebre de Los Tres dejaran espacio de todos modos a un siguiente álbum también presentado en México, *La sangre en el cuerpo* (1999), cuando Álvaro Henríquez y la cantante y compositora Julieta Venegas ya eran marido y mujer.

Rubén recuerda que fue en un avión donde escuchó por primera vez el álbum *Fome*. "Quedé superalucinado, muy emocionado. Escuchamos *Fome* y decíamos ¿qué vamos a sacar ahora? De alguna forma sentíamos que lo que hacía cada grupo sí permeaba la cultura juvenil latinoamericana. Era una propuesta cultural cuando un grupo sacaba un disco en esa época." Álvaro también se lo mostró a Joselo en una copia de prueba en vinilo, uno de los formatos en que circuló en una edición limitada además del CD y el casete. Quedó con la boca abierta.

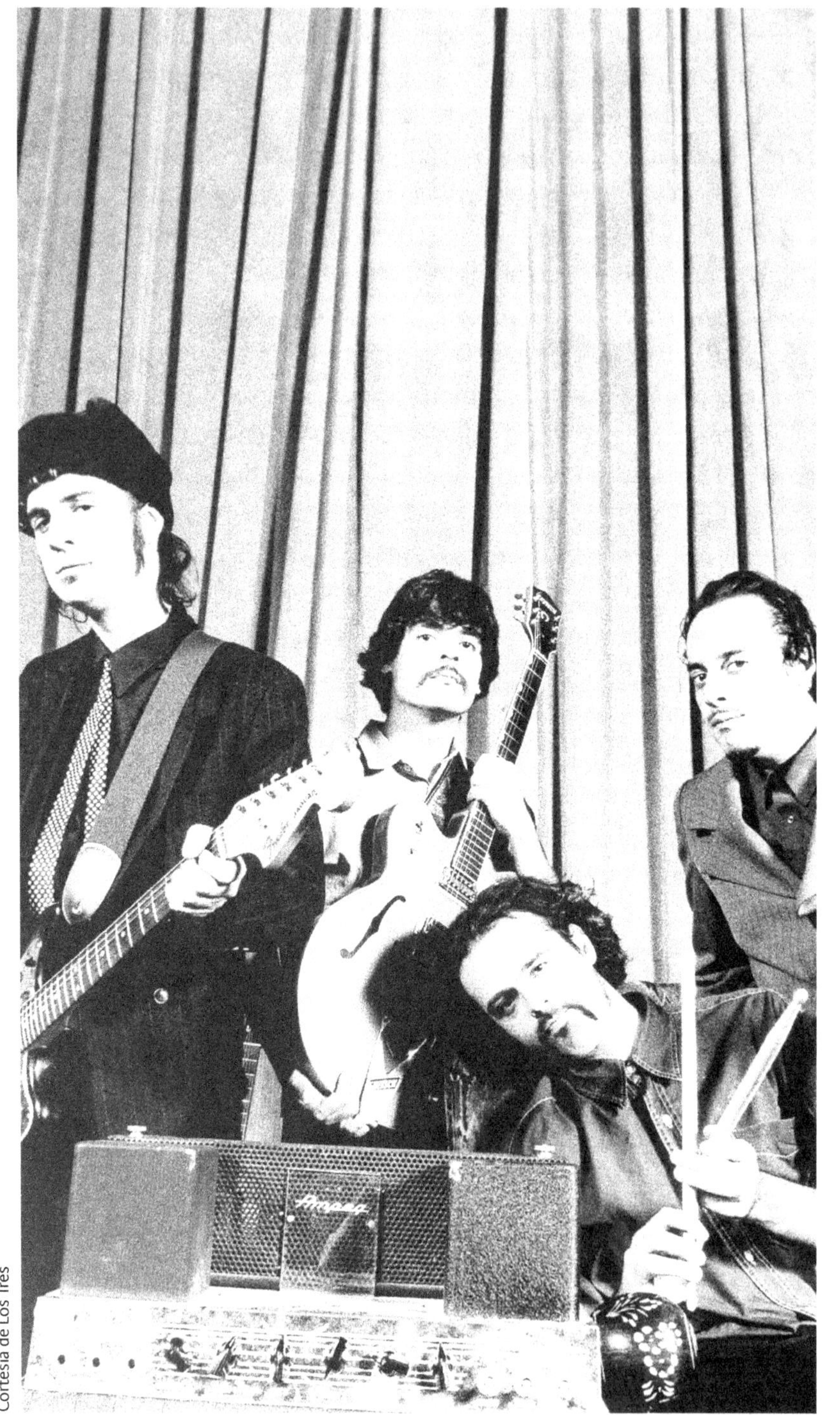

Cortesía de Los Tres

¿De verdad *fome* significa 'aburrido'?, se preguntaban en México cuando Los Tres explicaban el modismo con que había rotulado su flamante álbum. Incluso desde su título, *Fome* desafiaba a la norma. Tras la excepcional conquista de *Los Tres Unplugged*, era absolutamente esperable que el cuarteto exprimiera la fórmula del aplauso con más cuecas y foxtrots. Seguro lo anhelaban en la mansión de calle Suecia en Santiago, donde se ubicaban las lujosas oficinas locales de la compañía discográfica Sony Music. Si hasta Feria del Disco, la mayor cadena de venta de casetes y discos compactos de Chile en ese entonces, confirmaba que *Los Tres Unplugged* era por lejos el álbum más vendido en su medio siglo de comercio.

Al contrario de las expectativas, *Fome* amalgamaba canciones eléctricas, tensas e íntimas que reflejaban el convulso momento interno de Los Tres: explosivo, conmovedor y también doloroso. Así como sucedió con *Re* en México, la reacción en Chile ante una obra de tal intensidad desconcertó a algunos, pero lo cierto es que es prácticamente unánime hoy considerar a *Fome* como la cumbre de su catálogo. Lo entendió Rubén en ese vuelo, y Joselo al oír el *test pressing*.

Hay una fotografía en particular de Los Tres reproducida en el interior de ese disco. Delante de una cortina roja, Álvaro viste de negro con gorro y corbata mientras empuña su guitarra eléctrica. Al centro, con camisa celeste, Ángel se esconde tras su guitarra, y al costado Titae posa con su bajo enfundado en un elegante traje *beige* y camisa roja. Sentado, Francisco, con camisa azul y pantalón negro, se apoya en un amplificador Ampeg para sostener unas maracas y par de baquetas.

Cinco años más tarde, en 2002, en posiciones y ropas prácticamente idénticas, una nueva imagen personificada respectivamente por Emmanuel, Joselo, Quique y Rubén ilustraba la contraportada del homenaje más concreto con que Café Tacvba expresaba contundente su admiración por sus colegas chilenos: el EP *Vale callampa* (2002).

La historia es conocida: fue en una caminata por Santiago cuando a Joselo y Quique les gritaron desde un auto "¡Café Tacvba vale callampa!", un mensaje de repudio gráfico hacia el cuarteto mexicano, por decirlo suavemente. La frase les hizo gracia a los hermanos, y qué mejor que bautizar así a la colección de canciones de Los Tres que ensayaban, primero, para mostrar en Chile una vez llegada la ocasión, y que ante la insistencia de la compañía Universal publicaron como un minidisco.

Alguna vez el gran cantante chileno Lucho Gatica homenajeó al influyente compositor e intérprete mexicano Agustín Lara en el esencial álbum *Lucho y Lara* (1959). Cuatro décadas más tarde Café Tacvba lo haría con Los Tres como un acto de afecto, una ofrenda tras la disolución de la cercana agrupación chilena el año 2000. "Hay tanta música sin sustancia sonando que hacer un álbum con las canciones de Los Tres es como un acto de justicia", decía Emmanuel. Lo reconocía también Rubén, personificado en su alias de entonces, Gallo Gasss: "Siempre hubo una admiración mutua, siempre nos gustó cómo componían y cuando se separaron sentimos mucha tristeza, así que este EP salió del corazón".

El resultado fue breve pero apabullante. Son sólo cuatro canciones del inventario de Los Tres las que completan la inaudita producción —"Déjate caer", "Olor a gas", "Un amor violento" y "Tírate"—, deconstruidas bajo el filtro multicolor de Café Tacvba en grabaciones de consecuencias insospechadas para ambos nombres. El periódico *The New York Times* lo alzó como uno de los mejores diez discos de 2002. "No se preocupen por los detalles: las canciones son geniales", apuntó el crítico Ben Ratliff.

"Es un título impresionante", decía Álvaro Henríquez. "No me puedo imaginar a nadie en Chile diciendo por la radio 'Ahora vamos a escuchar *Vale callampa*'." Titae Lindl recuerda la primera vez que lo oyó: "Cuando escuchamos el disco quedamos todos medio choqueados. Un amigo en un auto me mostró 'Olor a gas', era bien increíble escuchar la vuelta que le dieron".

Si de vueltas se trataba, la versión de "Déjate caer" rompería tantos límites que con el correr del tiempo muchos al norte la asumirían como una composición de los propios mexicanos. ¿Qué mayor muestra de admiración que apropiarse de las canciones a tal nivel? Como todo vuelve a su forma circular, el patrón disco, la cita a Depeche Mode y la singular coreografía de la adaptación sería recogida por Los Tres en sus dos primeros *shows* de regreso en suelo chileno durante julio de 2006 y para el resto de sus presentaciones a la fecha, veladas que sumaron 30 mil personas en compañía de Emmanuel del Real en escena, también coproductor del disco que materializaba el retorno: *Hágalo usted mismo* (2006).

Sería una de las muchísimas colaboraciones entre los chilenos y los mexicanos en tantas etapas de su asombrosa historia que corre en paralelo desde hemisferios distintos: la producción de Álvaro Henríquez para el álbum en solitario de Joselo, *Lejos* (2005), las invitaciones mutuas al Festival de Viña del Mar, al festival Vive Latino, o a La Yein Fonda, la popular celebración de fiestas patrias producida por Los Tres que al cierre de esta edición cumplía un cuarto de siglo. También con instantes emotivos e inolvidables, como la primera actuación de Álvaro tras una delicada intervención quirúrgica que lo tuvo al borde de la muerte el año 2018, invitado por Café Tacvba.

Son sólo algunos de los puntos de contacto entre los nombres más importantes del rock de las últimas tres décadas en sus respectivas tierras, dos luminarias de la música latinoamericana contemporánea que han configurado una alianza extendida y de avanzada.

"Teníamos la energía del rock pero nos abrimos a una voz propia", observa Rubén. "Descubrimos nuestra identidad sin dejar de ser quienes éramos. Con Los Tres nos hermanan esos conceptos." Si la vida es un gran baile, quizá esos pasos al son de "Déjate caer" revelan mejor que nada sus derroteros entre la tradición y la experimentación, entre la popularidad y la vanguardia. "Qué grupazo tienen en México", aseguraba Álvaro Henríquez tras una de las coreografías para la canción en la Feria Internacional del Libro de Guadalajara. "Y además bailan."

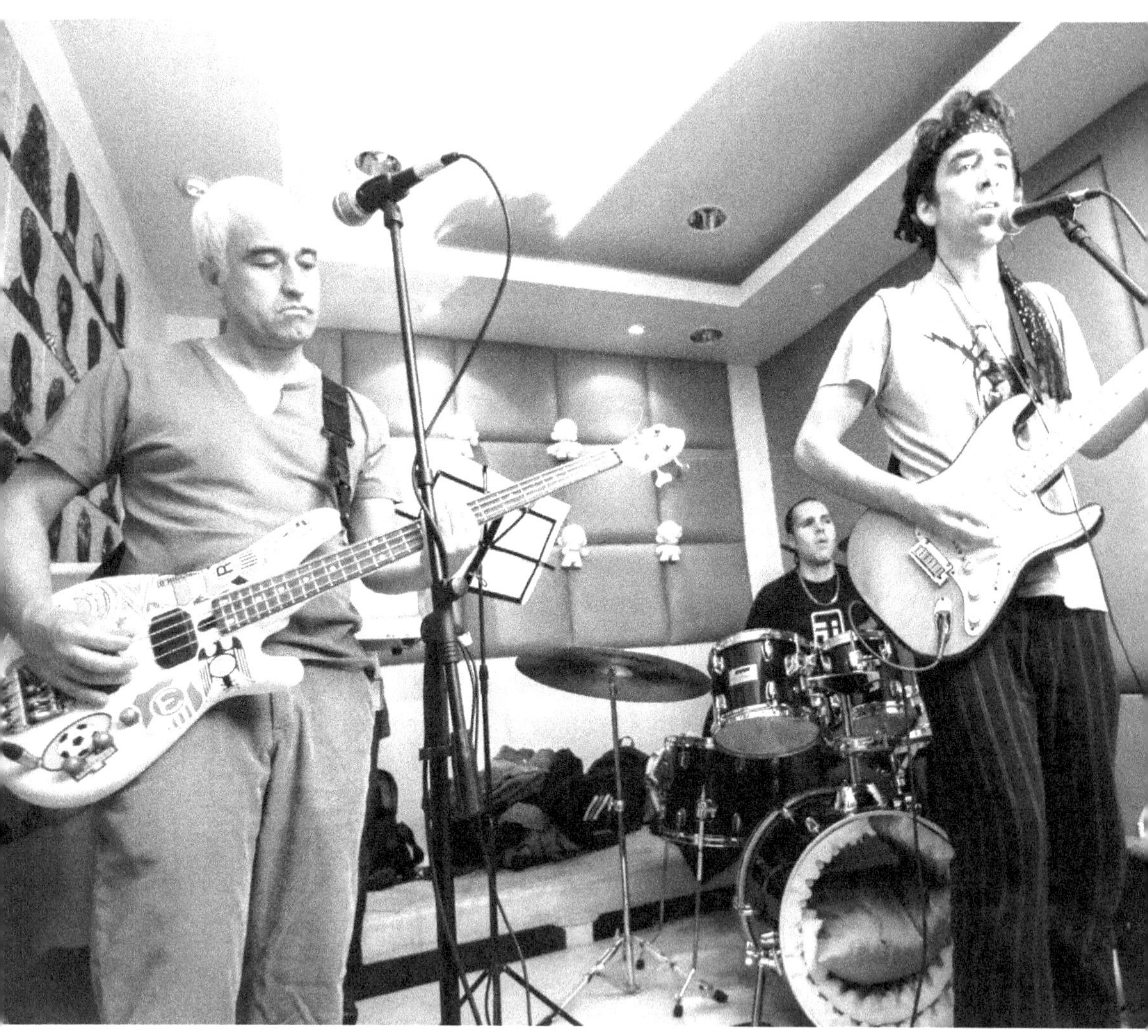

© Carlos Juica

El prisionero y yo. Una vida
de Jorge González en México

PEDROPIEDRA

Abril de 2007, Ciudad de México. Frente a la reja de una casona en la esquina de las calles San Luis Potosí y Mérida de la colonia Roma norte, espero a Lupe. Manzanas a la redonda abundan los edificios de altura mediana y sobria arquitectura, y también muchas casas grandes y antiguas, que se mezclan con garajes, restaurantes y tiendas. A pesar de ser un barrio residencial, comercios de todo tipo invaden prácticamente cada fachada. Al frente, un par de carros de comida. Al otro lado de la calle, un exclusivo club nocturno que también funciona de día y donde se estacionan en fila un par de Hummers. Es un barrio de calles adoquinadas, tranquilo, fresa, de baja densidad de población. De improviso, un autobús verde pasa a toda velocidad en dirección contraria y su estruendo me recuerda que en esta ciudad siempre hay que mantenerse alerta.

Lupe, el ama de llaves, aparece con quince minutos de retraso. Con la amabilidad que distingue a los mexicanos en el mundo entero, la mujer de mediana edad me da la bienvenida mientras abre la reja para dejarme pasar con mi maleta y mi guitarra. Se están haciendo reparaciones antes de la llegada de la familia, que se encuentra por regresar de Chile. En la primera planta hay una cocina amplia y una sala grande con piso de madera, donde una estantería bien provista de discos de vinilo enfrenta a dos cómodos sofás. En el segundo piso recorremos los dormitorios, baños y la habitación donde está improvisado el estudio de grabación. Todo el mobiliario es nuevo, de *retail*. Sigo el ágil trote de Lupe escaleras arriba hasta la tercera planta, que se compone de la sencilla habitación que ocuparé y de una azotea espaciosa y multifuncional.

Solo en la casa, me pongo a curiosear. Además de los vinilos reparo en las torres de CD, libros y revistas apiladas en el suelo. Colecciones en DVD de *Los Simpsons, Futurama, 31 Minutos*, Studio Ghibli. Películas como *La uñeta del destino, Rocky Horror Picture Show, La guía del viajero intergaláctico* o *The Phantom of Paradise*. Revistas como *Uncut, Mojo, Rolling Stone, France Football, Four Four Two, Condorito de Oro* y japonesas. Libros sobre teorías conspirativas, no ficción y biografías, con la excepción de la novela *No Country for Old Men*... cultura pop para consumir por meses, quizá años.

Subo al estudio, autorizado para utilizarlo a mi completo antojo. Entre los micrófonos y preamplificadores de calidad, los teclados y guitarras amontonadas, hay un instrumento en particular que llama mi atención: un bajo eléctrico Yamaha Motion MB color crema, adornado con autoadhesivos de equipos de futbol chilenos: Everton, Audax Italiano, Santiago Morning, Unión Española... la sola vista del legendario objeto me emociona.

Debo convencerme por enésima vez que Jorge González, el músico chileno vivo más importante y uno de los más influyentes de su historia, ídolo de varias generaciones y ciertamente uno de mis primeros referentes musicales, me ha dejado usar su casa. A riesgo de que me califiquen de mitómano, ha insistido en que la use mientras él y su familia pasan unos meses en Chile. Alguien toca el timbre y bajo a abrir. Es Jose, músico local, hijo de chilenos exiliados y amigo de Jorge, que viene a buscar unos instrumentos prestados. Por lo visto, su generosidad no es solamente para conmigo. Con el gentil auspicio del padre del rock chileno, comienzo a grabar mis primeros demos en su casa.

Lo conocí hace menos de un año por medio de Vicente, un amigo en común. Compartimos un par de ocasiones —yo muy tímido— en el estudio y luego en un asado. El célebremente insoportable, arrogante y pesado Jorge González puede ser también una persona tremendamente amistosa, divertida y generosa. Ni bien supo en aquella ocasión que dentro de unas semanas viajaba yo a Mexico, la oferta de su casa fue espontánea y sincera. Me fui de ese asado con una gran sonrisa y con el contacto de Lupe anotado en una hoja de cuaderno. Luego, cuando volvió con su familia desde Chile, me invitaron a quedarme con ellos un tiempo.

A las estrellas les llamamos así por la gravedad con que atraen nuestra atención hacia sí, tal como lo hace un cuerpo celeste con sus satélites. Llenan una habitación con su presencia, y no siempre están a gusto con eso del estrellato, que es principalmente algo que se genera desde el entorno de la estrella hacia ella y no al revés. La fama cambia más a los que están alrededor del sujeto que al sujeto mismo. Yo tomaba el desayuno con uno de los artistas más importantes de la historia de Chile y debo admitir que me tomó un tiempo comportarme de manera natural. Nuestra amistad se fue consolidando gracias a la música, mediante mutuas y frecuentes colaboraciones.

Mayo de 2007. Los Updates se presentan en el festival Vive Latino. Jorge me pasa una entrada general, voy solo. Llevo poco tiempo aquí y cada salida es una nueva experiencia: este país siempre te sorprende con construcciones y manifestaciones culturales de dimensiones con las que en Chile ni se sueña. Alucino en este festival multitudinario, con varios escenarios dispuestos entre una pista de Fórmula 1 y un hermoso estadio de beisbol, comida y bebida a buenos precios, y el público mexicano que además de amistoso y bien portado es, como estoy aprendiendo, el más encendido del mundo. El cartel encabezado por Gustavo Cerati, Café Tacvba, Austin TV y Calle 13 incluye también este año a los chilenos de Gondwana —que suenan mucho en las playas mexicanas—, Lucybell, Los Bunkers y The Ganjas. No se me pasa por la cabeza imaginar que dentro de tres años estaré tocando aquí con mi banda, y que lo haría luego en dos ocasiones más.

El público de las dos de la tarde se acerca con curiosidad al escenario donde Los Updates, el dúo compuesto entre Jorge y su pareja de entonces, Loreto Otero, comienza su presentación, y se pregunta de dónde diablos salió este extraño binomio: un hombre de *mohawk* moviendo perillas y cantando sonriente, junto a una chica vestida de látex negro que se encarga de las visuales mientras baila y bebe de un vaso plástico. Cuando suenan los primeros compases de "Tren al sur" todos entienden quién es ese tipo y se encienden. La gente llega corriendo. La fuerza de sus canciones ha traspasado el tiempo y el espacio, y al día de hoy le sigue abriendo puertas adonde vaya. Sólo uno de sus decenas de éxitos es suficiente para transformar un *show* cualquiera en una fiesta.

Tras la presentación nos comunicamos por celular y logra hacerme llegar un pase para atrás. En la rueda de prensa dirá: "También estuvimos en el Vive Latino en Chile y nos toca vivir las dos caras del asunto. Allá éramos artista principal y acá somos de los que tocan a las dos de la tarde, pero estuvo superbueno igual". Desde bambalinas, esa tarde somos testigos del triunfal "Domingo de Ramos" mexicano de Los Bunkers.

Jorge, nómada por esencia y en búsqueda permanente, va y viene desde que alquiló la casa en 2005. El plan original era radicarse en México con Los Prisioneros e iniciar una nueva etapa (¿tercera o cuarta?) lejos de Chile, país sin una industria musical ni una escena cultural capaz de soportar mucho tiempo el peso de una banda como la suya. Al mismo tiempo, el tamaño de Ciudad de México ofrece al compositor un anonimato imposible en su país natal. Allí no puede salir a la calle en paz desde los días de su debut, en un lejano 1984. Comenzando el nuevo siglo, en su tierra aún no existe unanimidad sobre su relevancia como ícono cultural. Para cierta prensa y parte del público, Jorge es poco más que el protagonista esporádico de escándalos y polémicas.

La verdad es que a sus cuarenta y pocos años, rugen aún los motores de la creatividad en la mente de González. Pese a haber recorrido todos los caminos del éxito, y después de levantarse una y otra vez de las zancadillas que ese mismo suceso le ha propinado, aún le queda una ficha por jugarse, tal vez la más importante para cualquier músico hispanoparlante: promocionarse en el mayor mercado musical en español como corresponde, instalándose ahí y recorriendo desde el principio un circuito aún virgen para una banda ya legendaria en muchos lugares. Los motivos por los que no hicieron este trabajo Los Prisioneros en su época de gloria siempre serán una incógnita, pero llama la atención de manera positiva que a esas alturas de su carrera, Jorge sienta que aún había música para entregar, cosas para decir y energía para embarcarse en una aventura de tal magnitud.

Al final pasó lo de siempre: "los flacos de la banda", como solía referirse sin ironías a sus compañeros en Los Prisioneros, no llegaron. Primero fue el guitarrista Claudio Narea, quien no logró hundir el barco a pesar de abandonarlo —o ser lanzado desde cubierta— en un par de oportunidades, por motivos narrados por él mismo en las dos versiones de su autobiografía. Esta vez la pérdida era irreparable: Miguel Tapia, batería, segunda voz y fiel lugarteniente de González que, para decirlo en jerga criolla, *arrugó* y prefirió quedarse en Chile, dedicado a negocios de bienes raíces. Luego del fin de este último ciclo, Los Prisioneros dejarían de existir formalmente en marzo de 2006, con Jorge y su familia ya instalados en el país del norte.

A pesar de haber quedado "clavado, sin pito que tocar", el ex Prisionero no es alguien quien se eche a morir. Ya lleva un tiempo trabajando como Los Updates, grupo que es una fachada, otro nombre con el que juega a seguir haciendo sus canciones. Ha licenciado sus EP a Noiselab, etiqueta de música electrónica importante pero cuyos mejores días ya han pasado, y tanto la difusión como las presentaciones en vivo escasean. En un mercado de estas dimensiones, con monopolios de todo tipo y donde la competencia por los espacios es feroz, sin un plan de promoción estricto y ambicioso a cargo de una compañía competente, se está condenado al anonimato, aunque tu nombre sea Jorge González.

Mayo de 2008. Seducidos por la invitación de un amigo chileno que nos prometió que haríamos equipo con el mítico Fabián Estay, vamos a jugar futbolito a una multicancha en avenida Constituyentes, formato reta, que consiste en que varias escuadras juegan por turnos y la que recibe un gol sale, lo que resulta en una ágil dinámica de juego. Los demás jugadores parecen tomarse el futbol amateur bastante en serio. Se ven entrenados y bien equipados, mientras nuestro equipo más bien parece el paseo de curso de una escuela de inadaptados. Nuestra preocupación aumenta cuando quien llega a reforzar nuestra alineación no es el mítico Fabián Estay, sino su primo. Jorge, que hoy luce camiseta de Uruguay, no está muy dotado técnicamente ni es el jugador más veloz, pero igual se las arregla para anotar en un par de ocasiones. Jamás se va a calentar por una jugada y tras cada patada que pega pide disculpas. De a poco la voz se va corriendo por el centro deportivo y con cada partido que nos toca enfrentar nuestro lauchero es tratado con mayor deferencia. Al caer la tarde, los infaltables chilenos, que en México aparecen debajo de las piedras, se acercan al ídolo y le piden fotos y autógrafos. Jorge accede sonriente y se despide de todos mientras subimos al automóvil.

La falta de actividad en vivo tiene una inesperada consecuencia, y quizás sea esto lo que el cantante sin saberlo vino a buscar aquí: la posibilidad de una vida relativamente anónima y tranquila en familia, algo que alcanzó a saborear vagamente cuando vivió en el Cajón del Maipo a las afueras de Santiago, y que pudo disfrutar plenamente en los años de la Roma. Los niños van a la escuela del barrio, los va a dejar y a buscar. Van al cine ("Me gustan las películas con animalitos que hablan", dice, muy serio), comen tacos en el boliche de la esquina, juegan a la pelota en el parque Ramón López. Salen de pícnic a Valle de Bravo o alquilan una casa con piscina en Cuernavaca algún fin de semana puente. Jorge y Loreto se van a un hotel en Polanco y los niños se quedan con Lupe. Escribe una canción que habla de la lluvia que cae por las tardes en la colonia Roma. Se tiñe el pelo de amarillo fosforescente, por última vez antes de asumir su cabellera gris natural.

Toca donde lo inviten y colabora con cuanta banda se lo pida, mientras más *under* y desconocida, mejor. Los viernes en la noche sale a bailar con heterogéneos grupos de amigos a su disco favorita: Patrick Miller, la catedral del *Hi-NRG*. La casa de la Roma se llena de gente, principalmente músicos. Los mexicanos de Quiero Club y Sonido San Francisco, Lolo de Miranda, Javiera Mena, Gepe, Los Bunkers. Gonzalo Yáñez, Joaquín Iriarte, Niko Klaus de Tuxedo Moon, o Giles Marie, que en otra era enseñó a tocar la guitarra a Álvaro Henríquez en Concepción. Amigas de amigos. Colombianos, peruanos. La casa se presta para muchos *cotorreos*, asados y sesiones de karaoke.

El padre del rock chileno es ahora el padrino de una comunidad de artistas jóvenes que lo tienen de referente. Los convoca y presenta a unos con otros. El mayor de sus hijos, que luce una camiseta de Mago de Oz, está concentrado en un videojuego. El del medio le saca la gorra a un invitado y descubre su secreto: "¡Pelón!", grita, y todos ríen. Alguien sugiere ir semanalmente a una sala de ensayo a hacer *jam sessions*. "Buena idea, ¡yo tengo un bajo!", dice Jorge, con un tono de exagerado entusiasmo que jamás podrás descifrar si es en serio o te está tomando el pelo. Se le ve contento y jovial con su familia en un país que a pesar de todo contratiempo los recibió muy bien y donde sí puede salir a la calle sin que lo molesten. Tiene una relación de especial amor y complicidad con el menor de los niños, a quien apoda Goyito. Lo mima y consiente sin mesura.

Septiembre de 2008. Jorge es invitado al concierto homenaje a Salvador Allende "Cien años, mil sueños" en la sala Ollin Yoliztli de Ciudad de México. Un evento hermano del mismo nombre llenará dos estadios nacionales en Chile un mes después, encabezado por figuras como Rubén Blades, Ana Belén, Fito Páez y Juanes, entre muchos otros. La versión mexicana es bastante menos ambiciosa: será encabezada por el propio González luego de las presentaciones de un grupo folclórico y de Moyenei Valdés, ex Mamma Soul. El enorme teatro con capacidad para 1 200 personas luce tristemente vacío, mientras que el escenario, sede oficial de la Filarmónica de la ciudad, parece demasiado grande para una sola persona con su guitarra, más aún cuando todas las luces del recinto están inexplicablemente encendidas. Jorge no tiene representante en México, y la organización no le consiguió siquiera un taxi: tuvimos que acompañarlo con Joaco Iriarte en su auto, siguiendo a 20 kilómetros por hora la guía Roji para no perdernos en la monstruosa capital mexicana de la era pre Waze. El único *catering* que recibe es un vaso plástico con agua que un técnico tímidamente deja en el suelo a su lado cuando ya ha arrancado con una densa versión guitarreada de "Tren al sur".

Un inusualmente conciso Jorge toca sonriente aunque con notoria desgana, y presenta los temas uno tras otro. A pesar de cantar lo más selecto de su repertorio (como "Estrechez de corazón", "Paramar", "El baile de los que sobran" y una versión de "Te recuerdo, Amanda"), el público parece algo decepcionado: el cantante no está hoy tan deslenguado ni corrosivo. Entre las numerosas canciones que el público pide a gritos durante cada pausa se cuela una curiosa solicitud: "¡Di algo polémico!". El escaso público, compuesto en su totalidad por chilenos residentes, ríe nervioso. A él, en cambio, la solicitud parece entristecerle. No le causa gracia alguna vivir prisionero de su propia leyenda.

Mientras toca un bis, "Sudamerican rockers", falla la conexión de la guitarra y no recibe ayuda en el escenario. Finalmente termina compartiendo el mismo micrófono para la guitarra y la voz en incómoda posición. Para despedirse, riéndose de sí mismo y de lo que mucha gente espera de él, comparte un chiste que nadie entiende: "Y no se olviden de votar NO en el plebiscito". Su sonrisa desaparece apenas deja el escenario. Una vez en camarines, mete sus cosas rápidamente en una mochila y salimos por una puerta lateral hacia el estacionamiento. Esta noche no habrá fotos ni autógrafos.

Durante este par de años la demanda por la música de Jorge sigue alta en otras latitudes. Frecuentemente viaja a Chile a encabezar eventos masivos: La Cumbre del Rock, Vive Latino Chile y la gira en solitario "Grandes éxitos" por todo el país, solo con su guitarra. Los Updates acumulan millas volando a Tokio, Londres, París y hasta Rusia. Realiza además permanentes viajes relámpago a tocar sus canciones en solitario a Perú y Colombia, y ocasionales escapadas a Alemania, donde se codea con la elite de la electrónica europea. Pero en México, nada. A pesar de que los sencillos del disco *Corazones* de Los Prisioneros (1990), que en su momento tuvo tratamiento regional por parte de EMI, sean bastante conocidos, su nombre o el de su banda no significan mucho para el mexicano común y corriente, a diferencia de La Ley, Los Tres o Los Bunkers. Estos, tal y como Los Ángeles Negros y Lucho Gatica antes que ellos y Mon Laferte después, hicieron carrera y a veces vida, siempre en alianza con agentes y compañías a cargo del fundamental trabajo estratégico que este tipo de talento requiere. La energía para lanzar un proyecto desde cero ya no es la misma de hace 25 años, y sin un plan concreto para promocionar su música, el de figura "de culto" parece ser el único estatus que el país del mezcal reserva para el autor sanmiguelino. No es un lugar para viejos gatos. Jorge lo comprende y los planes comienzan a acelerar en su cabeza.

Marzo de 2009. Suena el teléfono mientras estamos ensayando en mi departamento: "Peter, vénganse con la Gepola que estoy regalando unas pilchas", dice el mensaje en el contestador del celular. Jorge y su familia se mudan a Valencia, España. Es un puerto que le ofrece nuevos aires, y lo más importante, a sólo un par de horas de cualquier punto en Europa, donde tiene cada vez más trabajo y planea un buen número de lanzamientos con su sello Nice Cat Records. La casa recibe a gente que se lleva muebles, libros y cosas que quedan atrás. Yo me quedo el libro *Cabeza de turco* de Günter Wallraff y unos pantalones de cotelé, que me llegan una cuarta arriba del tobillo y nunca me puse.

Así como llegaron, los González Otero —con Lupe, su nueva integrante— parten rumbo a Valencia. La interminable búsqueda que sacó al compositor chileno más importante del último tiempo desde las calles de San Miguel y lo puso en ruta a Nueva York, Berlín, el Cajón del Maipo y México, lo llevaba ahora a España y seguiría moviendo los hilos de su destino. Sin saberlo, mientras despegaba por última vez desde el Aeropuerto Internacional Benito Juárez, Jorge se preparaba para encarar su último lustro como creador activo, uno de los más productivos de su carrera.

Años después, Jorge publicaría unas reveladoras autoentrevistas en video. En ellas se explaya sobre cada disco y cada ciudad por la que pasó. Para recordar su paso por México no se detiene mucho, aunque las palabras que guarda suenan tan certeras como agridulces:

> Fue maravilloso conocer México, superbello y todo, pero puta que fue difícil. Porque es igual que en Chile: puedes ser muy bueno, muy talentoso y tener una música superlinda y ser un grupo la raja, como está lleno de grupos la raja allá. Pero llega cualquier gringo culiao de cuarta, de Oklahoma, con zapatos grandes y con barba, y es rey. Cualquier huevón de Inglaterra o Estados Unidos que va es rey. ¿Y el local? A telonear, igual que en Chile.

Octubre de 2010. Jorge escribe desde Europa. Necesita armar una banda, ha sido invitado a participar en el festival El Abrazo, que reúne a las más importantes figuras de Chile y Argentina en un único concierto multitudinario. Se esperan más de ochenta mil personas y el *show* de González asoma como uno de los platos fuertes entre las presentaciones de monstruos como Los Jaivas, Charly García, Spinetta, Los Tres, Fito Páez y un largo etcétera. La expectación crece aún más cuando se conoce la noticia de que el sanmiguelino tocará completo el disco debut de Los Prisioneros, *La voz de los '80*. La presentación de Jorge González es por lejos la más popular del certamen, a pesar de ser groseramente cortada transcurridos apenas dos tercios. ¿El motivo? Esta vez sí que dijo cosas bastante polémicas. Gustavo Santaolalla queda con los crespos hechos a un costado del escenario: iban a tocar "Tren al sur" los dos juntos.

Con el impulso de esta presentación y el fiato musical y espiritual que alcanza con su nueva banda, conformada además por Gonzalo Yáñez y Jorge Delaselva, comienza para González una etapa de incesante actividad tanto en vivo como en estudio. Durante el período de poco más de cuatro años que arranca con El Abrazo, sacaría tres discos de material nuevo y recorrería con éxito el continente entero, de Chile a Estados Unidos, hasta que problemas de salud interrumpieran para siempre su carrera a principios de 2015. Pero esa es otra historia.

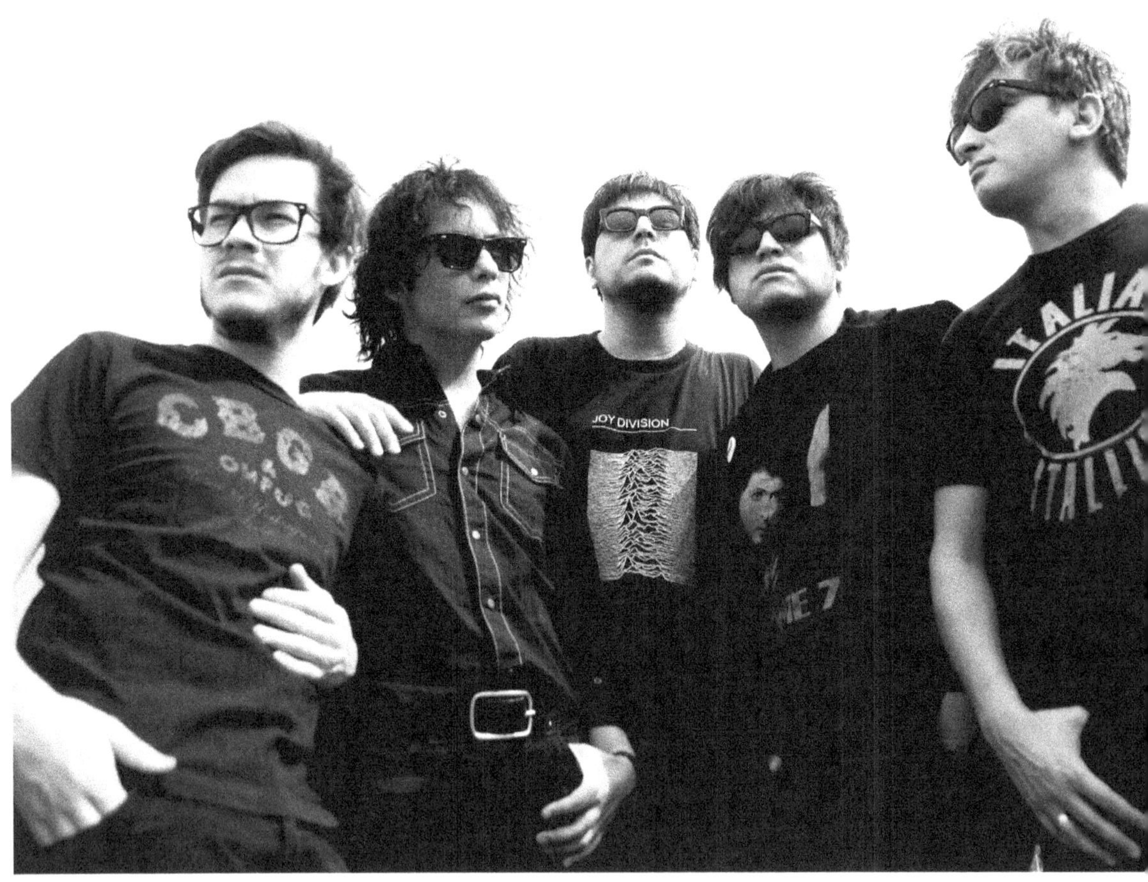

Cortesía de Los Bunkers

La exiliada del sur:
Los Bunkers en México

JOHANNA WATSON

"¡Muchas gracias, Vive Latino, somos Los Bunkers, chao!" Estas fueron las palabras de cierre del vocalista Álvaro López sobre el escenario del Foro Sol de la Ciudad de México. El público alzó sus brazos y las luces se apagaron, mientras la voz de Francis Durán aparecía entre la oscuridad y se silenciaba su guitarra: "¡Adiós, buenas noches!". El 27 de marzo del 2014, Los Bunkers tocaron por última vez antes de disolverse. Su *show* final se materializó en el festival Vive Latino, el mismo escenario que ocho años atrás les había dado la bienvenida a México.

Habían fijado para el 8 de marzo la presentación de término en Chile, en el Estadio Municipal de San Javier, al sur de Santiago, pero las lluvias impidieron la actuación. Para compensar, Álvaro y Francis se acercaron al público e improvisaron versiones acústicas de "No me hables de sufrir" y "Bailando solo", mientras la fanaticada cantaba y gritaba "¡Chiquillos, no se separen jamás, por favor!". La noticia de la ruptura había trascendido y la madre naturaleza se negaba a aceptar lo que la propia canción de la banda sentenciaba:

Te puedes disolver
al borde de un vaso de cristal
ahora que estás aquí y que el futuro se te esconde.

Y volveré

En abril del 2006, Los Bunkers subieron a un avión rumbo a Ciudad de México. Llevaban ilusión en las maletas, donde también iban sus instrumentos y las ganas de conquistar pueblo a pueblo el país que los invitaba.

Hacía siete meses habían lanzado *Vida de perros*, segundo álbum producido musicalmente por ellos. Su disco anterior, *La culpa,* marcaría la tendencia para la siguiente composición: integrar menos instrumentos.

La oficina de Estudios del Sur estaba en remodelación y la grabación de *Vida de perros* se materializó en una de las casas del antipoeta chileno Nicanor Parra, hermano de Violeta. El lugar no se utilizaba como estudio, pero Los Bunkers tuvieron el privilegio de vivir la excepción.

La casa era chica, tenía dos habitaciones. La grabadora de cinta estaba instalada en el baño y los instrumentos esperaban dispuestos para hacer historia. Era invierno, el frío imperaba y Pancho Straub (ingeniero del álbum *La voz de los '80* de Los Prisioneros) estaba a cargo del lugar y preparaba ricos almuerzos todos los días. Eso, más el entorno natural, con caballos pastando y el trinar de los pájaros, permitió que la casa de Nicanor fuera el paraje ideal para llevar adelante la grabación.

El camino a México comenzó pocas semanas después del lanzamiento, durante la celebración de las fiestas patrias en Chile en septiembre de 2005, gracias a la amistad que surgió con los músicos de Café Tacvba. Mauricio Durán, guitarrista de Los Bunkers, conoció a Joselo Rangel, integrante de Café Tacvba, en la barra del bar Liguria, restaurante de gastronomía tradicional chilena y de filosofía "progre", favorito de artistas chilenos. Joselo trabajaba en *Lejos,* su segundo disco solista, producido por Álvaro Henríquez, guitarra y voz de Los Tres. Días después se unirían Emmanuel del Real (*Meme*), director musical y tecladista de Café Tacvba, y Quique Rangel, bajista, ya que participarían en La Yein Fonda, en un formato sin Rubén Albarrán, su vocalista. También estaba Juan de Dios Balbi, el *manager*.

La Yein Fonda es un evento musical y gastronómico producido por Los Tres desde 1996, que se abre espacio en septiembre, un mes donde el país da rienda a la fiesta, a la comida, al trago, a las tradiciones y a la música nacional. Uno de los números de esa ocasión fueron Los Bunkers, y cuando actuaron, Balbi y Joselo quedaron sorprendidos por su forma de tocar.

Cerca de ellos estaba *Meme*, quien al verlos sintió que le volaban la cabeza. Para él, el discurso de un artista concluye cuando tiene público enfrente, y ese día observó su contenido musical y energético. La actitud de los hermanos Mauricio y Francisco Durán, Álvaro y Gonzalo López y Mauricio Basualto desplegaron una ceremonia ante sus ojos. Cuando bajaron del escenario, *Meme* y Joselo conversaron con ellos pensando "En México los tienen que conocer".

Una vez en su país, entregaron el disco *Vida de perros* a Rulo, entonces programador de Reactor, estación de radio donde se escuchaban los nuevos lanzamientos y tendencias musicales del mundo, con énfasis en el rock alternativo, *heavy metal*, ska, *reggae, hip hop* y *rockabilly*. Para *Meme*, Reactor era una especie de "Spotify de Ciudad de México".

A finales de 2005, un fan mexicano les escribió un correo contándoles que había creado una cuenta del grupo en la plataforma MySpace. En el correo decía que el sitio había alcanzado un importante número de seguidores y que lo dejaba en sus manos. Cuando accedieron, Los Bunkers se encontraron con una comunidad de más de cincuenta mil suscritos, en su mayoría provenientes de México.

Por esos días, *Meme* les escribió un correo contándoles "Tocan mucho sus temas acá", a lo que se sumaron noticias de La Oreja, su sello en Chile, donde les afirmaban que en el país azteca querían editar el disco. Lo último no causó gran revuelo dentro del grupo, pensaron que era una de las tantas promesas que hacen las compañías discográficas a sus artistas. Por fortuna se equivocaban, la propuesta era real y estratégica. Para darlos a conocer en México cambiarían la portada por otra donde se vieran sus rostros.

Las señales del vínculo con México eran potentes, hasta que recibieron la invitación a tocar en el festival Vive Latino. Fue una gran noticia que aceptaron de inmediato, estarían en un país nuevo y aprovecharían para sacar más fechas y moverse estando ahí. Claramente no tenían conciencia de lo que pasaba, la información se mezclaba con ansiedad y miraban la situación aún con distancia. "Parece que nos está yendo bien", pensaban.

La persona detrás de la invitación era Balbi. Por su trabajo y las giras que lo llevaban a diferentes territorios, tenía la posibilidad de descubrir bandas y proponerlas para el festival, por lo que presentó el material de Los Bunkers a Jordi Puig, director del evento, quien al escucharlos dijo: "Tienen que venir".

Vive Latino

Los primeros minutos en México fueron intensos para el grupo, las personas a cargo de recibirlos en el aeropuerto los acogieron notoriamente efusivos. Mientras los trasladaban al hotel les decían: "Acá somos cariñosos cuando nos gusta la música".

Hasta ese momento, Los Bunkers tenían la experiencia con el público chileno, más observador y frío que el mexicano. El país los recibía con la calidez que todo forastero espera encontrar lejos de su hogar. México les abría las puertas de la que sería su nueva casa.

Para el espectáculo en el Vive Latino, la organización definió que tocarían después de Julieta Venegas. Estaban extrañados y nerviosos, ¿por qué tocar después de una artista tan importante? Durante la tarde dieron entrevistas, pero la cobertura no era de tres o cuatro medios como acostumbraban en Chile, sino que se desplegaban conferencias con una cuarentena de periodistas.

Minutos antes de actuar, los asistentes coreaban el nombre de la banda. *Meme* estaba con ellos y los acompañó en el trayecto hacia el escenario, presenciando la emoción que se manifestaba por todas partes. Cuando vio que la gente cantaba las canciones, constató que su olfato de productor no había fallado. Sabía que en México triunfarían y comprobaba cómo la música había viajado y conectado. Era el gran comienzo de una linda relación.

Los Bunkers recibían la efervescencia del público apenas digitaban los acordes de "Miéntele". Sentían la vibración de las 30 mil personas entonando las mismas canciones que alguna vez escribieron en su tierra natal. La rotación de los *singles* en la radio había sido clave para este desenlace.

Balbi notaba que el *staff*, los medios y la organización del festival observaban la *performance* del grupo. Saltaba a la vista que era una banda diferente, seductora, que la personalidad de Álvaro era atractiva y que la propuesta era consistente, desde el *look* hasta el sonido *british*. Pensaba que para lo que pasaba en la escena mexicana, Los Bunkers llegaban a sumar.

Ese hito quedó registrado como una de las experiencias más hermosas para el grupo, representó la llegada de la oportunidad y les permitió tener una vivencia similar a la de su banda inspiradora, la llegada de los Beatles a Estados Unidos. Los Bunkers también se encontraron con un público desconocido y vibraron con sus canciones lejos de casa.

Descubrieron sobre el escenario lo populares que eran en México y los días posteriores evaluaron el camino a seguir. Se presentaban desafíos grandes y nuevos, lo que generó una inyección de energía positiva dentro del grupo y se acordaron nuevas metas. Definitivamente, la exportación de *Vida de perros* había sido parte del engranaje funda mental para que el despegue de Los Bunkers se concretara.

Luego del Vive Latino, Mauricio Durán quería que su mamá constatara lo queridos que eran en México, por eso la invitó a viajar con ellos en marzo del 2007. Una vez en el aeropuerto de la Ciudad de México tomaron un auto hacia el hotel y el conductor dedujo por el acento que eran chilenos. "¿Son de Chile?", preguntó, y les habló durante el viaje sobre una banda chilena que le encantaba y que acababa de llegar, Los Bunkers.

La firma millonaria

Larissa Carpinteyro, *label manager* del Elenco Rock de Universal Music en México, vio varias veces a Los Bunkers en diferentes eventos de radio y revistas a los que asistía. Le sugirió a Rodrigo Noriega, director artístico de Universal Music, que fueran a verlos actuar.

Noriega consideraba que el rock en México era un circuito esnob y un poco elitista. La escena le parecía "más un club de arte que de actitud rock", y cuando conectó con el universo Bunkers descubrió a un grupo que escuchaba a Marco Antonio Solís, que respetaba a Juan Gabriel, que tocaba a Los Ángeles Negros y le gustaba Silvio Rodríguez. Para él, esta multidimensionalidad era una especie de Picasso que había llegado a México con actitud para derribar la idea preconcebida del rock. Noriega veía en Álvaro a un *frontman* que recordaba a los *crooners* de antes, mientras que los otros miembros, con su energía, actitud y nostalgia, conectaban con el público mexicano, que siempre había tenido una parte melancólica.

Una banda que se vinculaba con lo retro y de actitud rockera: los Bunkers era lo que México buscaba. Un país cálido, efervescente y receptivo: México era el lugar que Los Bunkers necesitaban. Pero la experiencia tendría de todo. Antes de vivir en México, después de un *show* en el Arriba Arriba —local ubicado en Ecatepec, a las afueras de la Ciudad de México y rebautizado por la banda como Arriba las Manos—, una chica algo bebida detuvo a Mauricio Basualto y a Durán para pedirles una foto. Su pareja, que estaba en las mismas condiciones, se acercó a agradecer, mientras sacaba una pistola y se la mostraba diciendo: "Si un día tienen un problema, yo los protejo". Luego, ella le susurró a Basualto: "Tú me gustas".

Era la época del Chapo Guzmán, había conflictos urbanos entre los cárteles de Los Zetas y el de Sinaloa, y el ambiente se había puesto hostil. Los chicos se tomaron la foto rápidamente y entraron a la van asustados, ubicándose Basualto en el asiento del copiloto. Desde ahí vieron cómo la pareja interceptaba a los otros miembros del grupo, que también accedieron a fotografiarse con ellos. Una vez a bordo, Noel, el conductor, manejó dos cuadras y en una luz roja, una camioneta se les cruzó por delante. Era el hombre de la pistola, que en un arranque de celos se bajó y metió el arma por la ventanilla del piloto. Cuando Basualto la vio, cerró los ojos y esperó resignado el sonido del balazo, mientras Noel controlaba la situación de forma heroica: cerró la ventana inmovilizando la mano del tipo, puso primera y aceleró a toda velocidad. Para todos fue una vivencia aterradora, aunque por suerte la única que experimentaron de esa naturaleza.

Carpinteyro y Noriega concluyeron que debían reclutar a Los Bunkers para el sello, pero toda la industria quería firmarlos. Fueron invitados por Andrés Varnava, el entonces *manager* del grupo, a asistir a un concierto en el Teatro Metropólitan el 6 de diciembre de 2007.

Esa tarde, Álvaro se maravillaba con la belleza del teatro y miraba orgulloso el letrero imponente que anunciaba el concierto. Recorrió las afueras del recinto y se sorprendió con la gran cantidad de *merchandising* informal que existía de la banda, de excelente factura y variedad. Vio poleras, gorros, vasos de tequila, copas, e incluso encontró una colección casi completa de vinilos de Inti Illimani. Esto le mostró que los vendedores se habían dado el tiempo de averiguar el tipo de grupo que eran.

Noriega llegó al Metropólitan antes de la presentación junto con la abogada, que fue con su computadora e incluso llevó una impresora, pero en el lugar reconoció a ejecutivos de Emi, Warner y Sony, entonces dijo: "Vamos a meternos". El concierto aún no comenzaba y fueron rápidamente al camarín. Una vez adentro, consiguió que la banda firmara la carta de compromiso, formalidad que pone la intención de trabajo en un papel. Ya era un hecho: Los Bunkers habían estrechado manos con la filial del sello en México.

El 22 de diciembre, Noriega salió de su oficina y tomó un vuelo a Santiago de Chile. Apenas llegó, fue al estudio de grabación Triana en Providencia, donde el grupo trabajaba en canciones del álbum *Capablanca,* que terminaría llamándose *Barrio Estación*. Ahí firmaron el contrato, que incluía regalías por adelantado para que vivieran en México.

Un poco más tarde festejaron en el Liguria, donde brindaron con vino y comieron pastel de jaiba, plato típico chileno. Después fueron al centro de Santiago y vieron un *show* de Los Mono, proyecto de *hip hop* experimental. Para terminar la noche volvieron al Liguria, comieron sándwiches de mechada y cantaron canciones de los Beatles en el piano junto con Cristián Acosta, músico callejero que tocaba fuera del local.

Andén

En junio de 2008 viajaron los cinco, junto con Varnava y Ángelo Carmona *Conejín*, su técnico, a poner en marcha esta nueva etapa de su carrera. Arrendaron dos departamentos, uno frente a otro, separados por un pasillo, "como en la serie *Friends*", bromeaban. El lugar estaba en la colonia Cuauhtémoc de Ciudad de México, un barrio cosmopolita donde cohabitan rascacielos con casonas de principios del siglo xx. Los departamentos fueron decorados por la oficina de *management* Kaimán, acorde a los gustos de la banda. En una pared había autoadhesivos de los Beatles, en otra una pizarra con tizas, en la sala de estar colgaban tres relojes con distintas horas y en el suelo se imponía una alfombra de cebra. El entretenimiento también estaba presente, un taca-taca y una consola *playstation* coronaban el espacio.

Cada uno tenía una bata con su nombre y el logo de la banda. Todo había sido diseñado para que se sintieran cómodos y pudieran crear. Fueron días de mucha marihuana y disfrute de los nuevos tiempos.

Ya instalados, trabajaron en la promoción de *Barrio Estación*, grabado en Chile pero editado en México por Universal. La fecha de su llegada coincidió con la salida del disco en las tiendas, así que lo difundieron con tocatas y entrevistas.

El futuro era prometedor, pero el camino no era fácil. Asumir el costo de dejar a la familia, amistades y a la propia tierra, para construir en otra desde cero, requería del esfuerzo y compromiso de todos. El objetivo era llevar a otro nivel a la banda, para lo que México era el país ideal, pero a la vez exigente. Les esperaban largas jornadas de tocar expandiendo su música a otras ciudades, como Tijuana, Ciudad Juárez, Cancún, Mérida, Playa del Carmen, Guadalajara, Monterrey, al Estado de México y Querétaro. "Hay que trabajar duro" era la consigna, pese a lo extenuante y a que la imagen de ensueño inicial se diluía. México les abría las puertas, pero también les daba la bienvenida al mundo real.

Hubo que diseñar una estrategia que les permitiera seguir en contacto con Chile, no querían que su gente se sintiera abandonada, pero también había razones económicas. En términos prácticos y monetarios, les convenía vivir en su país. Residir en México tenía que ver con una ganancia vital por sobre el dinero, tanto para la banda como individual.

El calendario anunciaba temporadas donde disminuirían los conciertos, y por ende, los ingresos. Debían costear la vida de todos y tocando sólo en México se hacía cuesta arriba. Comenzaron a buscar estrategias y encontraron un mecanismo de subsistencia: aprovechaban el verano chileno y luego el mexicano. El primero les permitía seguir en contacto con su país y generar recursos para invertir en la banda a su regreso, mientras que el segundo, hacer carrera fuera de Chile.

Paralelamente, construyeron comunidad y establecieron relaciones de amistad con otros músicos chilenos que vivían allí. Estaban Pedropiedra, Kudai y, como guinda de la torta, Jorge González, líder de Los Prisioneros, quien los invitaba regularmente a asados. En ellos siempre había músicos que Jorge albergaba, lo que permitió a Los Bunkers ampliar su círculo.

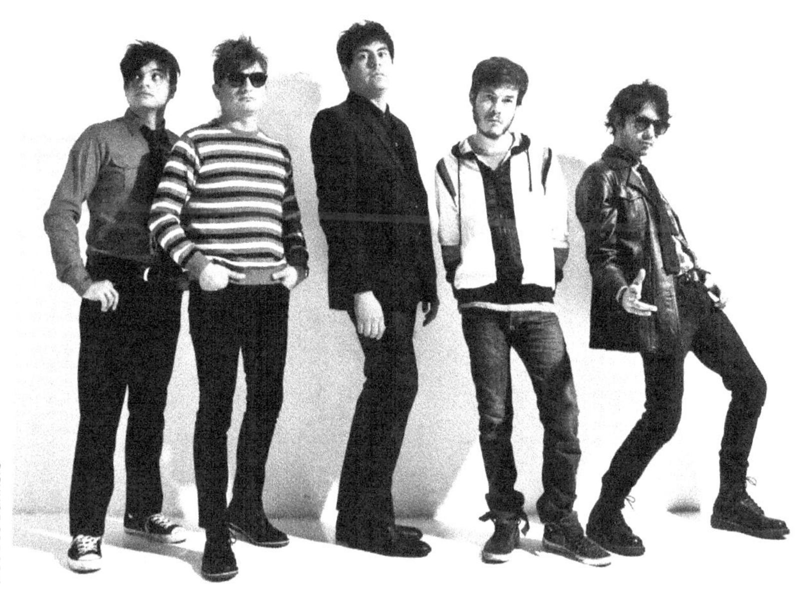

La chilenidad nunca los abandonó y se manifestaba en cosas sencillas, como la elección de comida cuando no estaban en casa. Estaban los tacos de siempre, había tacos chic, pero a ellos les gustaban los del Selene, un lugar austero, de trato cercano, lo que en Chile llamamos "picá". Noriega pensaba que había una conexión entre ello y la música que hacían: no optaban por lo que estaba de moda.

La disciplina era un elemento diferenciador del grupo, síntoma de una inteligencia que también se palpaba en camarines. Balbi en ocasiones los encontraba jugando ajedrez y escuchando música previo a actuar, al punto de invitarlos a desordenarse un poco para calentar motores. Pero en el fondo, el *manager* sabía que eran como los equipos de futbol: Los Bunkers se concentraban antes de salir a la cancha.

Y es que necesitaban concentrarse. La distribución de *Barrio Estación* estaba en el centro de la controversia. Su antiguo aliado, Alfonso Carbone, de La Oreja, se había ido a Feria Music, sello creado por Feria del Disco, la única cadena de tiendas de música en todo el país. Carbone estimaba que Los Bunkers debían un disco cuando firmaron con Universal, por lo que dificultó la introducción del álbum en Chile. Por su parte, Carpinteyro era testigo de los conflictos y lidiaba con el encargado de *marketing* chileno, quien pensaba que no era importante la salida del disco físico, porque al ser un país pequeño, la cantidad de copias que se vendería sería mínima. Finalmente, Carolina Esquivel, *label manager* de Universal en Chile, logró sacar el álbum por la cadena de supermercados Jumbo, que permitió una exitosa venta de copias por todo el país.

El 7 de junio de 2009, la banda organizó un concierto gratuito en la Plaza de Armas de Santiago, donde tocaron para 35 mil personas un repertorio centrado en *Barrio Estación*. El público coreó con fervor cada una de las canciones, pese a que el frío calaba los huesos.

Al final de este viaje

En el 2010 llegó el turno de grabar su primer álbum en México. La idea era hacer canciones propias, pero durante un ensayo en la colonia Roma tocaron un tema de Silvio Rodríguez que Mauricio Basualto no conocía, por lo que improvisó una batería en clave disco. Todos quedaron hipnotizados con el nuevo sonido y surgió la idea de grabar reversiones. Estaban cumpliendo diez años y sentían que podían darse ese gusto.

Durante una gira por Chile junto con músicos de Tacvba, hablaron con *Meme* para que produjera el proyecto. La conversación se sostuvo en el camarín del festival Antofagasta a Mil, al norte de Chile. En un principio, *Meme* cuestionó la idea, pero tenían muchas canciones montadas y arregladas, entonces comprendió que había una clara intención y energía puesta ahí. Lo vio como ese tipo de proyectos que ayudan a destapar a nivel creativo una transición para lo que viniera.

El grupo había trabajado en más de treinta temas, entre ellos "De la ausencia y de ti", "En el claro de la luna", "La oveja negra" y "Hoy no quiero estar lejos de la casa y el árbol". También alcanzaron a grabar "Canción de invierno" y "Mujeres", pero quedaron descartadas antes de registrar las voces. *Meme* los visitaba en la sala de ensayo y seleccionaba, hasta que la lista se redujo a doce canciones.

Durante el proceso de grabación, viajaron a Chile y el cantante Manuel García los invitó a tocar en el bar La Batuta, ubicado en Ñuñoa. Después del *show* fueron con un amigo, donde guitarrearon temas que preparaban para el disco, sin contarle a nadie la idea. Carlos Fonseca, *manager* de Manuel, llevó a un lado a Mauricio Durán, sirvió unos tragos y le dijo: "Sería bueno que hicieran juntos un disco con temas de Silvio". Mauricio le contó que el proyecto ya era un hecho, pero de Los Bunkers. Meses después invitaron al compositor a escuchar el trabajo, quien les entregó una devolución llena de reflexiones, y fue invitado a cantar en "Al final de este viaje" y en "La era está pariendo un corazón".

Mientras grababan en Estudio 19, en la colonia San Jerónimo Aculco, escribieron a las oficinas de Rodríguez para que los autorizara a versionar las canciones. No obtuvieron respuesta. Cuando el disco estuvo casi terminado, apareció en el diario chileno *La Tercera* una nota de prensa que generó interés en el equipo del trovador. Se comunicaron con Balbi, *manager* en esa época de Los Bunkers, y les pidieron un avance. Enviaron las canciones trabajadas al 80% y días después recibieron un correo escrito por el propio Silvio Rodríguez felicitándolos, le había encantado la producción y el respeto por las melodías originales e hizo hincapié en lo valioso que era para él escuchar sus temas en formato rock, un género que siempre disfrutó.

Meme presencia el momento y piensa que es una bonita recompensa para todos; aún no se sabía la resonancia que el disco tendría con el público, pero el hecho de recibir una carta del creador de las canciones era un reconocimiento hermoso, que la banda se tomó con emoción y como un gran preámbulo antes del lanzamiento.

Tiempo después, Luis Román, ingeniero del disco, se encontró con el cantante en el aeropuerto de Ciudad Juárez. Cuando se identificó, Rodríguez le dijo: "Me encantó 'Sueño con serpientes', siempre la imaginé psicodélica, pero no pude llevarla ahí porque soy acústico".

Balbi consideraba a Silvio como "un *Che* Guevara de la música latinoamericana" y abrazaba con fuerza el proyecto. Durante las grabaciones, experimentó el progreso y momentos de exigencia dentro del estudio, donde *Meme*, a cargo de la producción, y algunos integrantes del grupo se vieron sobrepasados. A las once de la noche, después de trabajar desde las nueve de la mañana, Francis le pedía al productor "otra pasadita" o le decían a Álvaro que repitiera alguna estrofa. Balbi se fumaba un caño y empinaba una copa de vino, en contraste con el ambiente de trabajo y tensión que habitaba el lugar, pero reflexionaba: "Son tremendos, perfeccionistas, en el estudio no dan tregua". Para él en un punto exageraban, pero sabía que era su manera. Estaban creando una pieza para que fuera histórica.

El 2 de septiembre de 2011, un hito marcó fuertemente al disco. El reconocido conductor de la televisión chilena, Felipe Camiroaga, murió en un accidente aéreo junto a 20 personas. Luego de su partida, un amigo contó que, antes de morir, Felipe le había confesado que para su funeral le gustaría que sonara "Ángel para un final" de Silvio Rodríguez. Un mes antes, Los Bunkers habían lanzado el sencillo junto al videoclip, y esa versión fue escogida para musicalizar los numerosos homenajes que se le hicieron tras su muerte. Por esas fechas, la banda notó en sus conciertos presencia femenina de un rango etario mayor al acostumbrado, coreando la canción entre lágrimas. Finalmente, el disco tuvo mayor éxito en Chile, el país tenía una relación estrecha con la obra de Silvio y el dolor por la muerte de Camiroaga marcó el paso para ese cierre.

La estación final

El contrato con Universal contemplaba tres álbumes, pero grabaron dos: *Barrio Estación* y *Música libre.* Comenzaron a trabajar con el sello Seitrack, que se presentaba como la mejor opción para el grupo. *La velocidad de la luz* llega en ese contexto, y es además su último disco antes del receso. El registro se hizo en Estudios Sony, con Yamil Rezc y *Meme* en la producción.

Durante el período en la Ciudad de México habían transitado el camino hacia la consolidación, y por cierto, el espíritu mexicano había impregnado a la banda, que encontró en el país una nueva forma de ser, más sociable, abierta y alegre. *La velocidad de la luz* se creaba con ese ímpetu, en un momento en que ya no querían guitarras furiosas y preferían incursionar aumentando los teclados.

Algunos integrantes se sentían agotados, otros disfrutaban la experiencia, pero en el aire se notaba la falta de compenetración. Mauricio Basualto quería volver a Chile, su hija pequeña crecía lejos de sus abuelos y eso lo inquietaba. La energía del comienzo se desbarataba, las preocupaciones personales se sobreponían a los objetivos del grupo; pese a esto continuaban tocando y encontrándose en el diálogo de la música. Pero el quiebre se hacía inminente. No había proyección a futuro desde lo comunitario, a pesar de que se abrían puertas en Chile y México, y se visualizaba crecimiento en futuros discos.

El baterista resolvió volver a Chile, mientras que los hermanos López y Durán se cuestionaban qué hacer. Barajaron varias alternativas, como contratar un baterista en Chile y otro en México, o incorporar a un nuevo integrante, pero no sería lo mismo. Esto los llevó a encontrar en la opción del "descanso" una solución al problema, eso les permitía recomenzar sin tomar decisiones apresuradas. Tras 15 años de verse casi todos los días, Los Bunkers quedaban en el congelador. El remedio aparecía como un alivio, y también como una oportunidad para hacer otras cosas musicales, confiados en que el tiempo les mostraría el camino a seguir.

La noche del 27 de marzo de 2014, luego de su presentación en el Vive Latino, Los Bunkers bajaron del escenario, se cambiaron de ropa y cruzaron la puerta que ocho años antes los vio llegar a México llenos de ilusión. Esa noche el mismo lugar los despedía. Afuera esperaba la van que los llevaría de regreso.

Francis se fue a casa con su pareja y se durmió poco después. Gonzalo mantuvo el ritual de siempre posterior al *show*: ir a su hogar y descansar. Mauricio Durán se fue hasta la residencia de un amigo, estaba solo, se tomó un trago y preparó las maletas para partir de madrugada al aeropuerto hacia Miami. Álvaro se había mentalizado con la idea de sentir esa actuación como una más y se fue a su morada como de costumbre.

Mauricio Basualto fue el único que no subió a la van y se despidió de todos antes de partir. Durán le respondió "Nos estamos viendo" enmarcando el término amistoso con que las cosas llegaban a su fin. Caminó en silencio hasta la estación de metro y subió a un tren que lo llevó hasta la casa que un amigo le había prestado para su estadía. Compró pan, hizo tostadas con palta y encendió la televisión.

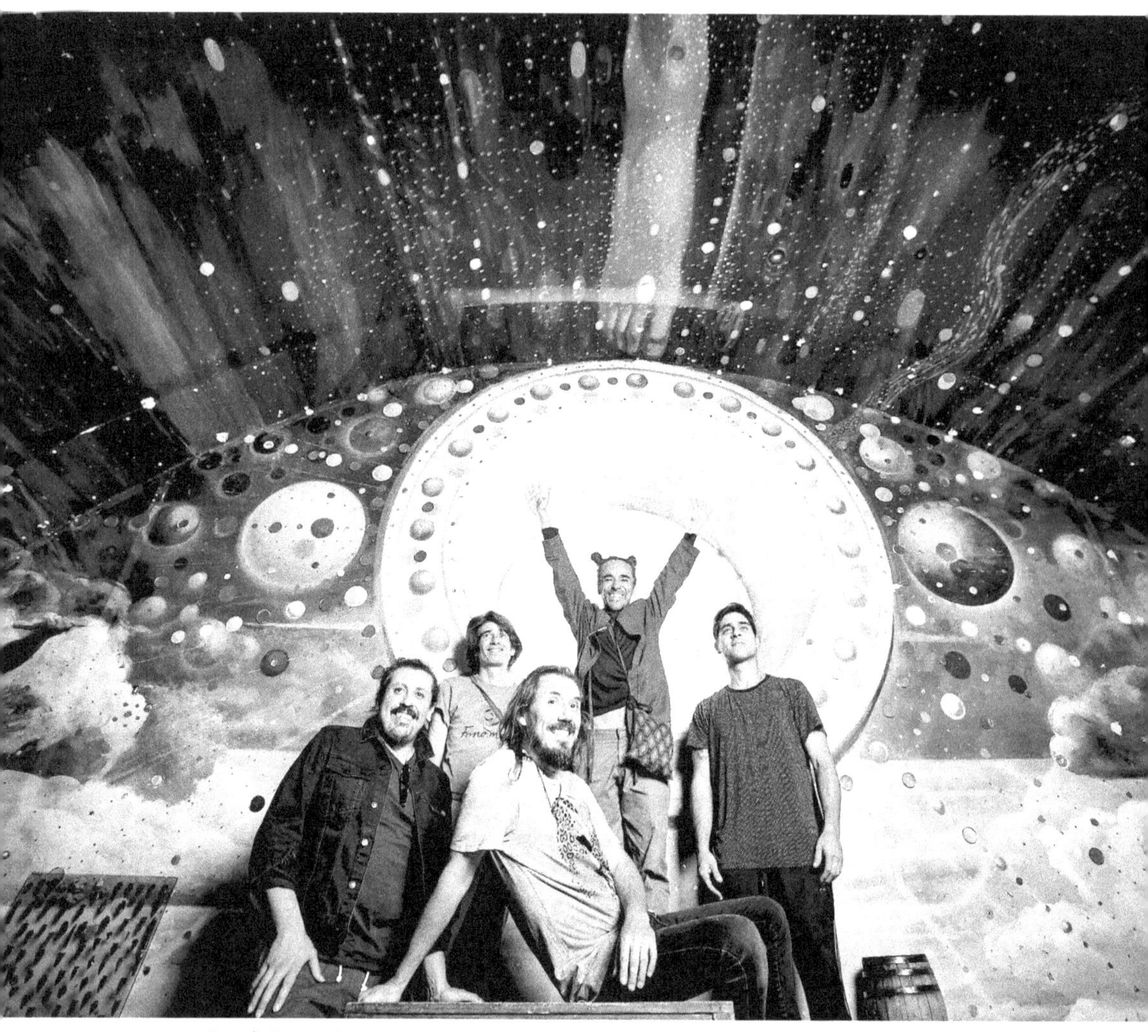

Cortesía de Hoppo!

Hoppo! y su doble nacionalidad

ENRIQUE BLANC

Uno de los rasgos acerca de Hoppo! que sin duda llamó nuestra atención cuando el grupo apareció en el horizonte de la canción latinoamericana, allá por 2010, era que Rubén Albarrán, el cantante de sobra conocido por ser el vocalista de Café Tacvba, estaba entre sus fundadores. Otro más era que entre sus filas había también músicos de nacionalidad chilena. Dos características que desde su nacimiento le dieron al grupo una personalidad singular a todas luces.

Tengamos en cuenta que desde los días de *Re,* a mitad de los años noventa —el disco de Tacvba que fue de cierto modo incomprendido en México tras su lanzamiento, pero que se arraigó fuerte y exitosamente en Chile—, Albarrán desarrolló una relación importante con el país sudamericano, convirtiéndose en uno más de los varios actores culturales que han afianzado la solidaridad que distingue la relación entre ambos pueblos, muy a pesar de la enorme distancia que los separa. Cercanía en distintos rubros a la que ya se ha referido él mismo, sustentándola en esa quimera poética que comparten ciertos pueblos indígenas a lo largo del continente. Así lo explicó en 2015, durante la visita que hizo al programa *Encuentro en el estudio* que conduce el prestigiado periodista argentino Lalo Mir:

> Es hablar también de esa profecía, que tal vez no es conocida para muchas personas, pero es bonito compartirla: que el cóndor y el águila se unen. Entonces también nos dimos cuenta de que éramos eso. El norte y el sur. "Hoppo!" es una palabra lakota, de los indios de Norteamérica, que significa 'vamos'.

El repertorio temprano que el entonces sexteto dio a conocer consistió en interpretaciones de originales de reconocidos folcloristas sudamericanos. Tonadas que, contó alguna vez Albarrán, solía escuchar en casa de niño. Versiones con sonido renovador y muy actual de canciones como "Alfonsina y el mar", la zamba argentina compuesta por Ariel Ramírez y Félix Luna, cuya interpretación más conocida es la hecha por Mercedes Sosa; "Te recuerdo, Amanda" de Víctor Jara; "Balderrama", la composición fruto de la inspiración del poeta Manuel J. Castilla y el músico Gustavo Leguizamón; "Dale tu mano al indio", original del uruguayo Daniel Viglietti, interpretada al uso de los grupos de folclor andino que utilizan quenas, zampoñas y bombo. Se incluyeron también tres canciones de la icónica cantautora chilena Violeta Parra: "Gracias a la vida", "Me gustan los estudiantes" y "Volver a los 17", esta última asumida por Albarrán con intenso sentimiento y arropada por el aire exótico que le imprime el sonido del sitar. Nueve temas en total, incluidos en un CD epónimo, que llevaba en su contratapa una ilustración con los rostros de los integrantes de la agrupación. Figuraba entre ellos Alejandro Flores —el violinista y jaranero que por algún tiempo acompañó a Tacvba en sus directos—, además estaban Rodrigo *el Chino* Aros y Juan Pablo *Muñeco* Villanueva, el responsable de la mayoría de las composiciones posteriores del grupo, que más tarde se vería en la necesidad de incorporar otros integrantes.

Desde su aparición, Hoppo! se presentó como un proyecto de bajo perfil, operando de cierto modo a contracorriente de las formas de promoción y distribución acostumbradas en la industria musical. Por ello ese primer álbum sólo se vendió en sus presentaciones, lo que explica por qué prácticamente no exista en el mercado.

Durante las conversaciones para la elaboración del libro *Bailando por nuestra cuenta, la historia oficial de Café Tacvba*, Albarrán compartió el relato de su origen:

Yo conocí al *Chino*, a Rodrigo Aros, acá en México, en un concierto que se hizo en el Teatro Metropólitan, el 12 de septiembre de 2001. Lo tengo bien presente porque precisamente el día anterior estábamos juntos ensayando cuando en la televisión estaban mandado toda la información acerca del 11 de septiembre en Nueva York. Y fue algo muy fuerte y muy bonito a la vez, porque estábamos en este concierto que se organizó, que se llamaba, me parece, "Música para sanar", en el que el propósito era presentar a unos monjes de la India que venían a hacer cantos y mover energías por diferentes partes del mundo. Ellos decían que sólo era necesario que 70 mil personas se iluminaran para que, en un efecto dominó, todos lo demás recibiéramos los beneficios de esas 70 mil personas, que en realidad no son tantas. Y para ese concierto, dando de alguna manera marco a estos monjes, se invitó a Gustavo Cerati, a Ely Guerra, a los Liquits y me invitaron a mí. Y había un grupo de base que era el que hacía la música de acompañamiento a los monjes. Y entre ellos venía *El Chino*. Fue así que lo conocí, allí comenzó la amistad. Cada vez que yo tenía la oportunidad de ir a Chile con Café Tacvba, nos encontrábamos, nos juntábamos a tocar y escuchar música. A través de él conocí a Juan Pablo Villanueva, *El Muñeco*, que es el guitarrista. *El Chino* toca el sitar y diferentes flautas. *El Muñeco* es una rocola andante. Él está metido en el ambiente de la cueca brava. Él es productor y músico. Su grupo se llama La Gallera. Está metido en el folclor chileno de lleno, pero lo increíble es que yo le decía que se tocara una rola de los Smiths y se la tocaba. "Oye, tócate una de los Pixies", y la tocaba. Se me hizo increíble. Y el otro con el sitar... Tiempo más tarde me vino la necesidad de hacer algo: este trabajo póstumo, una ofrenda musical a mi madre, con puras canciones latinoamericanas porque ella los domingos sacaba su disco de Mercedes Sosa y nos lo teníamos que recetar enterito. Era un disco doble y nos ponía los cuatro lados. Y ese fue mi acercamiento a la música latinoamericana. Y fue así que pensé que estos amigos podrían acompañarme a hacer esta ofrenda musical. Y entonces les platiqué del proyecto y me dijeron que había que hacerlo. "¿Pero cómo?", preguntaron. "Hay que ver la manera de pagar boletos de avión para que vengan a México", les dije, "un rato pasean y tocamos y grabamos". Y para pagar los boletos conseguimos unas tocadas. Fue así que surgió el proyecto y, la verdad, es muy gozoso. Lo disfrutamos muchísimo los tres que somos los que iniciamos el grupo.

En una entrevista concedida al diario *El Clarín*, en 2015, el músico y vocalista definió el espíritu independiente y orgánico del proyecto, el mismo que se percibe en sus grabaciones, en el que la presencia de guitarras acústicas, sitar, violín y bombo legüero son recurrentes.

"Intentamos empezar a quitar lo accesorio y regresar a lo básico", dijo. "Somos un grupo prácticamente acústico, que se influenció mucho de las músicas folclóricas. No estamos buscando firmar contrato con ninguna discográfica, no tenemos *manager* porque no queremos que crezca demasiado. Sólo se trata de tocar."

Otro rasgo distintivo de su propuesta estética es su identificación con las culturas de los pueblos originarios americanos, aspecto sobre el cual Albarrán también habló a *El Clarín*:

> Su sabiduría nos ayuda a recordar que somos pobladores e hijos de este planeta que nos dio vida y nos alimenta, nos da agua, nos mantiene vivos. Es un amor incondicional, sin reservas, que no estamos viendo. Algo que se da por sentado. Este conocimiento nos lleva a una vibración de agradecimiento que nos permite tener una vida más rica en experiencias.

Ollin Rollin

El 2013 fue el año en que Hoppo! regresó a la actividad. El 31 de julio su entonces nuevo material, ya de composiciones propias, titulado *Ollin Rollin,* se colgó en la plataforma Bandcamp. En este, si bien su sonido conserva su característica factura acústica, las canciones exhiben de cierto modo un tratamiento pop que las encamina a otro ámbito musical, un tanto distante del carácter folclórico de sus canciones previas. "Apariciones", su primer *track,* se transforma en sus primeros segundos, luego de una introducción que evoca la música de India, en una canción que bien podría tener cabida en la radio de hoy. A partir de entonces, las dinámicas de Hoppo! se intuyen diferentes, a favor de canciones marcadas por su originalidad, que complementan el inventario musical del grupo, ofreciendo de paso novedad a sus presentaciones en vivo. Sobre esta transformación, *El Chino* Aros profundiza:

> Este proyecto jamás tuvo una dirección ni una proyección ni un plan demasiado pensado. Creo que lo que nos convocó y nos dio vida fue el alimento de vivir algo espontáneo; justamente hacerle el quite a la planificación.

Un *horror planificatum* o algo así. Un lugar libre de reglas o con las menos posibles, sin perspectivas comerciales. Ni siquiera con respecto a los derechos de autor pensamos mucho. Yo diría que Hoppo! es un grupo salvaje, un anhelo de estar en la era en que la música es de todos y de nadie.

Una reflexión similar formuló Albarrán en *Bailando por nuestra cuenta* al momento de aludir al espíritu libre con que trabajan:

Es así, música directa. Buscando esto. Ese mundo tan amenazador que coarta nuestras libertades en muchos sentidos, poco a poco irlo desarticulando, e ir articulando al mismo tiempo ese otro mundo que nos gusta, ese mundo en el que no hace falta un productor, no hace falta una compañía disquera, no hace falta nada, sólo las ganas de tocar. Y ponle *play* y vámonos, como salga. Digo, buscamos que nos guste y que quedemos complacidos, pero tampoco estamos buscando hacer 28 tomas y que cada canción sea un "frankenstein". No, hacemos una toma, y la que salió chida esa es la buena, porque tiene impresa una intención, una emoción específica. Es algo natural, algo fluido. Y así también es el tiempo, no tocamos con un cronómetro. Las canciones... de hecho, disfrutamos de ello porque estas se mueven en el tiempo, y hay momentos en que hay que apresurar el tiempo y otros en los que hay que frenar y echarse para atrás. Y eso es lo sabroso, cuando lo haces y dices "¡Viva la música!" No es metrónomo, no es un robot. Todo ese es el gusto de Hoppo! y es una experiencia excelente y nueva para mí, que disfruto intensamente.

No obstante su aparente desparpajo, lo que detona las dinámicas de trabajo de Hoppo!, de acuerdo con Aros, es el flujo creativo y franco que hay entre sus integrantes. "El ímpetu del creador es algo bastante intenso", explica a quien también suelen llamarle Hue We Tl:

No es fácil de detener ya que todos creamos. Así que nada, fue cosa de esperar un poco. Era lo natural. Primero fue la mecha de nuestros admirados compositores. Y luego, en el calor de la sobremesa o la fogata, mostrarnos lo último que llegó a nuestras manos, desde nuestra propia creación. Por el goce que ello produce y la posibilidad de decir cosas también actuales.

Es *Ollin Rollin,* el álbum que define la que será a la postre la alineación de Hoppo!, ahora con la inclusión de Carlos Carbón (también conocido como Carlos Icaza, su nombre de pila, y Tropicaza en su faceta de selector musical) en la percusión. Un elemento que facilitó aproximar el sonido del grupo a géneros como el rock y a quien Albarrán define como "un gran investigador musical", aludiendo a las aportaciones que el también mexicano ha hecho en la elaboración de interesantes recopilaciones, sobre todo las publicadas por el célebre sello español Vampisoul. Sobre su llegada, Carbón recuerda:

> En 2012 recibí una llamada de Rubén, con quien ya había grabado dos discos muchos años antes, en 1999 y 2000, con Los Esquizitos y Villa Jardín. Me platicó que estaban unos amigos suyos de Chile y que me los quería presentar. Al día siguiente nos reunimos en Satélite. *El Chino* y *Muñeco* me cayeron muy bien, compartíamos gustos e interés por música étnica, la psicodelia de los sesenta y la cueca brava. Ellos me mostraron las canciones que querían grabar y me gustaron mucho, en especial "Nostalgia" y "Ocio y gozo". Y al poco tiempo ya estábamos tocándolas en vivo y grabándolas. Todo fue muy espontáneo.

En cuanto al perfil musical que Carbón encontró al sumarse a Hoppo!, el mismo que pronto germinaría en las canciones de *Ollin Rollin,* evoca:

> El estilo de las composiciones de *Muñeco* me atrajo por su simplicidad e inocencia y tratamos de mantenerlas en ese espíritu. El sonido del sitar y flautas de *El Chino* también me pareció embriagador y novedoso, por la mezcla inverosímil que estábamos logrando.

Quizás son las dos canciones que menciona el percusionista las que pueden ilustrar la amplitud del espectro por el que se mueve Hoppo! en *Ollin Rollin.* La primera es una balada con fuerte presencia del sitar que tiene un aire más de fusión de estilos, conservando ciertos ecos de lo tradicional. Albarrán, entonces rebautizado como K+Kame, la canta con embeleso. Su instrumentación es intrincada y anuda alientos, percusión y guitarras. Su letra plantea un momento de remembranza por el ser amado que se ha marchado:

Nostalgia de los tiempos ya pasados
De tus colores, de los paisajes y tu voz tan serena, perdiéndose,
[haciéndose incolora otra vez...

En tanto que "Ocio y gozo", una composición de Villanueva y Albarrán, tiene mucha más alegría en su sonido; es una melodía soleada, de buen humor, que fácilmente pudiera pensarse entre las primeras canciones de Café Tacvba. Una letra que exalta el rompimiento de la formalidad a favor de un momento lúdico. Su coro repite:

El ocio y el gozo desactivando al negocio
El mundo parará.

Aunque el acercamiento más deliberado al rock se hace en "Pintaré un cuadro", canción que inicia aproximándose al folk psicodélico, evocando a grupos como Traffic o Jethro Tull, y que hacia su mitad desemboca en un pasaje intenso, donde la guitarra eléctrica adquiere un rol protagónico. El ejemplo contundente de la querencia que Hoppo! demuestra también hacia ese género musical.

"Wakantanka"

Un año después, en 2014, Hoppo! dio a conocer su álbum más abundante en canciones, *El inmortal*. Son diez en total, pero antes de cada una se incluyeron breves improvisaciones instrumentales, momentos al azar de la grabación del mismo que le confieren unidad y lo hacen un trabajo con una inclinación ciertamente experimental. Un disco en el que puede reconocerse ya el sonido distintivo del grupo, así como su muy particular identidad propia.

"Wakantanka", el *track* que lo abre, refrenda el compromiso de Albarrán con los pueblos originarios. Hoppo! recurre aquí a una voz sioux que hace referencia a lo sagrado, al "gran espíritu". De hecho, más que un formato de canción, "Wakantanka" resulta la interpretación de un canto ceremonial tribal, tejido con guitarra eléctrica y diversos instrumentos de percusión.

Respecto al proceso de creación y producción de *El inmortal,* un disco que simboliza el temperamento vivencial y fraterno que para Hoppo! tiene hacer música, *El Chino* recuerda:

Fue un poco como todo el resto del trabajo del grupo: desenfadado y sin planes. Una libre recopilación de material de todos nosotros, una improvisación registrada en vivo. Como siempre, en poco tiempo mostrarnos las ideas, completarlas, reordenarlas y cerrarlas. A veces terminar la canción justo antes de grabar, o el día anterior. Grabar dos, tres tomas, elegir la mejor y ya está. Este en particular sugirió la preciosa idea de irnos a grabar a un bosque, al lado de un río, lejos de la ciudad. Se hizo acá en Chile. Allí instalamos el estudio, un día a la orilla del estero, otro día dentro del bosque o alrededor de la fogata.

Y es que en Hoppo! prevalece la idea de la espontaneidad, de ese momento de inspiración en el que lo mismo se crea una canción que se captura para más tarde darse a conocer. Carbón lo explica:

A partir de *Ollin Rollin* me interesó mucho participar al grupo de la idea de grabar todos juntos y confiar más en nuestra intuición, aunque en ese paso se sacrifique la 'calidad' de la grabación por pistas. Desde entonces hemos grabado todos los discos siguientes en vivo, tocando todos juntos.

También con resonancias de la música de Oriente, las que brindan los acentos del sitar, "Seres de luz", el segundo *track* del álbum, anuda con sencillez los recursos que Hoppo! pone en juego. Hay en su musicalidad un impulso por la improvisación que lleva a concluir que incluso los errores involuntarios se conservan con el fin de no perder esa impronta de naturalidad que el grupo privilegia. Al respecto, *El Chino* explica:

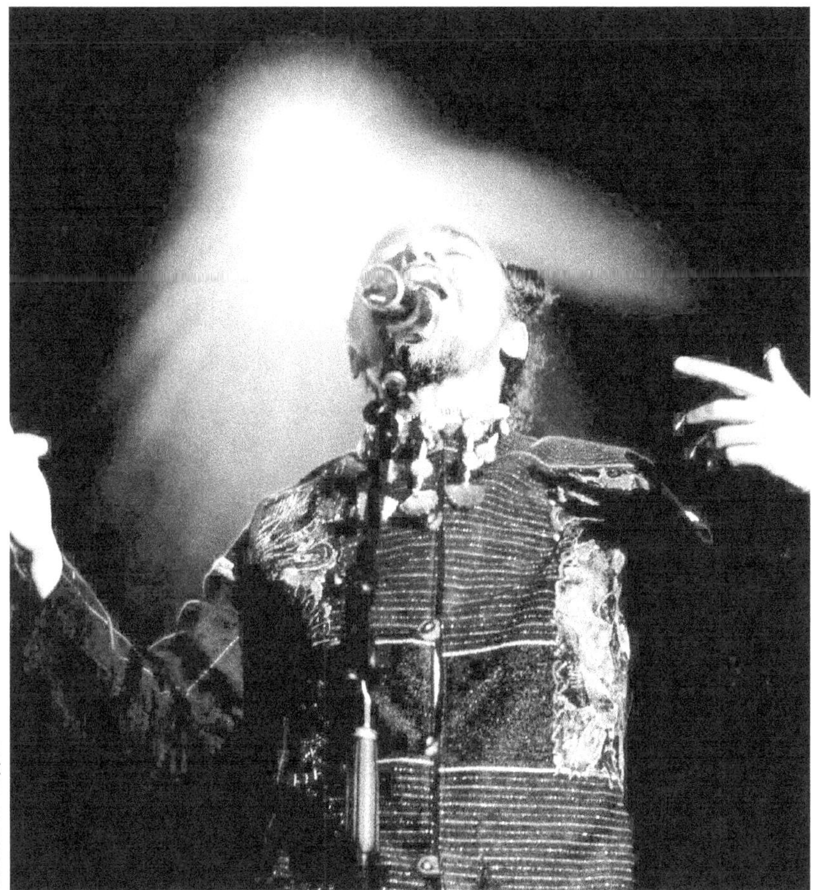

Creo que viene de comprender que una cierta parte del error es un color y un sabor y que, al evadirlo, te pierdes de algo muy particular. Puede ser que muchas veces el error bordee un gran acierto. Otras veces lo que llamamos error puede ser considerado una parte de un estilo, una afinación en particular, un ritmo corrido. Así todo eso que creemos ser un estándar, a veces sólo atrapa y bloquea que venga lo nuevo. Creo que si te despreocupas del todo, en muchos sentidos la técnica fluye más natural; sobre todo cuando estás en un ritmo de trabajo o de ejecución intensa. Ahí como que hay que soltar. Creemos en eso. Y también, por como funciona el grupo con recursos limitados y en tiempos limitados, no se nos ha permitido tanto tener tiempo para la corrección. Entonces nos adaptamos a un flujo de trabajo espontáneo donde el error es bienvenido y valorado.

"Ojos", una más de *El inmortal,* es el claro ejemplo de la cohesión alcanzada por Hoppo!, donde guitarras, sitar, baterías, percusión y voz se amalgaman con soltura y funcionan a la perfección, recorriendo las distintas intensidades de su sinuosa melodía. Una canción que evoca de cierto modo los coqueteos de George Harrison con los sonidos de India, subrayando de nuevo los acentos que el instrumento proveniente de ese país imprime al sello sonoro de Hoppo! Y sugiriendo asimismo el rumbo al que condesciende su musicalidad, e incluso las voces que en ocasiones genera su cantante, como de mantra hindú, mismas que pueden escucharse en "Tema del inmortal", el siguiente *track* del álbum.

Al igual que *Ollin Rollin, El inmortal* puede escucharse en Bandcamp. Es allí donde también se consigna la fecha exacta de su lanzamiento, el 2 de agosto de 2014.

"Surlandia"

Rearmado como quinteto con la inclusión del bajista Giancarlo Baldevenito, Hoppo! grabó su cuarto material, un EP de cinco temas llamado *Te vas al sur,* a manera de celebración mientras emprendían una gira por ciudades de Sudamérica. Sobre las cinco canciones que lo conforman, Albarrán declaró a la revista argentina *Telam* en 2017, previamente al concierto que Hoppo! daría por segunda vez en Usina del Arte, el foro cultural ubicado en el barrio de La Boca, en Buenos Aires, y del cual pueden verse momentos en la internet:

> *Te vas al sur* es nuestra cuarta grabación y fue creada en el camino, estando de gira por el sur de Chile y Argentina. Es una colección de canciones que nos encantan. Me parece que nos presenta como el grupo que somos, ya con seis años de trayectoria, gozando de nuestra música y nuestra amistad.

Te vas al sur arranca con "Caer flotando", canción que da inicio con el silbato de un tren que parece alejarse en la distancia. Enseguida, Albarrán canta, con el solo acompañamiento de una guitarra de palo:

¿Cómo sería el poema que pudiera decir lo indecible?
Yo no entiendo de nada
Sólo puedo sentir una suave caída
Caída hacia ti.

Una letra de amor exacerbado a la que el cantante le confiere un tono lastimero, como si la promesa de amor que hace doliera de cierto modo dada su magnitud. Una canción que condensa la sobriedad que asume Hoppo! en algunas de sus creaciones y que contrasta con la sonoridad mucho más intensa y colorida de "El huachito", la canción que viene a continuación, y que no retiene el trazo de corte intimista de la anterior. Y es que, como explica Carbón, los procesos de creación del grupo se suceden de varias maneras, lo que condiciona en parte el tono de sus composiciones; admite el baterista:

Algunas veces hemos trabajado ideas a distancia, pero creo que disfrutamos más hacerlo mientras estamos juntos. Mientras más nos conocemos y compenetramos, mejor entendemos cómo colaborar. Intentamos hacer un registro o "disco" al final de nuestros esporádicos encuentros. Frecuentemente lo que grabamos parte de una idea previa de *Muñeco*, Rubén o *El Chino*, pero en el proceso cada uno aporta algo para dar forma al resultado que quedará plasmado. En especial me gusta mucho escuchar los momentos de improvisación que quedan en cada una de nuestras grabaciones, como esos espacios donde pasan cosas que nos sorprenden a nosotros mismos. Personalmente cada una de nuestras grabaciones me deja más satisfecho, y siento que de alguna forma vamos avanzando en nuestro proceso grupal.

Te vas al sur se completa con "La veta", "Surlandia" y la que bautiza el disco. "Surlandia" es la musicalización del poema de Pablo de Rokha, lleno de oscuro simbolismo, que parece describir la muchas veces confusa, caótica y ultrajada realidad latinoamericana. En unos de sus versos se canta:

> *Surlandia, mar afuera*
> *Puertas de barro triste*
> *Y triste vino*
> *En donde el pobre es un manchón de herrumbe*
> *Como la hembra preñada en el camino o un pabellón*
> *entre la podredumbre.*

Frases atinadamente elegidas por Hoppo!, de cierto modo proféticas del levantamiento social a fines de 2019 que la población en Chile hizo en contra del gobierno de su país y las condiciones de vida deplorables perpetradas por este, tomando las calles y protagonizando una protesta masiva, histórica y ejemplar para otros pueblos del continente.

"El amor es un camino"

Un nuevo manojo de canciones dio a conocer Hoppo! en 2019, en un EP llamado *La Maga y el Sadhu*. Cinco composiciones que recuperan el tono sicodélico y latinoamericano que les caracteriza. El material se sitúa a mitad de camino entre la idea de que Hoppo!, si bien aporta temas originales, también sigue manteniendo su gusto por la interpretación. Sobre ello, El *Chino* comenta:

> El repaso no lo dejamos del todo. En el último álbum tenemos un tema de Jorge González y uno de Víctor Jara. Así siempre podremos hacer *covers*. Es la forma natural, creo, de vivir la música y la herencia del folclor: juega con las letras, mezcla las canciones, cambia los acordes, mantén la melodía, cambia la melodía, mantén la letra, etcétera. Libertad y juego.

La de González, uno de los iconos del rock chileno desde sus días al frente de Los Prisioneros, es "El futuro se fue", la que Hoppo! inscribe en un sonido que combina recursos acústicos y eléctricos. Y la de Jara es "El amor es un camino que de repente aparece", a la cual Hoppo! ofrece una sonoridad orgánica, reposada, que la hace enteramente placentera y la reconecta con las versiones de su primer disco. Dos canciones que, de nueva cuenta, simbolizan la paleta de los rumbos musicales por los que el quinteto gusta internarse.

La Maga y el Sadhu inicia con "Después, después", otra más marcada por ese halo de sonidos indios que deriva en un rock suave donde la eléctrica de Villalobos juega un rol importante. Aros la considera, de hecho, una de sus predilectas del repertorio de Hoppo!, y sobre ella ha dicho: "Después, despues', del último álbum, me parece muy bien. Un viaje que tiene de todo un poco: rock, *blues*, Oriente, misterio y fuerza bien lograda".

Un inventario musical, el de Hoppo!, que hasta 2021 representa ya una nutrida cantidad de canciones, producidas de forma intermitente y con discreción, contenidas en cinco álbumes que conforman no sólo una obra sólida, a su vez un cancionero plagado de sorpresas y un carácter sónico *sui generis*. En sí, Hoppo! simboliza, como ya Albarrán lo ha manifestado, un vínculo más entre el norte y el sur del continente, un ejemplo más de los múltiples intercambios culturales que se dan entre Chile y México, sobre los cuales el propio Aros reflexiona:

> Gigantes relaciones, en lo lingüístico, en las influencias históricas. La ranchera en Chile es un género tremendamente popular, posiblemente el más popular en la zona rural, con festivales, estrellas y todo. Eso es muy decidor, imagínate. El cine y los doblajes de las series de televisión nos marcaron inconscientemente a muchos. Quizás con el resto de Latinoamérica, con Argentina, tenemos una cierta familiaridad en costumbres y otras cosas. Actualmente, la gran cantidad de artistas chilenos que se han ido a México a hacer carrera musical es muy importante. Y así, suma y sigue…

Palabras sinceras y francas que una vez más nos refrendan la identificación entre esos dos pueblos que con cariño mutuo han emprendido una cadena de aventuras cómplices, de la cual Hoppo! es ya uno de sus eslabones indiscutibles.

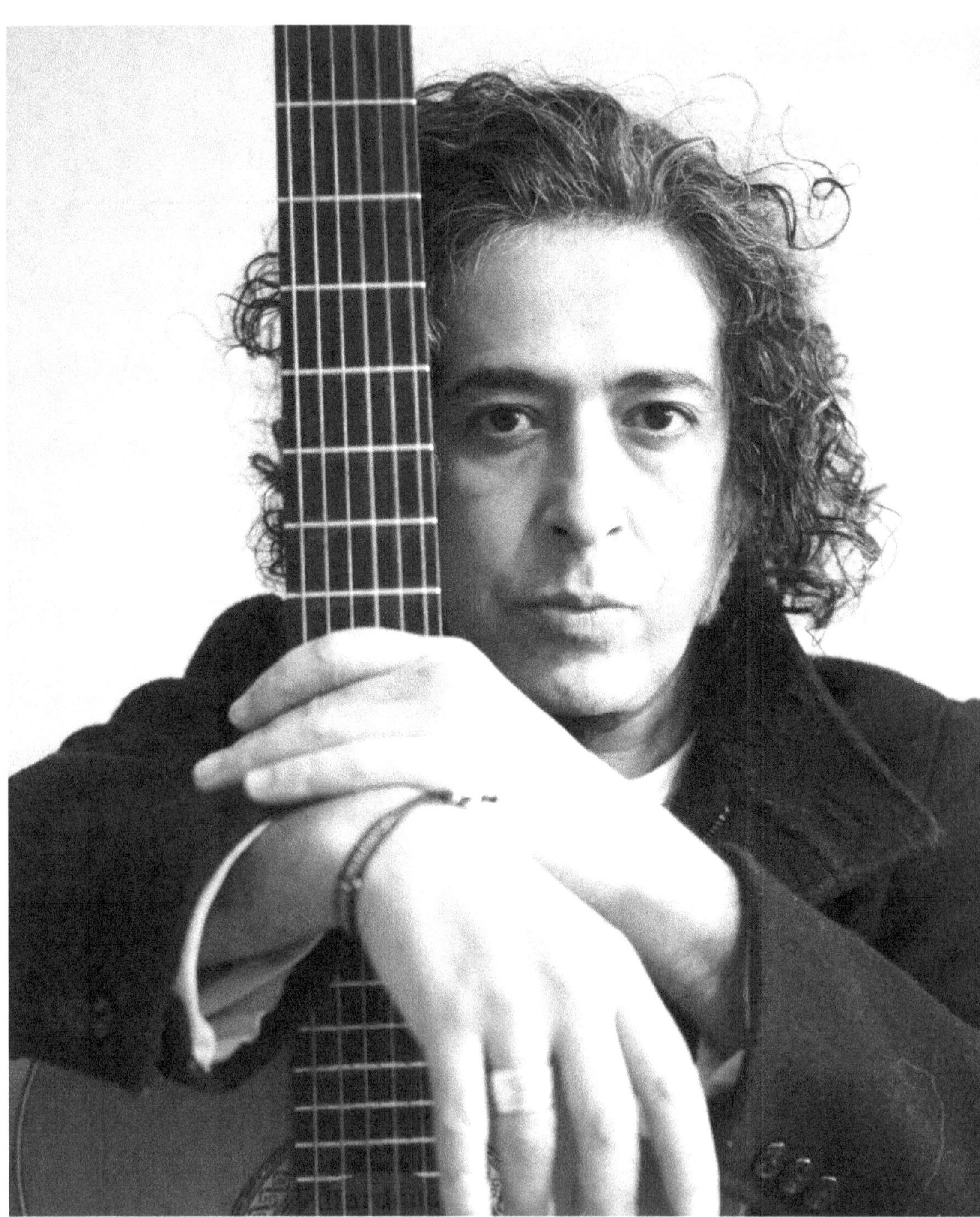

Cortesía de Manuel García

Manuel García, se hace camino al cantar

LARA LÓPEZ

Suena de fondo *Compañera de este viaje*, el disco que ha registrado Manuel García para celebrar su 50 cumpleaños; cabe mencionar que en medio de una pandemia por covid-19 y en los días inmediatos en que Chile aprobó por votación popular la creación de una nueva constitución. Un disco que no ha cedido a la presión de la crónica porque esa, leemos en las notas que acompañan el trabajo, ya la escribe el pueblo en las paredes. "Ni íntimo, ni fogatero", recalca, quizá huyendo de una posible sospecha de arranque emocional. Porque es un trabajo en el que todo está medido desde mucho tiempo atrás. Desde la elección de la estructura musical y poética hasta la producción que rescata la crudeza, lo sutil, la desnudez, lo primitivo. Una sonoridad actual que emula los discos registrados en mono, sin apenas edición, en cinta abierta, cuatro pistas. Una guitarra que es un alarde y que parece iniciar una etapa diferente a cada una de las que ha marcado con sus trabajos como líder solista, de *Pánico* o *Acuario* a *Retrato iluminado* o *Harmony Lane*. Colaboraciones con orquestas sinfónicas, con la música de Víctor Jara, o con otras estrellas de otros países, como Silvio Rodríguez, Mon Laferte, Lenine. Y sencillos en España, México y Chile. Cojo la portada del vinilo (sí, lo ha editado también en vinilo) y no puedo menos que darle la razón: hay poco de íntimo en exponerse ante una audiencia "desnudado" por una guitarra, con unas canciones en las que —nos avisa— hay más silencios que notas y palabras.

> Yo supongo que por mi origen, por mi frontera, por mi forma de entender el mundo a través de los libros o porque simplemente mi padre era un *amiguero* empedernido y nos mostraba también el mundo a través de la

gente que entraba por la puerta de la casa, soy un amante de las personas, me encantan las personas. Me encanta la gente y si esa gente tiene una particularidad especial, o a mí me lo parece, porque está en otra frontera, pues entonces a eso le hinco el diente con mucha gana y se me vuelve una cuestión compulsiva, sistemática y casi una consigna, no perderme ninguno de aquellos detalles que yo considero reveladores. Puede ser, por ejemplo, como vi en Xochimilco hace un tiempo atrás, una india que vendía en la calle sus aguacates, sus paltas, pero no las vendía así nomás, sino que había hecho como una especie de calaverita con las pequeñas paltas, para venderlas, y las tenía así puestas directamente sobre un paño en la vereda. Uno podría decir ¡oh, qué terrible, qué antihigiénico, qué pobreza, qué miseria, qué lata, qué pena! Pero yo veo otra cosa, yo veo la revelación de la estética, de la belleza, haciendo y soportando sobre sus hombros la dificultad de la vida y entregando una cosita más que late ahí, una pulsación que nos habla de algo revelador que tiene que ver con los ancestros, que tiene que ver con la belleza, que tiene que ver con la cultura, que tiene que ver con la historia también, ¿por qué no? En hechos que pudieran parecer muy nimios, de repente yo creo ver lo fantástico; y en eso pudiera ser muy español, un poquito más Quijote y menos mapuche tal vez. Los chilenos necesitamos asomarnos tras este gran biombo que es la cordillera, al mundo. Traspasar el mar y nuestra frontera. Somos un país que funciona como una isla, tenemos mucho de país-isla porque estamos rodeados de entidades geográficas que nos separan mucho de nuestros vecinos y luego, por supuesto, del resto del mundo. O sea, hay una avidez y una curiosidad.

Se refiere García a Cervantes casi nada más comenzar a hablar. Y a Lorca y a Bolaño y al Neruda del Winnipeg. Sorprende que un músico o un artista pueda tener una relación particular con un país si no está viviendo allí, hasta que piensas que de eso se trata, de esas características que quizá pertenezcan al dominio artístico, que les hacen ser quienes son, al menos en este tiempo en el que los viajes han dejado de ser aquel batiburrillo de experiencias de exótico sensualismo para los orientalistas que tanto nutrieron a intelectuales como Edward Said.

Hay un tipo de lenguaje en el mundo que es algo realmente inefable, pero a pesar de eso, puede asirse por algún lugar, que es lo que la historia a veces no percibe, lo que a veces el periodismo de alguna manera vislumbra e investiga, y lo que va trasegando la relación de los pueblos a través del lenguaje oral. En la antigüedad de la palabra humana en la que se van acuñando realidades que al artista en general le son pertinentes, hay antecedentes de esto, por ejemplo, para nosotros los chilenos, la figura de Gabriela Mistral. La figura de Bolaño. También la figura de Neruda, cuestionada hoy en día por nuevos referentes y formas de pensar las culturas y etcétera, etcétera, ¿no estaba un poquito acusado de un montón de cosas, Neruda? Estoy pensando en el Neruda del Winnipeg, en el Neruda que cruza fronteras, que viaja, que hace suyas también muchas culturas. En el caso de Gabriela Mistral, que por supuesto amó, atesoró y quiso mucho a México y luego terminó sus días en Estados Unidos. Entiendo que hablaba también la Gabriela con ciertas palabras y modismos que se le iban quedando; no le pasa sólo a los artistas, a mí también me pasa, uso palabras españolas por amor a mis queridos hermanos y hermanas en España y uso palabras argentinas y a veces uso palabras puertorriqueñas, y a veces uso palabras mexicanas. Muchas. Esa relación amorosa con los pueblos se produce también porque la palabra está fraguada en ese hacer con otras culturas. Por supuesto que es parte no sólo de la investigación y de la curiosidad del artista, sino también de la directa relación con los pueblos a través de la comida, de los amigos, de la conversación, de los libros, de la música, de las cosas que se van tatuando. Es eso. Se tatúan en la piel del artista, de mucha gente también, pero vamos haciendo el artista que está curioso, que viaja, que va a ser cultura, que quiere contar como ese hombre que tenía un ladrillo pa' contarnos cómo era su pueblo por todas partes y que finalmente que también está observando y mirando quiénes más tienen algo pa' ofrecer, contar, decir, etcétera, entonces, ese dulce misterio finalmente construye también algunos artistas, como decía, por ejemplo, en una experiencia cercana a la mía en cuanto a los viajes, Roberto Bolaño. Cuando yo voy a una casa en España y noto que *Los detectives salvajes* está en una biblioteca-librería de una persona que lee, que conoce de literatura y que su corazón está conectado con otras fronteras culturales y entonces aparece Bolaño. Aparecen también sus libros, por ejemplo, en México, donde vivió mucho tiempo; se le vincula también a España en este caso, igual que Neruda y la Gabriela lo mismo. Y el otro viajero que nos da una sorpresa maravillosa y hermosa en cuanto a la relación del quehacer intercultural es García Lorca, pensemos en sus felices años en Cuba y en toda la producción allá en Nueva York. Todo ese vínculo y ese lazo de García Lorca, no dejando de ser el granadino que era y que lleva consigo también en la escritura, el pensamiento, el olor, la percepción de los espacios donde vivió, son parte también inherente a su trabajo y a su obra. Y cuando hablamos de estos artistas, a veces, claro, pensamos en su localidad, de dónde vienen y quiénes eran a nivel identitario. Los restringimos a ese pequeño espacio, pero en realidad están abiertos y están vinculados a todo lugar por donde van pasando.

Sí, hablamos y hablamos de México, de las representaciones y los imaginarios que han tenido un peso específico en un país que suma tantos estereotipos como kilómetros.

México, sí, un país embrujado. Es un país hechizado, y al misterio de su embrujo y ese hechizo sólo puedes acceder a él caminándolo, viviéndolo, respirándolo, comiéndolo, compartiendo, bebiendo México. Nunca desde el punto de vista de la cultura del turismo. Se tiene que hacer la aventura vivencial, real, concreta. Y ahí México, igual a como se hace el mezcal, destila lentamente algo en la sangre del que lo visita, si el que lo visita está dispuesto a ser permeable. Es tan característico y hay tanto cliché y hay tanto dicho en torno al arquetipo de México, que mucha gente cree conocerlo porque ya había escuchado una escala, unos colores, escuchó una música, fue a Garibaldi, al Tenampa y compartió un poco y como que le entendió el perfil amable, misterioso, al mexicano. Y como México sabe que ese estereotipo está, "si la gente quiere comprar, pos lo vendemos, si quieren eso ¡se lo vendo!". Total, eso no es México, aunque en el fondo sí lo es también. Pero en la profundidad más misteriosa, me gusta lo que se va trenzando en silencio, lo que se va generando en torno al sentir del mexicano. El mexicano dice: "Sentí muy bonito", ¿no?, "Me estoy sintiendo muy mal". Y también el sentido como afirmativo de las cosas: "¿Sí escuchaste ya el último disco de Manuel García?", "¿Sí?, ¿ya escuchaste?", "¿Sí vas a estar en la reunión?". Nosotros somos de "¿No has escuchado el disco de Manuel García?", ¿cachái? Hay un sí mágico de la generación de la probabilidad de las cosas. Y hay, por ejemplo, vamos a poner un vocablo tan característico, que ofende tanto y molesta y que hay gente que cree que le entiende la vuelta al asunto del "ahorita" y dicen: "No, cuando los mexicanos te dicen 'ahorita' es que no va a pasar nunca". Y los mexicanos a veces se explican a sí mismos o se explican al mundo y hacen por ejemplo el chingonario y todo lo que se puede usar de la palabra *chingar*, todo lo que puede venir: "un chingo" como un montón, o *chingar* como fornicar o follar, o "se chingó" porque se echó a perder. El ahorita es bien interesante en su connotación dulce porque significa, para mí, como yo lo he ido "sintiendo", finalmente, las cosas van a suceder ¡cuando tengan que suceder! Porque se le da desde tiempos indígenas un valor muy importante al presente. Por eso el mexicano puede tener cien mil problemas, pero apurado no va a andar. Y al gringo le gustó hacer la caricatura del mexicano poco estresado durante muchos años, representándolo durmiendo debajo de un cactus o de un árbol, con una ruana y un sombrero que le tapa del sol y con unas z, cuatro o cinco. Yo creo que esa imagen la hemos visto todos, esa caricatura triste del mexicano es una caricatura terriblemente xenofóbica y desagradable. Y además, para mi gusto, generada desde la envidia, del no comprender, del no querer dejarse permear por otra cultura, sobre todo porque es una cultura vecina, en la frontera, ya sabemos, con Estados Unidos. Tanto así que es la triste representación de este muro que levantó Trump ahora. Justo en la época en la que Roger Waters andaba promocionando la nueva versión de *El Muro*, de *The Wall*, como una ironía, lo digo, paréntesis. Entonces es ese ahorita que representa que también las cosas van a suceder cuando tengan que suceder, es parte de la tradición y del pensamiento indígena. Tanto así que personalmente, que era la pregunta que me hacía, yo he sentido el privilegio —casi para mí un milagro— de estar haciendo un concierto en el DF o en Puebla y que venga gente de Chiapas con regalos, con café, con libros, con remeras, con poleras, con camisetas impresas con la guitarra-libélula o con la comandante

Ramona tocando la guitarra-libélula en vez de la metralleta, usando sus símbolos más profundos de sus revoluciones, de sus movimientos sociales para ir a homenajear a un cantante que viene de Chile, para ir a agradecer. Gente culta, gente fina, gente movilizada, gente que tiene la conexión de lo antiguo con la tierra, con la tradición, con la sabiduría campesina. Por eso es un libro de fotos representando a Chiapas, por ejemplo. Las remeras por supuesto, y la polera y el café de la tierra, es una manera de agradecer y tributar. ¿Qué agradecen? ¿Qué les importa tanto?, me digo yo. Que seguramente en un concierto yo también, por agradecimiento y tradición cultural, voy a representar mis etnias y mis culturas, y digo las etnias porque también han sido minoría. Dentro del tema de la votación política, ahora se están abriendo un poco más de paso nuestras culturas ancestrales. Es esa problemática indígena en el fondo de la que se pueden hacer grandes discursos y se pueden decir muchas cosas y hacer nada. Pero con una canción donde uno aparece con un kultrún, donde uno vuelve a Violeta, vuelve a Víctor, los hace más contemporáneos en la medida que a veces los toca con guitarras nuevas o nuevas formas técnicas de tocar una música. Cuando uno pide permiso antes de tocar un kultrún o está usando un poncho porque se lo regaló una gente de una cultura en el sur de Chile, en el centro de Chile o en el norte de Chile. Cuando tú estás siendo una especie de emisario de lo que otros pueblos le dicen a sus otros pueblos hermanos, con cariño, con amor, con profundidad, entonces estás siendo nada más que un canal y un medio. Y ese café y esos libros y esos ponchos, todas esas cosas no son para mí. Son un saludo entre hermanos. Son una comunicación profunda que pareciera muy pequeñita. Pero el indígena sabe que Machu Picchu se construyó piedra por piedra, y las pirámides se hicieron piedra por piedra. Las pirámides mayas, las pirámides aztecas. Que la gran Tenochtitlán estaba hecha también de miles manos que fueron, una a una, construyendo una civilización, una cultura. Entonces ahí es donde se nota que todo eso está vivo. Es lo misterioso de la magia, de la religiosidad de los pueblos, que se cruza, se trenza y genera también un resultado de comunicación entre pueblos. Que lo que a mí me emociona a veces ni siquiera está contado realmente en los libros.

A vueltas con el juego dual, pienso en cómo traducir, más allá de las metáforas, la imbricación de Manuel García con México. Desde el lado chileno, hay una canción: "Medusa". Desde el mexicano, un momento: la gira de presentación del disco *La trenza* de su compatriota Mon Laferte, uno de los fenómenos musicales capaces de igualar el marcador, en la que contribuyó presentando el dueto "Cielito de abril", registrado para el disco. Poco más de un año después, García grabó con ella su clásico más popular: "La danza de las libélulas".

La música mexicana es un referente importante que completó el imaginario campesino frustrado y truncado por la mala vida que los campesinos vivieron a causa de la expoliación de sus propios patrones, por supuesto, y del dolor del campo, también del chileno, como en muchas partes de Latinoamérica, una vida rural muy sufrida que termina de ser sufrida en la ciudad donde finalmente se abandona algo que no te había terminado de completar y tampoco comienza algo como quisieras comenzarlo. Recordemos que cuando no acaba de terminar una época, dicen, y la otra no termina de empezar nunca, dice Gramsci, es donde nacen los monstruos. Bueno, son esos monstruos. Atacaron y asolaron y desolaron mucho el corazón y la vida de nuestros bisabuelos y de nuestros abuelos, no, más que eso, bisabuelos, en algunos casos tatarabuelos, pero en general bisabuelos, te diría que así están de cerca. Estamos hablando de este fenómeno. Y una de las cuestiones que completó el imaginario soñado fue el referente del cine mexicano a través de sus músicas. Negrete, Solís. Por supuesto la música de Agustín Lara, José Alfredo, por nombrar algunos, completaron ese imaginario. Yo, cuando pisé México y tuve la oportunidad de escuchar el mundo de las canciones bolero, mariachi, rancheras, corridos, son jarocho y otras músicas, no sólo esa primera vez, siempre, me mueven al llanto, a llorar de alegría, de recuerdos. Pensar que los abuelos hubiesen estado muy felices antes de partir, sabiendo que uno por lo menos como nieto iba a pisar esos territorios y se iba a acordar de ellos. Si yo hago un tema como "Medusa", estoy también honrando la memoria de mi propia sangre. No estoy queriendo quedar bien con México. Esa es una parte. Y la otra tiene que ver con la confianza en ciertos logros artísticos. Con decir, yo voy a cantar esto, pero lo voy a cantar como chileno y lo voy a escribir como chileno. Y voy a usar mis maneras de versos surrealistas, enrevesados, metafóricos hasta la muerte, como solemos ser aquí, para explicar nuestra difícil realidad, en general tenemos que valernos a veces de metáforas. La metáfora no es algo que uno salga a buscar desesperadamente como el "intelectual de la metáfora"; todo lo contrario. Las metáforas salen a tu encuentro, ellas te dibujan a ti, ellas te recortan en la realidad. Y entonces, cuando yo tengo la posibilidad de querer decir todo lo que siento en mi corazón en una canción, en este caso de corte mexicano, de tradición mexicana, mi chilenidad pulsa sola dentro de la canción. Pulsa en versos escritos de forma no tradicional y que tocan —en el caso de como yo lo siento artísticamente— una fibra que esas mismas músicas a veces han venido cultivando como una trenza que corresponde a la tradición. Hablar con un lenguaje sencillo, contar con ciertas historias de amor o de personajes que existencialmente se pueden acercar a los cuentos de Juan Rulfo, pero que finalmente están expresados en un lenguaje que también por tradición es muy asequible al oído. En este caso, yo hago como chileno una cosa un poco más enrevesada, que es metaforizar ciertos elementos del amor en imágenes poco usadas o poco probables, o poco referenciales, dentro del estilo de estas músicas. Y ahí está también, humildemente, lo que uno considera una ganancia, porque uno dice bueno, la voy a hacer, pero al poder acuñarla a mi manera, entonces estoy tributando. Pero tampoco estoy sólo siendo condescendiente o sólo tratando de quedar bien con una otredad cultural. Al contrario, estoy poniendo incluso aquella otredad cultural en un limbo, en un espacio donde la redibujo con cierta confianza, que es finalmente la gota que destila el arte después de tanto trabajo, porque si no uno no lo hiciera. Uno dice: "Bueno, sí vale la pena, lo muestro".

Intenta rememorar la letra de "Medusa". Sólo le sale perfecta cuando coge la guitarra y la medio recita:

El paisaje del mar, el paisaje del trigo y el paisaje del arranque de la canción [canta]: *Como medusas, dulcemente / cuando disparan su veneno eléctrico en el corazón.* Las medusas son características del verano de acá, por ejemplo, la gente les tiene terror, atacan, pican, generan roncha, etcétera, una cuestión muy de paisaje de verano, "como medusas, dulcemente, cuando disparan su veneno eléctrico en el corazón". Casi átomo, fruta de terrible eléctrica hermosura. Así me encuentro entre los brazos de un mar de ortigas. Salto de la medusa a las ortigas, que son absolutamente del campo. La ortiga como paisaje entremedio de los campos de trigo, el mar de ortigas "que lastima cuando te hablo de mi amor. Así, nadando en luces frías", paso al mar de nuevo. Se nada en luces frías, en el reflejo que a veces, como en Cartagena, como en los puertos, las luces de los puertos, las orillas, los barcos en el agua: "nadando en luces frías, he comprendido que mi vida contigo sólo fue ilusión". Y luego la *femme fatal*, en dominio de la situación, "mujer extraña, bonita y mala que me mintió". La acusación de este macho dolido, seguramente muy acostumbrado a los bares y a llorar las penas con los amigos. Por un lado, la tradición machista absolutamente definida en eso, acosadora hacia la mujer, pero también otorgando de manera muy contemporánea el poder del control en una relación de amor y desamor a lo femenino. La típica canción antigua era "tú me dejaste, me mataste, tú me pegaste". Pero claro, obvio, que iba en un sentido donde la mujer siempre era la víctima en las canciones y en general los hombres eran el galán que conquista. Así se veía mucho, excepto las de José Alfredo, que por eso son tan famosas, ¿no? Eran más sinceras, "allá en el otro mundo, en vez de infierno encuentres gloria y que una nube de tu memoria": le desea lo mejor a la que lo deja. O "los mariachis callaron" al ver que ella le dijo que no, y todo quedó en silencio y el macho sufre, ¿no llega un poquito de eso? Esto "Medusa" también lo retoma de alguna manera, redibuja lo mexicano de una manera chilena, pero lo mexicano está porque lo mexicano también había afectado de alguna forma a lo chileno, como digo, sobre todo a esa antigüedad de los abuelos. Es una conversación cultural la que se da dentro de la canción. Y esa conversación para este caso es con México.

El caso es que García ya había ganado muchas pequeñas batallas recorriendo México, guitarra en mano, con banda detrás, antes de que la diva chilena pasase por su camerino para iniciar una amistad de prósperos resultados musicales.

Yo creo que Mon, como una chilena natural de su pueblo, de su barrio, de su calle, llegó a un México que la vio y la supo proteger y cuidar. O sea, México la valoró. Cuando uno ve cómo se comporta su brazo derecho con ella, amigo y arreglador, orquestador y coautor de muchas músicas, Manu Jalil, [se da cuenta de que] la protege, la cuida. Le dice "mi amiga". Y siempre que le pone en la frase esa palabra, ese "amiga", es que le quiere decir algo, aclararle alguna cosa. Mon cuenta con otros ojos, otras manos y otro cuerpo que también está junto con esa Mon Laferte que nosotros conocemos en esa relación cultural con México. Yo la veo no simplemente como ella me dice, sino cómo son sus gestos, su cuerpo, cómo es su relación con México. Y creo que ella es parte de esa chilenidad que, decía yo, es también una consecuencia de México, del sentir: "Siento bonito". Esta niña siente muy bonito porque es una mariposa de barrio. Porque es una niña que habiendo tenido una escolaridad casi hasta los doce, trece años y nada más que eso, se construye desde el hacer artístico y en este caso específicamente desde el canto y la composición de canción, de canciones. Su naturalidad, su espontaneidad, la necesidad que ella tiene realmente de cantar y tocar la convierten, por supuesto, en una hija privilegiada en México. Porque hay verdad en ello y hay transparencia y eso el mexicano sensible lo siente, lo percibe y lo valora mucho. Y lo valora mucho. Y entonces, cuando yo la veo como de México, todo me hace sentido, me vuelve a hacer sentido otra vez con mi abuelo, por las tradiciones chilenas, por la necesidad que tenemos a veces de expresar las cosas con pasión, sin sentir vergüenza. Recordemos que Chile es un país que se acusaba a sí mismo de hablar bajito y de hablar todo miniaturizado y decir: "¿Usted quiere un tecito?" y "Perdón, pase usted y disculpe, me equivoqué". Y de un montón de cosas que eran como que nosotros mismos los chilenos veíamos como torpes vicios y feas costumbres. Y tristes costumbres. Frente, por ejemplo, a nuestros hermanos argentinos con un gran vozarrón y con una personalidad para decir las cosas de manera directa, de frente, mirándote a los ojos. ¡Wow! ¡No mames! ¡Qué potente! ¿eh? Entonces, Mon, la manera en la que resulta ser esta artista, obviamente que tiene todo que ver mucho más con México que con Chile. Y así se le ve a ella cuando uno la ve allá: pez en el agua.

Manugarpez hace incursión en los estilos y géneros musicales de los países en los que está. Y hay algo que permanece de esa manera en la que se quedan las cosas que pasan a pertenecernos. "Lo que aparentemente es inasible, el sentido religioso o el olor de la comida. Lo silencioso. Lo mágico. Lo que se va haciendo en la sorpresa del día a día, más allá de cualquier rutina", dice. Y es hora ya de que aparezca en el relato la otra gran protagonista de este acto: "La paracha", su guitarra mexicana.

Sucede que hay cierta conexión entre ciertos ritmos y ciertas músicas que nos hablan mucho de la antigüedad. Cambiar un acento en una canción, en una pulsación; pensar que cierto rasgueo campesino se parece entre Chile y México, pasando por todas sus variantes a través de Latinoamérica. Y luego, en conexión directa con la guitarra, como bien dices tú, empieza a ocurrir ese gran evento social, cultural, histórico, del que tantas otras veces hemos hablado, Lara, que son los cantos de ida y vuelta. Ahí en el bolero, en la cumbia, en la habanera, por ejemplo, en el pasodoble. A veces los ritmos se empiezan a alejar pero la instrumentación se conserva. En las músicas de mariachi y de son jarocho, también, que se hacen en México. Parte de la tradición de los instrumentos que los jesuitas trajeron desde Europa hasta Latinoamérica y que luego [fueron] copiados, repetidos y modificados son los instrumentos que nosotros tenemos acá. Naturalmente, en ellos se conserva una ritmicidad, un pulso, una forma de hacer, una estructura. La décima, por ejemplo, que es tan universal desde la décima espinel hasta la décima que se construye en Chile y la milésima y la centésima que quería hacer la Violeta Parra. En el cultivo de ese tipo de tradiciones que las vemos hoy, por ejemplo, también en un libro como *Décimas del estallido* de Nano Stern, nos habla de que esa pulsación de lo antiguo está también en lo contemporáneo. La guitarra; no hay otro instrumento que sea más generoso para que eso ocurra, no hay otro. Si bien es cierto [que] el piano es de un rango armónico extraordinario y el violín puede tener el sonido más noble y las flautas evocan lo más antiguo de la humanidad, etcétera, toda la nobleza de cada instrumento que uno, por supuesto, agradece y reverencia en el sentido de la tradición oral y del lenguaje y de lo hablado, de lo contado y cantado, la guitarra es la reina fundamental. No hay otra. Esa es la guitarra que está en la casa. Es la guitarra que está en la universidad, en un teatro, en un concierto de música docta, o que está recibiendo una percusión y la está transformando en ritmo de un país, de una cultura. Entonces es cuando uno no tiene las palabras correctas, la conversación correcta y uno se mueve desde muchas ignorancias también, desde las que uno no es capaz de percibir, de sentir y de entregar algo, bueno: la guitarra sí. Porque a la guitarra se le va pegando de todo. Yo había escrito una canción… [coge la guitarra y canta] *A esta hora cae la luz sobre los muros / con geometrías claras tu, tu, tu tu…* Eso es muy europeo, ¿no? Eso debe de ser *Carmen* también, tum tum tum tum ta ta ta ta ta ta ta ta ta ta. Bueno, esa, esa, esa ritmicidad pa pam, pa pam, por ejemplo, me decía la Natse, una india maravillosa mexicana de Puebla, me decía: "Aquí como que sería como café con pan y yo como café con pan" [rasguea y vuelve a cantar]: *A esta hora cae la luz sobre los muros / con geometrías claras…* Hermoso, porque yo podía haberla escrito como habanera, pero tengo diez habaneras, habaneras muy chilenas, todas muy parecidas entre sí. Y la canción… o conservo la primera parte habanera y luego en el estribillo me lanzo cañón, haciendo una relación entre las músicas y las culturas. Y eso no lo puedo yo. Eso lo puede la guitarra solita. Y ahí se produce este vínculo inevitable y que al mismo tiempo emociona tanto, por lo menos a los que sentimos que estamos cerca de un tesoro cuando alguien nos hereda un ritmo, un pulso, de una cultura.

Otra vez la chilenidad. Otra vez la universalidad:

Me gusta conservar una parte chilena muy firme para contar, para decir, para compartir cosas de la particularidad de nuestro pueblo que son muy desconocidas en muchas fronteras. Pero por otro lado, la hermandad con el sentido de los pueblos indígenas, en el caso mexicano, la tradición que tiene que ver con los rituales indígenas. Mal que mal, yo soy un hombre de frontera, del desierto de Arica, pero en consonancia con el altiplano boliviano y peruano, sobre todo, también con una parte del altiplano argentino, por supuesto, cuatripartito. A mí me gusta conservar una chilenidad acérrima, en lo que me construye no sólo identitariamente, éticamente también. En cuanto a un montón de situaciones que nosotros vivimos como pueblo y que es interesante conversar, discutir, revisar, no sólo mostrar. Por eso digo que no es sólo identitario, es también ético. Y al mismo tiempo, las culturas que te acogen desde la sabiduría, que es una cualidad que el arte tiene, moverte, desplazarte y darte la oportunidad de generar puentes con gente culta, con gente profunda, con gente que también siendo sencilla en su hacer, tiene esa profundidad de la conexión con el otro, la curiosidad y también tiene el don de hacer un regalo. Cuando eso está ahí, uno está como un terreno fértil para que esa semilla germine. Y entonces uno está conversando en un lugar donde uno se siente parte de la casa. Yo cuando aterrizo en México siento que llego a mi lugar, igual que me pasa cuando aterriza el avión en Madrid. Me salta el corazón y voy en el avión pensando que estoy en otro país, otro lugar, otra cultura como era las primeras veces que viajaba. Y luego recuerdo que tengo mis amigos, mis comidas favoritas, mis bebidas favoritas, mis lugares a los que quiero ir y revisitar. Y siempre, por ejemplo en el caso de España, retomar la conexión con lo mejor que llegó, como siempre digo, en los barcos de Colón hasta América y luego hasta Chile, que es la palabra castellana y la guitarra. El vínculo por un lado es muy personal, pero por otro lado también está ese contexto en el que te ponía yo la situación en que en el arte también encuentra sus otras fronteras, porque de eso se trata, ¿no?, de que el arte finalmente representa, a pesar de sus particularidades, cosas universales cuando está bien logrado. Y en el caso mío, tengo también una sensibilidad muy personal para emocionarme con hasta los más mínimos detalles. No, no soy un hombre exacto de museos a pesar de que por supuesto los disfruto y me encantan, ¿cómo perderse el Prado, por ejemplo? Imposible. Pero soy un hombre que vibra también con el detalle que está reflejado en la vereda, el vendedor callejero, la persona que se esfuerza por vivir, el inmigrante en otras culturas, el indígena que de pronto sigue en el plano de la reivindicación o de establecer una relación con la cultura para poder entregar también lo que tiene como acervo, que no es sólo pedir, sino que también a veces las frustraciones ocurren porque no se puede entregar y explicar lo que se tiene dentro.

Cuando Manuel García habla de México, habla de un país-tatuaje

[…] que se va dibujando en uno, se va dibujando desde la conversación, la bebida, el amor por tus hermanos. Te contaba la emoción que me da por mis abuelos, eso gatilla algo. Lo que no quiere decir que uno no se informe, no escuche los discos, no investigue los ritmos, no trate de entender cómo está funcionando la música también. Por ejemplo, yo en México me di cuenta que claro, como te hablaba hace un momento, nosotros, Chile, es un país de conversación calladita, de canción contenida; ya no tanto, pero antiguamente sí, nadie sacaba mucho la voz en cuello porque tal vez en la urbe ya no la necesitábamos. Y en los campos, cuando se hizo fiesta y se cantó a voz en cuello, se hacía la cueca, la tonada, todas las cosas que ya sabemos, que nos iluminó tanto la Violeta y Víctor Jara. Pero, en general, cuando tú, por ejemplo, ves en un lugar, por qué esa música está hecha como está hecha, tú dices: "Mira qué lindo, mariachi, el solista canta delante, la banda está atrás". La guitarrilla chica transporta riquin, riquin, chiqui, chiqui, chichí una frecuencia alta que viaja; el bajo, por supuesto, llega solito tunga, tumba, tunga y las trompetas nunca tapan al cantante. Los vientos, cuando entran, refuerzan lo que el artista dice. Entonces el artista tiene un momento [canta]: *Sombras de adentro tu vida, la míaaaa*, taktak, tapappa takata tata tata la trompeta completa la frase y vale más, emociona más lo que está dicho. Es que es perfecto y tú dices: "Pero esta gente está cantando pa' cien personas sin una amplificación", claro, porque la música está hecha para haber sido cantada seguramente en grandes galpones, espacios campesinos y fiestas de tradición. Entonces tiene una configuración sonora, ya tiene una estructura donde lo sonoro está disponible para que suene mucho, para que suene grande. Está escrito así, está pensado así en su estructura fundamental y una cultura que nosotros cantamos más para nosotros mismos, en la casa con la guitarra, digamos, rumiando palabra y nos enredamos en metáforas. O nos gustan las metáforas o las necesitamos, ¿no? Como te decía denante, nos parece fantástico. Entonces ahí viene la parte más científica y experimental: decir ah, esto te ha hecho así, mira, yo voy a probar también, voy a crear, voy a empezar a hacer canciones donde la voz es más alta, la letra más sencilla, que no poco profunda por eso. Y luego voy a estructurar ciertas orquestaciones de esta manera pa' que empiece a funcionar también la música, como la estoy entendiendo. Lo mismo en Puerto Rico y las músicas del Caribe son para mí muy cercanas. De hecho, en Puerto Rico, curiosamente, me sentía más cerca de Arica, de mi tierra, que lo que me siento aquí en la capital. La gente, su cultura, su forma de hablar, el sol, el mar, la playa. Y porque yo tengo una formación muy caribeña, porque me gustaron siempre las grandes orquestas del Caribe, desde Leo Brouwer pasando por Silvio Rodríguez, por Pablo Milanés, por decir gente que ha tomado raíz y la ha actualizado. Juan Luis Guerra, por ejemplo, o toda la influencia que tuvo y tiene todavía Rubén Blades, por ejemplo, aunque varios de ellos entre sí están peleados. Pero bueno, el Caribe resuelve sus situaciones como familia, yo ahí no me meto, pero varios de sus artistas siempre fueron influencias pa' Chile. Pulsar a lo caribeño estando, por ejemplo, en Puerto Rico, no era una cuestión ajena a mi persona, de hecho ya había girado con Calle 13 porque ellos habían sentido cierta relación y cierta referencia a mi música con la de ellos, una cosa que a veces la prensa no la había sabido ver, pero que ellos la vieron clarito y yo también. Absolutamente. De hecho, así fue. Fue muy fácil hermanarse en una gira con Calle 13 a partir de esto que estamos hablando, de todas estas ideas y toda esta sensaciones, y además, por ejemplo, en el caso de Puerto Rico, le escribí también una canción muy abstracta, muy chilena, que se llama "El huracán", que a mí me gusta mucho, que eran preguntas que yo me hacía cuando pasó este último huracán gigante, hace unos años atrás, por Puerto Rico, y que me preguntaba yo cómo estaría la gente, hoy, de La Perla, un barrio que está al ladito del mar, a centímetros del mar está la última casa, una cosa impresionante y que, bueno, me preguntaba cómo estaría esa gente con la que yo me identifiqué mucho, porque cuando fui a La Perla se parecía también mucho al cerro La Cruz, donde yo me crié, gente humilde y sencilla en su chozas, ahí, gente haciendo su vida lo mejor que pudieran. Y para México es el mismo caso, como me ocurre también a veces con Argentina o España. Hay cosas que se me permean y se me tatúan y otras que por supuesto yo las busco, las investigo y las persigo como piezas interesantes o como elementos interesantes que yo considero que son valiosos pa' la música que yo pudiera hacer o que simplemente a mí me genera emoción.

Quizá si el Quijote no hubiera sido un caballero andante habría sido un cantautor:

Un Quijote es un cantautor en cuanto él encuentra una razón mucho más profunda de que sí, de que si la realidad la vive o no en conciencia o en inconsciencia, en realidad, donde el Quijote habita es en el otorgarle valor al sueño propio, a la magia, esto que se habla tanto. Como saltar de un cerro y decir voy volando y realmente voy cayendo. Pero yo puedo decir voy volando. ¡Es que no tiene alas! Pero mientras esté en el aire volé cabrón. Entonces de eso se trata la canción también. Por eso que, personalmente, para mí ese salto de fe es lo que me define como artista y yo creo que también como persona. La búsqueda constante en el hacer. No sé si en el resultado. Y ahí Don Quijote por supuesto que encarna perfectamente al trovador, al cantautor. Con estos artistas se encuentra Don Quijote, ¿no? Uno de los primeros pueblos que visita en su larga y fantástica romería, con unas gentes cantando alrededor del fuego. Creo que ahí surge el cuento de Marcela.

A México yo aún, como a muchos lugares, no les he entregado los poemas que les pertenecen. Cosas escritas en viajes, reflexiones, libretas, cuadernos con dibujos, con ese diario amoroso de vida que uno lleva cuando va a un lugar en el que hay tanto agradecimiento, tanta conexión, tanto recuerdo. Soy así, si yo me muriera mañana y no le hubiese dicho a México: "Mira, de esta manera yo les agradezco también, más allá del mero hecho de ir a cantar y hacer una gira", desvelar una tras bambalina más cercana en ese sentido, partiría con una deuda. Me moriría feliz si pudiera entregar, como digo, de vuelta aquello. No en este caso con un "miren lo que escribí", sino que un "miren cómo ustedes nos escriben a nosotros". Entonces eso, a veces, cuando uno va en busca de un teatro o de un festival, de una relación con los medios, aparte de con los públicos, uno está siempre ocupando un espacio en el que se siente y se cree que uno es el que tiene que suceder o uno quiere suceder y que los demás te vean y te escuchen. Pero a la hora del agradecimiento, eso puede ser muy poquito, por lo mismo, porque uno está finalmente buscando ese vínculo, pero lo que ese vínculo es, es que te encontró a ti sin que tú lo hayas esperado. Esa sorpresa mágica, ese regalo que te hace una tierra, uno… O sea, si pudiera, le haría mi cocinación de ceviche ariqueño a cada mexicano y le daría una mesa de cariño y de cosas ricas de mi tierra. Ofrecería eso, aceitunas, guayaba, llevaría de mi tierra algo que, como no lo puedo hacer, entonces a veces uno trata en una canción de decir algo, pero muy poquito. Las canciones siempre son muy poquito, finalmente.

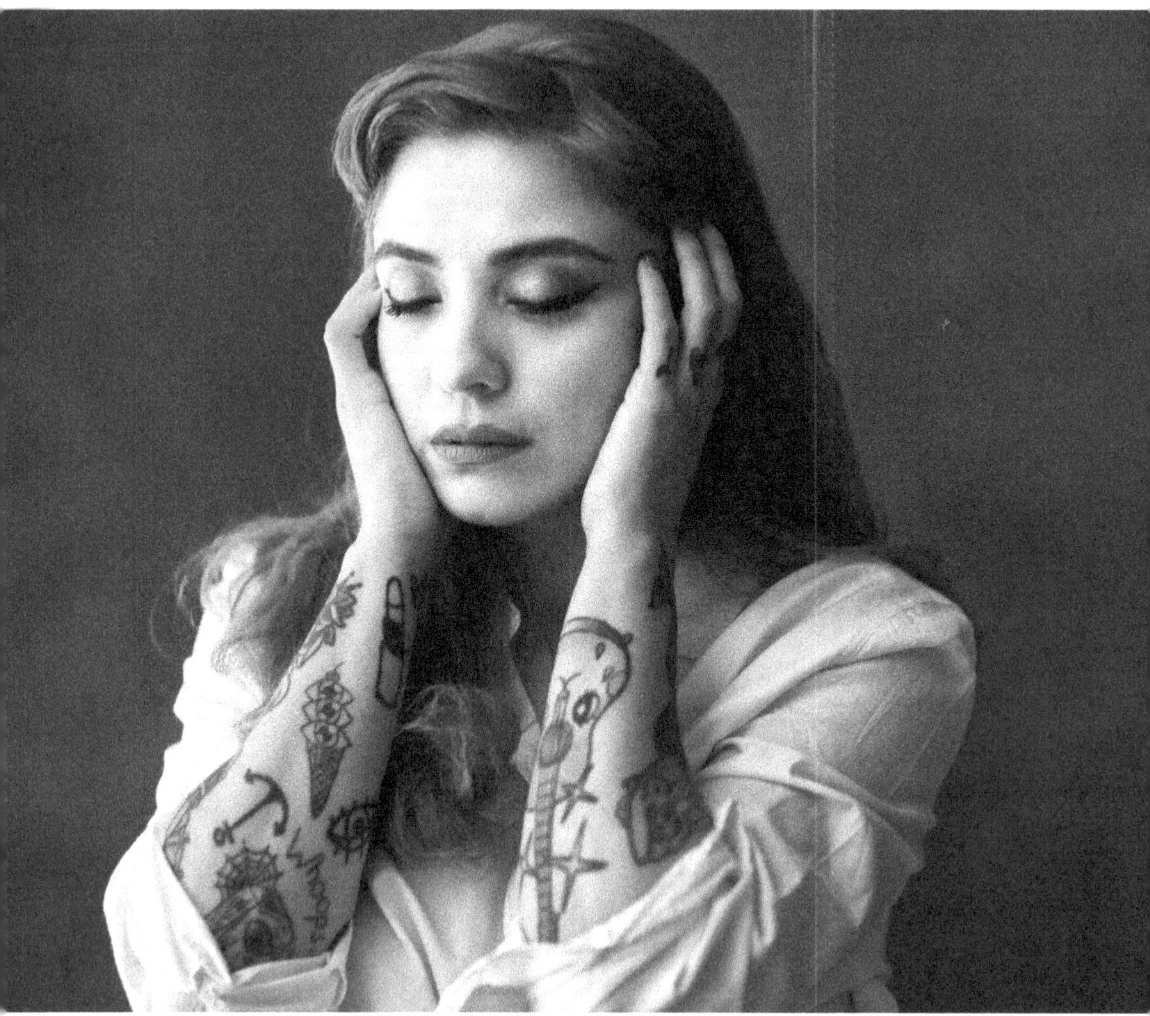

© Jesús Cornejo

Mon Laferte, la voz del Chile feminista que conquistó a México

NATALIA CANO

A pesar de la distancia de la época y sus respectivas historias de vida, Mon Laferte y Chavela Vargas comparten algo más que su residencia en Tepoztlán, un poblado enclavado en la sierra central del estado mexicano de Morelos, al que diversos creadores artísticos e intelectuales han hecho su hogar.

Vargas (1919-2012), mexicana de origen costarricense, vivió los últimos años de su vida en ese lugar asentado en una montaña coronada por una pirámide prehispánica que guarda el origen de Quetzalcóatl, la legendaria serpiente emplumada de la mitología azteca. Desde hace un par de años, la cantora chilena también habita en ese sitio, donde se refugió, primero de la vida ajetreada de Ciudad de México y posteriormente de la pandemia de covid-19.

En esas largas tardes de confinamiento frente al televisor, la vinamarina descubrió en Netflix el documental de Daresha Kyi y Catherine Gund, *Chavela* (2017), que sin imaginárselo sentaría las bases de su sexto álbum, *Seis* (2021), un trabajo que evoca a la canción popular mexicana de antaño.

Canciones como "Que se sepa nuestro amor", "Se me va a quemar el corazón" y "Te vi" muestran a una Mon Laferte dramática, feminista y con un arraigado gusto por los ritmos rancheros apelando al estilo de la ya mencionada Vargas, pero también al de otras leyendas de la música popular mexicana, como Flor Silvestre y Vicente Fernández, e incluso acercándose al sello del bolerista Agustín Lara.

La cantante, cuyo nombre real es Norma Monserrat Bustamante Laferte, cuenta que su niñez transcurrió entre canciones del legendario compositor e intérprete Juan Gabriel, la música de mariachi, el trío Los Panchos y las películas del astro de la Época de Oro del cine mexicano, Pedro Infante. El cómico Mario Moreno *Cantinflas* y las famosas telenovelas mexicanas también fueron una referencia para ella.

Motivada por alcanzar una renovación personal, y descubrir su propia identidad artística, terminó por convencerse de que debía abandonar Chile, donde ya era una estrella y cuya fama debía, en parte, a un programa de televisión. La decisión vino cuando una de sus amigas, asentada en la capital mexicana, le habló de las muchas oportunidades que había ahí para los músicos.

"A mí me encantaba México por lo que había visto, a un nivel de lo que conoce el mundo de México: su cultura, su música, la comida, los bailes, pero realmente yo no lo conocía, aunque siempre hubo un enamoramiento", contó Laferte en 2018 a la revista chilena *Sábado*.

Mon Laferte llegó a Ciudad de México en julio de 2007 siendo una total desconocida, igual que lo hizo en su tiempo Chavela Vargas. Pero la verdadera aventura comenzó apenas pisó el aeropuerto e hizo una llamada: su amiga, la que tanto le habló de las ventajas de viajar al país, no podía recibirla en casa. Con la incertidumbre oprimiéndole el corazón, Mon tomó sus maletas, abordó un taxi y le pidió al conductor llevarla a un hotel seguro donde pasar la noche. Así llegó al turístico y céntrico barrio de la Zona Rosa, donde se asentó por algunos meses.

El primer fin de semana que tuvo libre quiso irse a la playa. Llegó al puerto de Veracruz, en el sureste de México, a unas seis horas de la capital. Entró en un bar e improvisó algo con la banda que tocaba esa noche. Aquella actuación le valió su primer trabajo en el país, así que durante un año viajó cada semana para cantar ahí de jueves a sábado.

"Cuando llegué a México, tenía conocimiento de ciertos géneros como la música de mariachi y la norteña", cuenta Mon Laferte, al otro lado del teléfono desde Los Ángeles. De esta última recuerda sobre todo exponentes como Los Tigres del Norte, "que suenan en todos lados [...]. Luego descubrí la música de banda y no podía creer que fueran puros instrumentos de viento. En la televisión veía que eran un montón de tipos tocando, me voló la cabeza, empecé a engancharme, me di cuenta que en cada estado hay un estilo muy particular y que cada pueblo de México tiene su propia música", añade.

Aunque en gran medida el sonido de *Seis* fue gestado durante el encierro por la pandemia, lo cierto es que la música de México sigue siendo una motivación que alimenta la curiosidad de la chilena, enamorada, al igual que Vargas, de la riqueza cultural del país norteamericano. "Siempre he tenido ganas de hacer un álbum dedicado al folclor, pero más profundamente, y aunque este fue un intento, aún me quedan ganas de ir más adentro", refiere.

Feminismo: una lucha colectiva

Chavela Vargas se caracterizó por ser una mujer a la que nadie silenció. Como ella, a sus 38 años, la cantante chilena confirma su temple y confiesa que ser feminista le ha costado el rechazo de una parte de su público. "Es medio difícil hoy decir 'soy feminista', la gente le tiene miedo, causa un rechazo", dijo Laferte en una entrevista con la Agencia France-Presse en Ciudad de México.

La cantante cuenta que ese activismo le ha generado duras críticas de sus propios seguidores en redes sociales, con comentarios que dicen: "Me gustabas antes, cuando no eras feminista". Sin embargo, la bandera del feminismo —en auge en varios países de Latinoamérica— también le ha hecho ganar numerosos adeptos y amantes de su música.

Como parte de su activismo, Laferte llegó a desfilar con el torso desnudo en la alfombra roja de los Latin Grammy en 2019, y le envió al presidente mexicano, Andrés Manuel López Obrador, el mensaje de que el movimiento feminista es "la revolución de este siglo". "Lo que he ido aprendiendo en los últimos años es que cada quien hace su lucha a su manera. Ya tiene un rato que me mueve la idea, me hace mucho sentido la idea del feminismo, que antes no sabía, no se hablaba", señala.

Mon Laferte narró, en una carta que escribió para la edición mexicana de la revista *Vogue*, que su asistencia en 2019 al Segundo Encuentro Internacional de Mujeres que Luchan, convocado por las integrantes del Ejército Zapatista de Liberación Nacional (ezln), en Chiapas, al sur de México, fue una experiencia que realmente la marcó, y en su corazón "se selló un compromiso" con la causa de sus hermanas feministas. "Si cualquier mujer en cualquier parte del mundo, de cualquier edad, de cualquier color pide ayuda porque es atacada con violencia, vamos a responder a su llamado y buscaremos la forma de apoyarla, de protegerla y de defenderla", escribió Laferte evocando una frase pronunciada en el discurso de la clausura del encuentro. En el texto también cuenta cómo el feminismo le cambió la vida, y que esos tres días, sumergida en las entrañas de la Selva Lacandona, siendo parte de esa comunidad de mujeres indígenas y adoptando sus creencias, usos y costumbres, la inspiraron para abrazar más fuerte la lucha contra la violencia de género. Agregó:

> Recuerdo que cuando era niña pensaba que en el 2000 el mundo sería mejor; pensaba que el futuro nos traería grandes soluciones y que todo estaría bien. Pero lamentablemente estamos en el 2020 y, aunque hay algunas cosas que han mejorado, la violencia de género no se detiene, incluso, creo que cada vez se pone peor.

México es uno de los países más afectados por la violencia de género, sólo en 2020 se registraron 967 feminicidios, una cifra ligeramente inferior a los 969 de 2019, según datos oficiales. "Antes pensaba que el feminismo era sólo ponerse el pañuelo verde", confiesa Laferte en el texto. Sin subestimar las maneras de luchar de cada una, la artista cuenta que sentía la necesidad de hacer algo más, empezar por un cambio profundo interno, una forma de vivir individualmente, luego movilizarse y ser parte de comunidades feministas: luchar de manera colectiva. "Ahora, soy parte de algunos grupos de mujeres en la música, nos juntamos y escuchamos, compartimos experiencias. Cada una desde su lugar luchando por abrir espacios para todas", refiere.

En ese contexto, la chilena encabezó en marzo de 2019 un multitudinario concierto en el Zócalo de Ciudad de México, la plaza pública más importante del país, para unir su voz contra la violencia de género y los feminicidios que azotan la nación latinoamericana. Al grito de "¡Ni una más, ni una más!" y portando una pañoleta verde —símbolo de la lucha por la legalización del aborto— alrededor de su cuello, Laferte interpretó "Canción sin miedo", un poderoso himno contra los feminicidios, escrito por la mexicana Vivir Quintana, acompañada de la autora y otras 40 colegas. "Queremos encontrar justicia por nuestras mujeres asesinadas, no son números, son mujeres que tienen familia. Estos son sus rostros. ¡Le exigimos, por favor, presidente, escúchenos! ¡No olvide sus nombres!", expresó Laferte ante unas cincuenta mil personas reunidas aquella noche.

La defensa de sus ideales feministas la ha llevado, sin embargo, a protagonizar polémicos momentos, como uno ocurrido en noviembre de 2017, cuando Mon Laferte vivía uno de sus puntos de mayor popularidad, con cinco nominaciones al Latin Grammy de ese año, tres fechas agotadas en el Auditorio Nacional de Ciudad de México y múltiples reconocimientos por las altas ventas de *La trenza* en el país. Durante una conferencia de prensa, un periodista tuvo a mal formular una pregunta sobre sus seguidoras mujeres y el secreto de mantenerlas cautivas "cuando entre ellas se atacan". La cantautora respondió con furia: "Yo, como mujer, estoy hasta la madre de que me hagan preguntas pendejas machistas. Yo vengo aquí a hablar de mi música, no de pendejadas". Sus palabras fueron reproducidas miles de veces en redes sociales, dividiendo opiniones. Mientras los grupos feministas saltaron en apoyo de la autora de "Tu falta de querer", sus detractores organizaban páginas en Facebook invitando a marchar para expulsarla de México.

La cantante relata en la misiva:

Ahora más que nunca me miro en el espejo y veo todas mis actitudes machistas, ahora cuestiono mi comportamiento y observo si mis opiniones han sido de verdad mías o si de tanto escucharlas las di por propias. Por ejemplo, me recuerdo a mí misma tratando de verme "seria" usando la ropa más "masculina y sobria" para poder ser tomada en serio en una reunión de trabajo y también usando ropa "bonita" de "artista" de "alfombra roja" para ser aceptada.

En *Seis* incluyó la canción "La mujer", una historia de redención frente a los abusos, en la que unió su voz con la de la diva mexicana del pop Gloria Trevi. Famosa en Latinoamérica por su tema "Pelo suelto", escandalizó en la década de 1990 con sus líricas adornadas de referencias sexuales, su vestimenta audaz y bailes provocadores. "Recuerdo que escuchaba su música con mis compañeritas cuando tenía 12 años, a escondidas [...] porque había canciones [de ella] que eran prohibidas", cuenta la chilena a la AFP.

Además, como parte de esa misma lucha feminista, la sudamericana unió su voz a la de la banda filarmónica Mujeres del Viento Florido en el tema "Se va la vida", una agrupación conformada por jóvenes de la Sierra Mixe de Oaxaca, en el sur de México, que tejen sonidos y derrumban desigualdades de género desde un espacio hecho por y para las mujeres.

En el microdocumental que acompaña a la canción, se le ve viajando hasta la localidad de Santa María Tlahuitoltepec, nuevamente como un guiño al rincón más tradicional de México. "No ha sido nada fácil tejer una red de mujeres músicos [...]. Viento Florido ha sido un espacio donde nos sentimos seguras", dice a modo de presentación la directora de la banda, Leticia Gallardo, mientras se observa a Mon bailar y convivir con sus integrantes como una más de ellas.

Al igual que Vargas, quien brilló en un género musical originalmente dominado por hombres, Laferte grabó en *Seis* dos canciones de música popular mexicana: una junto al astro de la ranchera Alejandro Fernández y otra más con la Arrolladora Banda El Limón. Fue a su modo una forma de empoderamiento. Dijo la artista en un comunicado de prensa, a propósito del lanzamiento del *track* "Se me va a quemar el corazón":

No sé si exista una banda de puras mujeres, pero por lo menos en las bandas más populares el espacio está ocupado por hombres. Seguramente existen mujeres que quieren tocar y no sólo estar de modelo en los videoclips, sino tomar el escenario. Me encanta poder ser un puente para generar esta conversación para que la música de banda, que me parece hermosa, se pueda abrir a otras temáticas y que no sea un espacio reducido para los hombres.

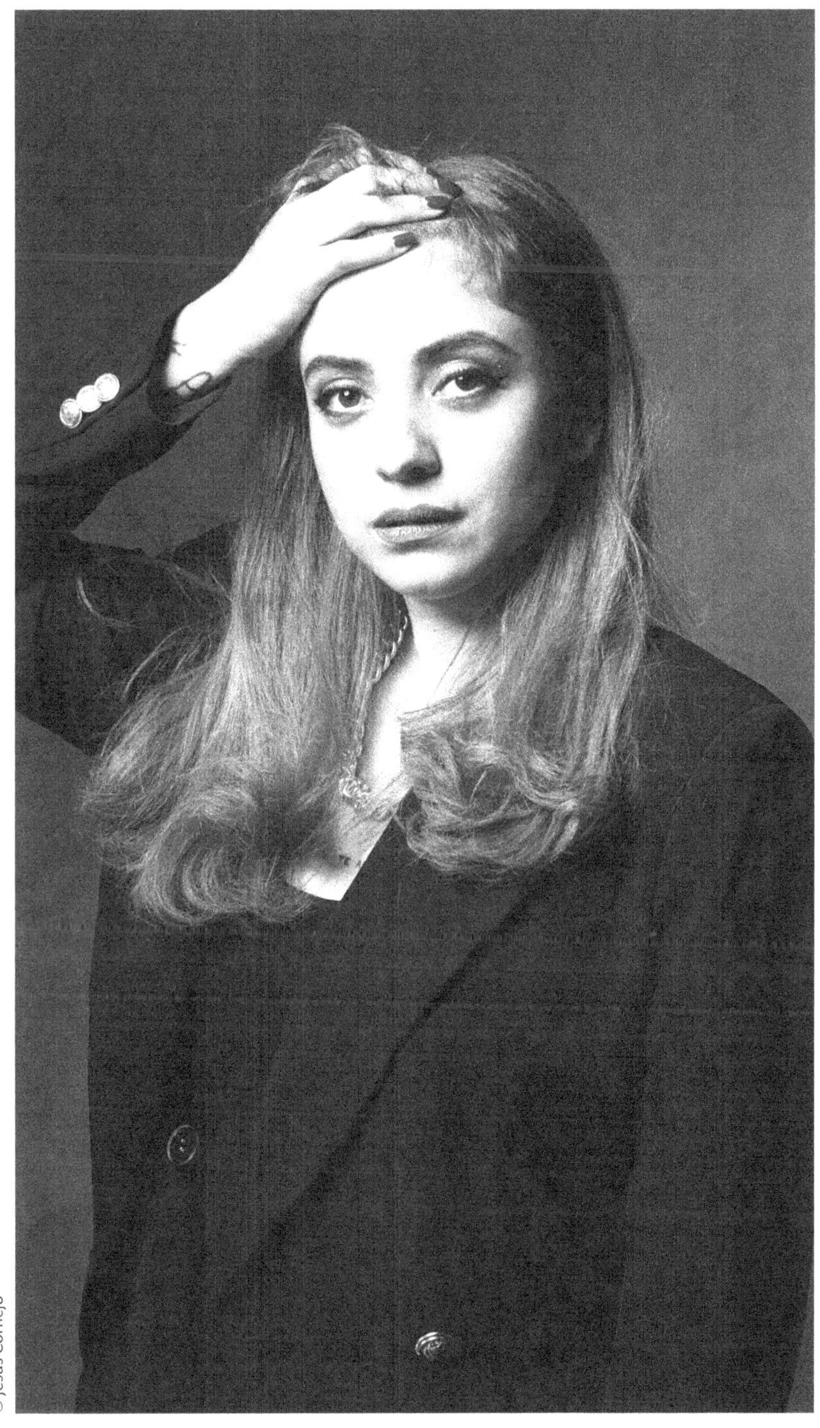

© Jesús Cornejo

Su ascenso a la fama

Previo a convertirse en la artista chilena más exitosa de la segunda década del siglo XXI, Monserrat Bustamante cantaba en la calle y en bares de su natal Viña del Mar esperando que la televisión la descubriera. Cuando por fin lo hizo y llegó al programa *Rojo*, de TVN, entendió que ahí sólo podría ser baladista romántica y no la artista que quería ser. Así que se fue a México con el firme objetivo de conquistar el mercado musical más importante del mundo hispano.

Arturo J. Flores, editor de la revista *Playboy México*, conoció a Mon Laferte en 2013, durante el fugaz paso de la estrella chilena por la agrupación mexicana de metal Mystica Girls.

Laferte grabó con esa banda femenina, de cuyas integrantes el periodista es buen amigo, el álbum *Gates of Hell*. La joven había conocido un año antes a Cynthia, la guitarrista, en un bar donde alternaban grupos de *covers*, y de ahí surgió la idea de sumarla al proyecto como vocalista invitada, cita la revista *Sábado*.

Habían pasado varios meses desde la última vez que Flores platicó con Mon, cuando se la encontró saliendo de un restaurante en el WTC de Ciudad de México, acompañada de Joaquín Pavía *Wakks*, ex *manager* de la mexicana Carla Morrison y representante de agrupaciones de moda como Rebel Cats y Enjambre. En aquella reunión, la chilena y el joven empresario acordaron el inicio de lo que fue una exitosísima sociedad. "De eso me enteré tiempo después", cuenta Flores, que luego se reunió con Laferte, y ella le compartió, emocionada, que *Wakks* era su nuevo *manager*.

Tornasol (2013), su primer trabajo editado en México y el número tres de su discografía, ya comenzaba a abrirle un lugar en el concurrido circuito alternativo de la ciudad. Para pagar la maquila de ese trabajo, Mon Laferte tuvo que vender su guitarra eléctrica, una hermosa Rickenbacker como la que utilizaba George Harrison.

En un esfuerzo por llevar su música a otras geografías, participó en el proyecto Fondeadora.Mx, una plataforma en internet que tiene por objetivo apoyar proyectos creativos a través de la donación directa del público, antes de una fecha límite y ofreciendo una recompensa a los mecenas. Mon requirió un total de 120 mil pesos (unos 6 316 dólares) para financiar su gira por México, de los cuales obtuvo 167 mil (8 790 dólares) antes del *deadline*, que pagó a sus seguidores con un concierto que no tuvo costo.

Pero fue con su álbum de 2015, *Mon Laferte Vol. 1*, editado por Universal Music, que la chilena sumó adeptos, y pudo entrar en las estaciones de radio y canales de televisión mexicanos, gracias a su exitosa canción "Tu falta de querer".

"La primera vez que tuve contacto con Mon Laferte fue en 2015, cuando organizamos un concierto de Enjambre en el Palacio de los Deportes", contó a *Sábado* Andrés Sánchez, programador *senior* de rock en español en ocesa y excurador del festival Vive Latino. Es con toda seguridad el promotor de rock hispano más importante de la región. "*Wakks* me la presentó. Mon subiría al escenario con Caloncho, quien esa noche fungía como abridor de Enjambre", recuerda Sánchez. Fue tan bueno el desempeño de la chilena sobre el escenario, que esa misma noche el promotor acordó con el *manager* organizar un concierto Laferte-Caloncho, dupla que arrancó con un recital pequeño en el Teatro Metropólitan y en poco tiempo requirió un foro como el Auditorio Nacional.

La noche que la cantautora y Caloncho debutaron en ese importante escenario, entre los asistentes figuró uno muy especial: el astro español Enrique Bunbury, quien quedó encantado con el desarrollo escénico y la personalidad de la viñamarina. De inmediato quiso invitarla como artista abridora en sus conciertos en la capital mexicana.

"El género de mujeres en el rock es un terreno bien cubierto para nosotros como promotores. Nombres como Julieta Venegas, Natalia Lafourcade, Ely Guerra, Carla Morrison, Ximena Sariñana, la colombiana Pedrina y Río son propuestas con las que hemos trabajado exitosamente durante años", detalló Sánchez a *Sábado*. Sin embargo, el promotor apunta que los astros se alinearon para que Mon supiera llegar "en el momento y lugar indicados".

Uno de los créditos que Sánchez destaca de la propuesta de Laferte es su frescura musical, así como la evolución que la chilena ha impreso en su espectáculo. "Su *show* posee todo: una magnífica voz, presencia escénica, una banda talentosa y bien ensamblada, buena escenografía, carisma. Desde el punto de vista de un empresario, lo tiene todo", afirma.

Al interior del sello Universal Musical en México, algunas voces opinan que si "Despacito", del puertorriqueño Luis Fonsi, no hubiera sido el fenómeno que es, "Amárrame", el sencillo que Laferte lanzo a dúo con el colombiano Juanes en *La trenza*, se habría convertido en el éxito de aquel verano de 2017.

El antecedente de ese suceso radial ocurrió durante la edición 2016 de los Latin Grammy, en una actuación que duró apenas minuto y medio. Mon Laferte y Juanes mostraron tal conexión que meses después se materializó en una colaboración entre ambos que dio mucho de qué hablar, y que luego se convirtió en una serie de presentaciones en Estados Unidos y Canadá.

De la mano de Mon, Juanes pisó el escenario principal del festival Vive Latino 2017, en Ciudad de México, el encuentro de rock hispano más importante del mundo y al que el autor de "La camisa negra" no pudo llegar antes pese a su éxito internacional. Fue la antesala de lo que dos años después sería una gran actuación en Rock al Parque, donde el antioqueño fungió como el artista estelar del legendario festival colombiano.

"Amárrame" les trajo a ambos grandes satisfacciones por igual. La sensual y tropical pieza le valió a la dupla el Latin Grammy 2017 a la Mejor Canción Alternativa. La celebración tuvo eco en Chile, donde la mismísima expresidenta Michelle Bachelet, quien estaba en su segundo mandato del país sudamericano, le extendió su felicitación a través de Twitter. La cantante la había conocido años antes, durante su primer gobierno (2006-2010).

"Me pareció también un gesto maternal, además de ser la presidenta, me pareció bonito, cariñoso de su parte. Esas cosas me emocionan un montón porque en Chile me pasa mucho que, cuando voy por la calle, la gente me dice: Gracias, eres nuestro orgullo. Creo que eso pasa también un poco con el futbol, cuando la gente está orgullosa", contó Laferte a *Sábado*.

Dos mundos diferentes

Las influencias musicales de Mon Laferte son extremadamente variadas, desde el rock hasta el *blues*, la música pop y la electrónica. De ahí que su sonido sea tan único y especial.

En *Norma* (2018), la artista se desprendió del rock, que marcó sus inicios, para introducirse en los ritmos latinos, específicamente en la salsa, inspirada por la banda neoyorquina Fania All-Stars y otros grupos de la década de 1960. Ese álbum, de bases *vintage*, fue producido por el talentosísimo Omar Rodríguez-López (At The Drive-In, The Mars Volta, Antemasque), con quien ya le unía una amistad. El álbum fue grabado en los Capitol Studios (Los Ángeles) al estilo analógico, en una sola sesión.

"Los discos de antes sonaban muy vivos. Quise probar algo nuevo y, la verdad, me gustó. Se nota que algunas canciones están movidas, pero como ya no se puede editar [...]. Aun así, el álbum tiene mucha alma", contó en 2019 a la agencia EFE.

Aunque Laferte ha trabajado con múltiples músicos y productores y ha realizado innumerables dúos, incluido un *cover* al clásico "Feliz Navidad" al lado de la estadounidense Gwen Stefani, la chilena ha hecho del mexicano Manú Jalil un colaborador inseparable y una autoridad cuando de dirigirla en el estudio se trata.

Jalil y el guitarrista chileno Sebastián Aracena fungieron también como coproductores de *Seis,* que fue grabado durante junio de 2020, en un estudio casero que la cantora montó en Tepoztlán, donde también se encuentra la pequeña galería que exhibe parte de su trabajo como pintora, otra de las facetas en las que más ha brillado durante los últimos dos años.

Laferte ha comentado en reiteradas ocasiones que su faceta visual comenzó en paralelo a su gusto por la música y que se acentuó durante el confinamiento. Aunque se declara autodidacta, la cantante ha reconocido que su padre, Francisco Bustamante, es pintor de escuela académica, mientras que su obra "es de línea expresionista".

La artista y activista contó a la revista *Culto*:

Son dos mundos diferentes la música y la pintura. En algún punto llegan a influenciar el uno al otro, pero siento que mi obra plástica es mucho más personal. Es de una profundidad que estoy buscando aún, mientras que la música es honesta y divertida, me dan más ganas de compartir la música. La pintura me la tomo más en serio, es personal, y no siempre quisiera exhibir.

Gestos fue su primera exposición individual, inaugurada en marzo de 2019, en el Museo de la Ciudad de México, hasta donde llegó tras un acercamiento con la alcaldesa Claudia Sheinbaum, a quien le solicitó un espacio para exhibir su obra, según narró un funcionario de la alcaldía a la prensa.

"En la pintura soy yo, es más honesto, por eso que me cuesta hablar de ello. A veces una canción no alcanza, entonces mejor me sale en un dibujo", señaló la intérprete durante la inauguración de *Gestos*.

Las protestas por parte de un sector de la comunidad artística en México no se hicieron esperar, argumentando que mientras reconocidas pintoras mexicanas podían exhibir tan sólo una de sus obras en ese recinto, la sudamericana contaba con un espacio para 76 cuadros.

Otro episodio polémico referente a su rol como artista plástica sucedió en febrero de 2021, cuando Mon Laferte pintó un mural en la ciudad de Valparaíso, en una zona altamente visitada por turistas y protegida por su valor patrimonial, en la costa central de Chile.

Titulada *Día uno*, la obra, de 12 metros de altura, se pintó en un muro de una típica casa porteña. Según la propia Mon Laferte, su creación trata sobre "nuestro ciclo menstrual, de nuestros estados de ánimos en esos días y los dolores de guatita (estómago). Cuando yo era chiquita me desmayaba del dolor", declaró.

La creación de la obra no fue bien acogida por las autoridades locales, que alegaban que la cantante no contaba con la aprobación para pintar el mural. A pesar del rechazo, los vecinos del lugar le expresaron su apoyo a la artista.

Nothing else matters...

Una hazaña más de Mon Laferte incluye a la leyenda californiana Metallica y el álbum conmemorativo lanzado durante la segunda mitad de 2021, a propósito del 30 aniversario de su celebrado *Black Album*.

La cantora ha hablado en diversas ocasiones sobre su gusto por el rock pesado, por lo que su aparición en este ejercicio musical no es raro. Luego se suman otros factores, como el hecho de que comparta sello disquero con el cuarteto metalero y que sea una de las voces latinas más populares de la actualidad.

En todo caso, lo que la centra en la polémica es que la chilena haya interpretado una versión en español de "Nothing Else Matters", algo que los fans más aguerridos de Metallica no recibieron con agrado.

Además de Laferte, *The Metallica Blacklist* incluye artistas como Miley Cyrus, Elton John, Dave Gahan de Depeche Mode, J Balvin, St. Vincent, Phoebe Bridgers, My Morning Jacket, Weezer, Mac DeMarco, Cage the Elephant, Kamasi Washington, Portugal. The Man, IDLES, Rodrigo y Gabriela, y Moses Sumney.

Todas las ganancias de la venta de la colección se donarán a organizaciones benéficas de la elección de cada artista, incluida la propia fundación All Within My Hands de Metallica.

Proyectada como la artista chilena más importante de los últimos años en la música hispana, Mon Laferte equilibra con gran habilidad la inquietud de autor con la vocación masiva. Su *cover* a Metallica es una prueba de ello.

"A mí me costó mucho aprender a creer en mí. Cometí muchos errores en el pasado, fallé, hice muchas tonteras en el camino. Yo he sido el obstáculo más grande que he tenido que enfrentar", concluye con una sonrisa.

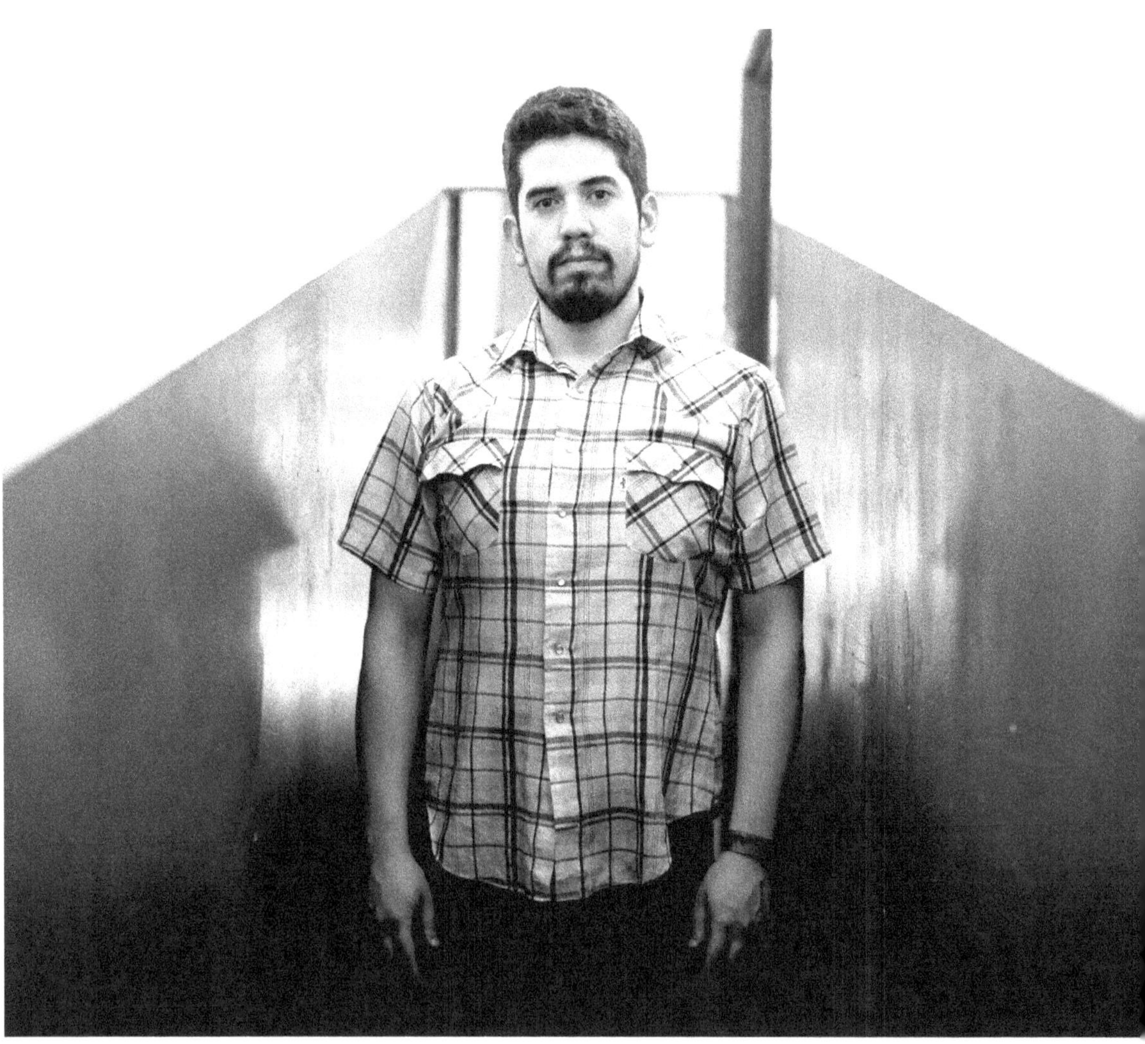

© Carlos Juica

Quemasucabeza en México:
un idioma común

RODRIGO ALARCÓN

Congelador es un grupo creado en 1996 en Santiago de Chile. Sus fundadores son dos hermanos, el guitarrista Rodrigo Santis y el baterista Jorge Santis, y un amigo que conocieron en el colegio, el bajista Walter Roblero. Cuando aún vestían uniformes escolares crearon un fanzine en torno a la música que les apasionaba. Lo diagramaron de forma artesanal, lo fotocopiaron y lo distribuyeron entre sus conocidos. En esos días, sus miradas y oídos apuntaban hacia donde se hacía el tipo de canciones que les gustaban, intrincadas y ruidosas, así que hicieron contacto con sellos discográficos de Estados Unidos y Europa y se escribieron con integrantes de bandas como Sonic Youth y Fugazi. Eran intercambios a la velocidad de los servicios postales. Discos y cartas que circulaban entre casillas de correos, ideas que transitaban de forma subterránea entre el hemisferio norte y el Santiago de los años noventa.

En 1998, cuando hicieron su primer disco, sacaron lecciones de esa experiencia y crearon su propio sello discográfico. Lo llamaron Quemasucabeza, a partir de una extraña frase que un gringo escribió en uno de esos envíos. Luego, cuando quisieron mostrar sus canciones fuera de Chile, apuntaron hacia la frontera más cercana, la vecina Argentina, para presentar su segundo álbum, *Despertar* (1999). En esa época, "música independiente" era una idea que todavía circulaba de forma subrepticia en Santiago, pero estaba más asentada al otro lado de la cordillera, así que tuvieron afinidad con grupos como Suárez y El Otro Yo, con quienes compartieron escenario también en Chile.

Cuatro años más tarde apuntaron más lejos e hicieron un recorrido por seis ciudades españolas junto a La Habitación Roja, gracias a un intercambio que establecieron con el sello Astro Discos, que incluyó una edición en ese país para *Cuatro* (2002), el cuarto disco de Congelador. A cambio, Quemasucabeza publicó a los holandeses Mist, uno de los grupos que integraba la etiqueta española, y les organizó una visita a Chile, así como lo hizo también con La Habitación Roja.

Para esos años, esa clase de vínculos no eran inesperados para Congelador y su sello. Los habían probado vía fanzines y el *indie* español funcionaba también como un espejo en el que podían mirarse. Con meses de retraso, en Chile se conseguían ejemplares de *Rockdelux* y podían leer sobre la música de origen anglosajón que los había influenciado, pero también había una multitud de artistas españoles. Y se podían escuchar las compilaciones que acompañaban cada número, por cierto.

Por eso, Quemasucabeza apuntó hacia allá y asumió como un hito cuando en *Rockdelux* apareció una reseña de *Panorama neutral* (2005), el compilado que publicaron con canciones ya no sólo de Congelador, sino también de solistas y grupos afines como Gepe, Javiera Mena, Mostro y Familia Miranda. "De Chile llega esta recopilación *indie* con doce grupos locales que parecen una cooperativa: comparten miembros, se producen unos a otros y se ilustran la portada", advertía esa crítica, sorprendida por una "música chilena tan interesante —en algunos casos, más— como la de aquí y la del resto del mundo".

A esa altura, Quemasucabeza era algo más que un nombre estampado en discos de Congelador. El equipo se había reestructurado y el trabajo estaba sobre todo en manos de la pareja que formaban Rodrigo Santis y Carla Arias, una periodista que les había ayudado desde sus inicios. A ellos se había unido el ingeniero Rodrigo Madrid, más concentrado en las finanzas y la administración.

Además de editar otros proyectos musicales, en 2004 habían organizado la primera edición de un festival que convocó a unas 400 personas en el santiaguino Teatro Novedades y fue bautizado igual que ese antiguo fanzine escolar: Neutral.

Y ya era hora de que esa palabra se pronunciara con acento mexicano.

La Faena está en el centro histórico de Ciudad de México. Sus paredes y rincones están cargados de objetos que hablan de la antigua devoción mexicana por la tauromaquia, y ese ambiente improbable fue el que recibió a una selección de Quemasucabeza en la noche del sábado 23 de junio de 2007. Era el cierre de una gira que se había iniciado la semana anterior y tuvo paradas en el Foro Alicia, el Centro Cultural de España, el bar vc15, el Festival Internacional Sonorama (Guadalajara) y el local Pulque para Dos (Puebla), además de una pasada por el Tianguis del Chopo.

Su nombre era Gira Neutral. En el cartel de esa noche había dos nombres mexicanos, Kill Aniston y Turbina, y tres chilenos: Javiera Mena, Gepe y el inclasificable dúo Mostro. Los dos primeros recorrían caminos paralelos en esos días y eran quienes concitaban la mayor atención, convertidos en una suerte de celebridades jóvenes e inexpertas. Javiera Mena había publicado el año anterior su disco debut, *Esquemas juveniles*, un concentrado de pop, baladas y espíritu *indie* que incluía una versión de "Yo no te pido la luna", popularizada en los años ochenta por la mexicana Daniela Romo. Gepe recién había estrenado *Hungría* (2007), un segundo álbum que lo aproximó al pop y los timbres electrónicos, luego de irrumpir en tono acústico e íntimo con *Gepinto* (2005) y el EP *5x5* (2004).

"Como primera experiencia, fue superbuena", recuerda Rodrigo Santis, que viajó como cabeza del sello y también presentaba entonces un fugaz proyecto que llamó Barco.

Esa noche llegaron entre 400 y 500 personas y fue interesante para cierto nicho en México. Era una generación que llamaba la atención, sobre todo Gepe y Javiera Mena. Fueron algunos integrantes de Café Tacvba, de María Daniela y su Sonido Lasser y también andaba Jorge González, que en ese tiempo vivía en México. Estaba entretenido ese camarín.

La primera visita de Quemasucabeza a México había comenzado a forjarse el año anterior, cuando Rodrigo Santis y Carla Arias conocieron al periodista mexicano Mario Villagrán, quien seguía estudios de posgrado en Chile. Como ellos, tenía experiencia haciendo fanzines y organizando conciertos, así que trabaron amistad y pronto pensaron en un viaje construido a pulso. Los chilenos se alojaron en un departamento ubicado en los alrededores de la Ciudad Universitaria, compartieron colchones inflables para dormir y lograron algunos tratos: camisetas para estampar y vender en los conciertos —"poleras" decían los chilenos, "playeras" los mexicanos— y una camioneta auspiciada por Grita Radio, para transitar por las caóticas calles del Distrito Federal y viajar a otras ciudades.

Además, en esa incursión descubrieron algo que no encontraban en otras latitudes, ni siquiera en Santiago: "Hubo cierta efervescencia. A Javiera y Gepe los esperaban afuera de las radios, había fans que querían sacarse fotos con ellos y se sabían las canciones. Eran cosas que en Chile no pasaban", compara Rodrigo Santis. "Tampoco tenía relación con la repercusión que habíamos tenido en otras giras. El año anterior, por ejemplo, habíamos ido a Europa y Gepe tocó con Holden en La Maroquinerie, en París. Ese lugar estaba lleno, pero todo era más frío. Lo que hacíamos no era tan llamativo como en México."

Mientras esa Gira Neutral se extendía a Buenos Aires, Quemasucabeza todavía era una palabra que en Santiago apenas dominaban los músicos, medios y auditores más enterados. O en palabras más tajantes reconoce Carla Arias:

En Chile no pasaba nada en cuanto a masividad y comunicación. La única manera de romper eso era mostrar que la música chilena podía trascender afuera. Por eso fuimos a Rockdelux, por eso hicimos el compilado *Panorama neutral*, y por eso los primeros conciertos en México fueron así, en locales chicos. En antros, como dicen ellos.

A partir de esa expedición de 2007, en Quemasucabeza nunca le quitaron la vista a México. "Vamos al menos una vez al año, a veces dos o tres. Debemos llevar unas veinte o treinta visitas", calcula Rodrigo Santis, en una estimación que también considera el trabajo de Armónica, la agencia de *booking* y *management* que funciona de la mano de la discográfica.

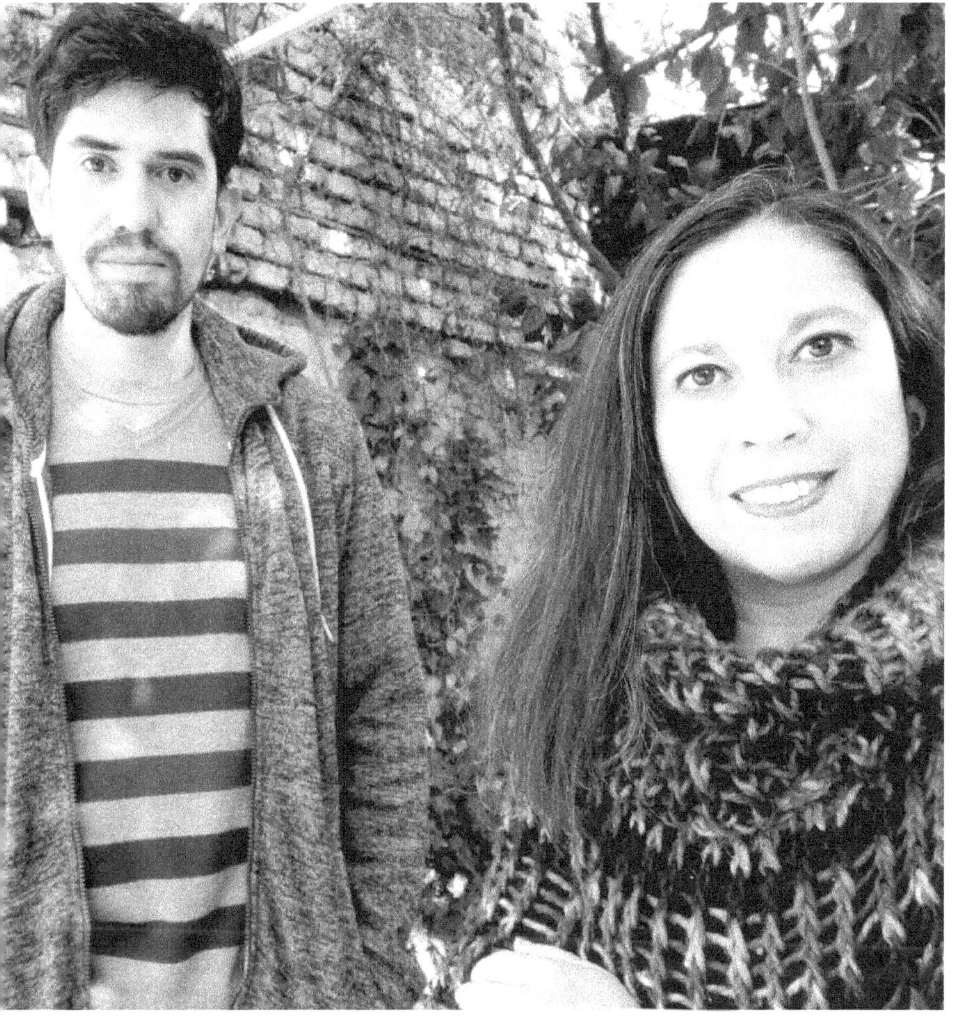

Cortesía de Rodrigo Santis

No fue casual que en 2008 —aunque ya desvinculada de Quemasucabeza— Javiera Mena aterrizara en el inmenso festival Vive Latino, que en adelante mantuvo una permanente relación con el sello. Gepe fue invitado en 2009 (y 2013 y 2016) y a fines de ese mismo año regresó para ofrecer más conciertos. Luego abordó otro avión para mostrar las canciones que formaron parte de *Audiovisión* (2010), su tercer disco, incluso antes que en Chile. Así, se transformó en cara visible de un flujo de música chilena hacia territorio mexicano.

A él se unió Pedropiedra, un chileno que se había instalado en 2007 en Ciudad de México para internacionalizar su banda, CHC, pero acabó iniciando una carrera como solista. Después de hacer contacto con Jorge González y Los Bunkers, también radicados en la ciudad, dio forma a su primer disco homónimo (editado en 2009) y se transformó en aliado habitual de Gepe, que ya lo había incluido en los créditos de *Hungría*. Tocaron juntos en ese Vive Latino 2009 y Pedropiedra volvió con sus propias canciones en 2010 y 2012, ya integrado oficialmente al catálogo de Quemasucabeza. Su primer disco para el sello fue *Cripta y vida* (2011), registrado precisamente en Ciudad de México.

Pedropiedra y Gepe fueron nombres chilenos que se hicieron habituales en la cartelera mexicana, pero no los únicos. Álex Anwandter, Astro, Fernando Milagros, Francisca Valenzuela y Manuel García seguían el mismo camino. En 2008, por ejemplo, ambos compartieron escenarios con el dúo rocanrolero Perrosky, y aunque estos tienen hasta hoy su propio sello, Algorecords, esos conciertos fueron promocionados como una segunda edición de la Gira Neutral. "Cuando se juntaban algunos chilenos le poníamos Neutral para hacer más llamativo el evento. Incluso una vez lo hicimos y no estábamos allá", explica Rodrigo Santis. Carente de formalidad, ese ejercicio promocional tuvo una consecuencia inesperada: hoy no es sencillo contestar cuántas ediciones ha tenido el festival Neutral en México. "Incluso internamente siempre tenemos esa disyuntiva", admite algo divertido.

La primera versión oficial se anunció recién en 2015. Entre el 2 y el 4 de julio de ese año, repartidos entre el Foro Indie Rocks! y Sala, hubo conciertos de Gepe, Pedropiedra y otros cinco nombres que se habían incorporado paulatinamente al sello: Fakuta, Protistas, Ases Falsos, Prehistöricos y el argentino Coiffeur, más los tijuanenses Vaya Futuro. Toda esa programación fue difundida entonces como el debut del evento en el país, pero esa condición no es clara, cree Rodrigo Santis: "En rigor, probablemente ese sea el cuarto Neutral en México, porque antes hicimos esas versiones muy pequeñas. Históricamente, el primero es el de 2007 y los que vinieron después ya son de una segunda etapa."

"Pasó lo mismo en Chile, Neutral fue un *show* que organizó Quemasucabeza y luego se convirtió en un concepto para promocionar música. Eso se aplicó en México, pero cronológicamente es un enredo", agrega Carla Arias. "Lo que pasa es que en esta segunda etapa ganamos un proyecto y tuvimos fondos para llevar a esas bandas y mostrar lo que pasaba en Chile. El plan también era abrir caminos a la música chilena en general, no sólo a Quemasucabeza."

Haya sido la primera o la cuarta, esa versión de Neutral ratificó una sensación que permanecía en Quemasucabeza desde 2007: ahí había una audiencia con disposición completa para escuchar sus canciones, comprar sus discos y seguir sus pasos. "El público es muy demostrativo y, en general, conectan mucho con la música chilena. Te dan ganas de presentarla allá", sintetiza Carla Arias.

Ya en 2012, Gepe habló en el mismo tono para *Canciones del fin del mundo*, el libro del periodista Manuel Maira:

No digo que vendamos muchos discos ni repletemos lugares, pero es un cariño especial. Me han pasado cosas bacanes. Los Café Tacvba son superfans, siempre están cabeceando en las tocatas cuando voy para allá y me hacen comentarios, me mandan *mails*, es un honor. La Julieta Venegas es fanática también, voy a su casa y tomamos once.

No eran los primeros que llegaban a la misma conclusión, claro. Con sus 21 millones de habitantes, sólo Ciudad de México ya concentra mayor población que todo Chile. Es un país colosal que ofrece públicos para los más diversos sonidos, pero particularmente atento a reconocer el acento chileno. Quemasucabeza se plegó a esa tradición de hospitalidad vigente desde las entrañas del siglo xx, en la que se pueden ubicar historias tan dispares como las de Mon Laferte, Los Bunkers, La Ley, Los Tres, Monna Bell, Los Ángeles Negros, Lucho Gatica, Sonia y Myriam y Los Hermanos Arriagada. "Creo que chilenos y mexicanos tenemos una especie de bajo perfil en común. Nos caemos bien", aventura Rodrigo Santis. "México tiene muchas cosas que ves en Chile, pero son más sabrosas. Para uno es llamativo porque te sientes en tu hábitat, pero en la parte más entretenida".

Acostumbrada a acompañar a Gepe durante sus giras, Carla Arias tiene un ejemplo para probarlo: los regalos. No sólo los que él recibe de parte de sus seguidores, también los que incluso ella ha traído de regreso a Santiago. Calacas, turrones de amaranto y toda clase de objetos obsequiados en encuentros fugaces, escenificados en hoteles, pruebas de sonido, teatros a la espera de público o ya vaciados. "Gepe va a México con una maleta y después vuelve con un montón de cosas que no le caben", se ríe.

A Lucho Gatica le gustaba contarlo. Cuando era un recién llegado a Ciudad de México, camuflaba su voz con un pañuelo y llamaba por teléfono a las radios para pedir sus propias canciones. Mezcla de atrevimiento y autogestión, ese ejercicio ilustra el ímpetu que lo movía antes de transformarse en un astro de nivel continental.

Más de medio siglo más tarde, las condiciones no eran tan distintas para quien trabajara en Quemasucabeza. De hecho, eran más distantes: desde Santiago, rastreaban nombres de editores y personajes activos en medios de comunicación, tomaban el teléfono, llamaban con insistencia y buscaban espacios de difusión para sus actividades.

Por eso, en 2015 el sello tomó una decisión que pretendía salvar la lejanía: abrir una oficina propia en Ciudad de México, con un equipo pequeño pero constante, conocedor del país, su idiosincrasia y sus laberintos burocráticos. Desde la primera visita contaban con la ayuda de amigos y la colaboración del fotógrafo chileno Carlos Juica, una suerte de embajador que podía oficiar tanto de anfitrión para músicos de gira como encargarse de repartir discos en tiendas, pero ya era tiempo de un enclave permanente.

Así, México fue una palabra que se repitió en Quemasucabeza durante ese 2015. El último día de febrero, los fundadores Congelador se presentaron en el festival Normal, donde también tocó el argentino Diosque, otro artista que se había unido al sello. Dos semanas más tarde, Ases Falsos debutó en el Vive Latino, como parte de una visita que además incluyó Monterrey, Toluca y Tijuana. A fines de 2013 el grupo había hecho su primera salida internacional precisamente hacia México, con paradas en Tijuana, Toluca y el DF, donde mostraron *Conducción* (2013), su segundo disco y el primero editado por Quemasucabeza.

Y aquel Neutral México de 2015 tuvo secuelas. Un año después, el Foro Indie Rocks! acogió otra versión, ahora con una selección de música editada por Quemasucabeza o cercana a su estética. Entre los primeros figuraron Maifersoni, un proyecto que se había incorporado al sello con el disco *Maiferland* (2015); Caravana, la veta solista de Rodrigo Santis, y Felicia Morales, la chelista que por años tocó en la banda de Gepe. En el segundo grupo se podía ubicar a Cristóbal Briceño, el vocalista de Ases Falsos, en plan individual, y Juan Pablo Ábalo, un autor de pop elegante y algo oscuro. A ellos se sumaron Silva de Alegría, el proyecto solista de un integrante de los mexicanos Furland, y Algodón Egipcio, un productor venezolano que entonces ya se había establecido en Ciudad de México.

Dos años más tarde, el 1 de noviembre de 2018, tuvo lugar una tercera edición oficial de Neutral en México, ya con el Foro Indie Rocks! como casa habitual. Fue más heterogénea, con Pedropiedra como carta tradicional y dos nombres recién incorporados a Quemasucabeza: Niños del Cerro y Armisticio. También tocaron Fármacos, Spiral Vortex y el trío chileno-mexicano Lanza Internacional, que los hermanos Francisco y Mauricio Durán (Los Bunkers) habían iniciado el año anterior con el baterista Ricardo Nájera (Instituto Mexicano del Sonido).

Como en la edición anterior, en ese Neutral figuró Vaya Futuro, pero ahora en una condición distinta: Quemasucabeza los había fichado y *Tips para ir de viaje* (2017), su tercer álbum, se transformó en el primer (y único) título mexicano en su catálogo. Rodrigo Santis explica:

Nos habría gustado sumar más bandas y hemos conversado con algunas, pero generalmente han tenido todo armado y es difícil meterse en esas estructuras. Cuando nos topamos con Vaya Futuro ellos justo habían dejado de trabajar con otra gente y coincidimos. Estábamos allá, podíamos ser su equipo, y les gustaban nuestras bandas.

Ese "estábamos allá" es literal: Rodrigo Santis, Carla Arias y sus hijos se habían ido a vivir a un departamento que encontraron entre las colonias Polanco y Granada y permanecieron ahí durante todo 2017. Estudiaron, hicieron amigos, vieron de cerca cómo funcionaba la industria musical y experimentaron en carne propia el caos, el sabor y la vida de la Ciudad de México.

También su intenso movimiento, literalmente.

Domingo 22 de octubre de 2017. Esa fue la fecha que la administración del Teatro Metropólitan les ofreció a Carla Arias y Rodrigo Santis cuando tocaron su puerta para negociar un concierto de Gepe. Faltaba cerca de un año todavía, era apenas un mínimo espacio dentro de una programación copada por nombres populares, pero la tomaron igual. Organizar un evento de proporciones mayores, ocupar un escenario importante de la ciudad, era un desafío que se habían impuesto como parte del aterrizaje en México.

Lo que no sabían, por supuesto, era lo que nadie sabía: que en la tarde del 19 de septiembre de ese año un terremoto de 7.1 grados Richter iba a dejar casi cuatrocientos mil muertos, miles de lesionados, múltiples edificios dañados y una herida profunda en el centro del país. Faltaba un mes para el concierto, justo el periodo de tiempo en que debían intensificar una agenda promocional que contemplaba vallas publicitarias, firmas de discos, transmisiones en plataformas digitales y apariciones en medios de prensa. "En ese contexto, era muy raro salir diciendo 'anda al *show*'", recuerda Rodrigo Santis.

Aun así, lo hicieron. Oficialmente fue el lanzamiento de *Ciencia exacta* (2017), el sexto disco de Gepe, pero en realidad tuvo mayores dimensiones: más de dos horas de extensión y varios guiños a México, con un homenaje al recientemente fallecido Juan Gabriel, una versión de Café Tacvba ("Las flores", parte del mismo álbum) y una aparición de integrantes de Los Parientes de Playa Vicente para un segmento de música tradicional. Seis años antes, Gepe había pisado por primera vez ese escenario como invitado para un concierto de Carla Morrison, pero esa noche se consagró como anfitrión, a una década de su primera visita al país. "Eso lo hizo emotivo, era un logro. Fue como la primera vez que hicimos un Teatro Caupolicán en Santiago, son escalones que van pasando los artistas", valora Rodrigo Santis. "México es gigante y hay escenarios mucho más grandes que el Metropólitan, pero para una gestión más independiente como la de nosotros, fue un hito."

Después de pasar por salas como el Teatro de la Ciudad (que aparece en el videoclip de "En un gran vacío") o el Plaza Condesa, Gepe y Quemasucabeza anotaron ese concierto como el fruto de un esfuerzo mayor. "Con toda la adversidad del terremoto, armarlo igual fue de terror. Hasta el último minuto pensamos que no íbamos a poder hacerlo", dice Carla Arias. La adversidad incluyó pasajes cancelados para un equipo de producción que viajaría desde Chile y una infinidad de llamadas, correos y gestiones que quedaron sin respuesta. Mientras ellos intentaban afinar los detalles de un espectáculo, las instituciones públicas estaban superadas por la catástrofe.

Hay una anécdota que ilustra esa tensión. Según la planificación, el concierto sólo comenzaría luego que se exhibieran los logos de las marcas que lo auspiciaron, pero todo salió mal: Gepe no recibió la indicación que esperaba y entró antes, con las imágenes todavía proyectadas sobre el escenario. ¿Por qué? "Porque yo era la responsable, pero la gente del teatro me avisó que afuera me buscaba alguien de la SACM [Sociedad de Autores y Compositores de México]", responde Carla Arias. No era una visita cualquiera. Una de las muchas gestiones que habían quedado sin respuesta era precisamente con la entidad que se encarga de los derechos de autor en México. Sin los documentos adecuados, el concierto no se podía realizar, así que Carla Arias salió apurada y con una carpeta atestada de papeles que acreditaban sus intentos por concretar el trámite: "Estaba preparada sicológicamente para lo peor", describe.

Pero no ocurrió nada. Todo estaba en regla y el concierto, que a esa altura ya había comenzado, se hizo como era esperado. Como un éxito.

La última versión de Neutral en México, la de 2018, tuvo entre sus invitados a Niños del Cerro, un quinteto que se incorporó ese año a Quemasucabeza con su segundo disco, *Lance*. Ese viaje les sirvió para ofrecer otros tres conciertos en días corridos: el jueves 8 de noviembre en Nodriza Estudio, en Monterrey; el viernes 9 en las Semana de las Juventudes, en el Zócalo de la capital, como parte de un cartel encabezado por Pixies, y el sábado 10 en el Foro Alicia, el mismo que acogió la primera Gira Neutral por México. Seis meses más tarde, regresaron para la feria Fimpro en Guadalajara y anotaron otras dos actuaciones en la capital: el 1 de junio junto a los también chilenos Protistas, en el pequeño Foro 316, y el miércoles 5 en Frëims, un coqueto espacio ubicado en la colonia Condesa.

A un par de kilómetros de ese último local se extiende la avenida Cuauhtémoc, que terminó titulando no sólo una de las canciones que el grupo publicó después de esos viajes, sino un EP completo: *Cuauhtémoc* (2020), editado a comienzos de 2020, comenzó a forjarse en esos barrios. "En ambas visitas nos hospedamos cerca de esta avenida. Me gustó el nombre y después rayé con el personaje", explica Simón Campusano, el vocalista de la banda y autor de esa letra, que conjuga el recuerdo del último tlatoani con versos más personales. "Sentí que su historia se conectaba con la de Latinoamérica entera, como un relato universal. Hice la letra vagamente inspirado en eso, desde un punto de vista más emocional que político o histórico."

Más allá de esa canción específica, México se había mostrado ante Niños del Cerro como el país gigantesco y orgulloso que por años han encontrado sus visitantes: "Las grandes avenidas tienen nombres aztecas, de personajes de la historia, y eso te dice mucho sobre cómo ven su propia cultura e identidad. No necesitas ir a un museo. Lo ves en la calle, en los nombres de muchas personas. En Chile eso se da menos", compara Simón Campusano. En ambas visitas, además, el grupo comprobó que sus canciones eran escuchadas por un público igual de cálido que el de la primera Gira Neutral, realizada más de una década antes. "Eso nos marcó. Tienen una relación mucho más intensa con la música, lo viven de otra forma."

La hospitalidad se mantuvo inalterable, pero los visitantes habían cambiado. Nominalmente, porque los integrantes de Niños del Cerro apenas estaban en edad escolar en 2007, pero también porque Quemasucabeza se había transformado. El sello nació al alero de un grupo inclinado a la experimentación, como sigue siendo Congelador, y luego congregó a personas que desprejuiciadamente se abrieron al inmenso abanico del pop. Así, su catálogo se pobló de ritmos, melodías, modismos y códigos reconocibles en latitudes diversas, pero sobre todo ancladas a Latinoamérica. La discografía de Gepe ilustra bien ese curso, con la incorporación de sonoridades andinas, reguetón, bachata, cueca y tonada, además de invitadas como la mexicana Carla Morrison y las peruanas Wendy Sulca y La Lá.

No era insólito, entonces, que Niños del Cerro, un grupo de identidad irremediablemente latina, acabara usando un título tan mexicano como *Cuauhtémoc* en un EP publicado por Quemasucabeza. Los primeros contactos del sello con el exterior habían sido en inglés, pero sus publicaciones más recientes reivindicaban el castellano que se habla en este continente. "Cuando empezamos teníamos contactos con sellos de afuera y queríamos ver qué pasaba en otros lados, pero la escena latinoamericana que conocíamos no era muy grande. No sabíamos mucho de lo que pasaba en Venezuela, Perú o Colombia", reconoce Rodrigo Santis.

Luego, viajaron a México y cambiaron para siempre.

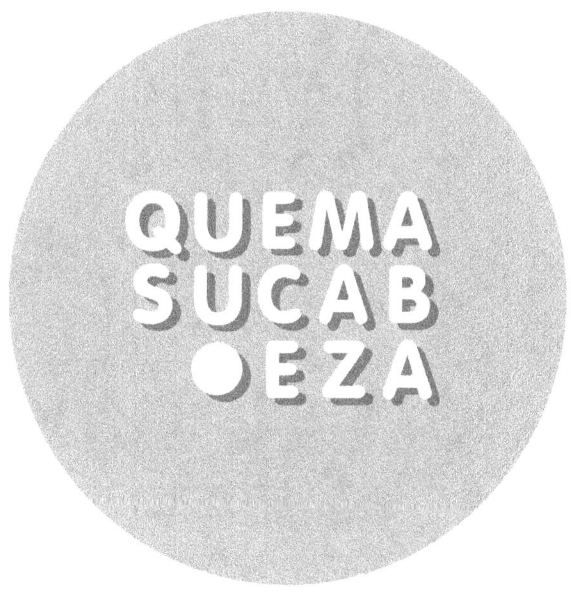

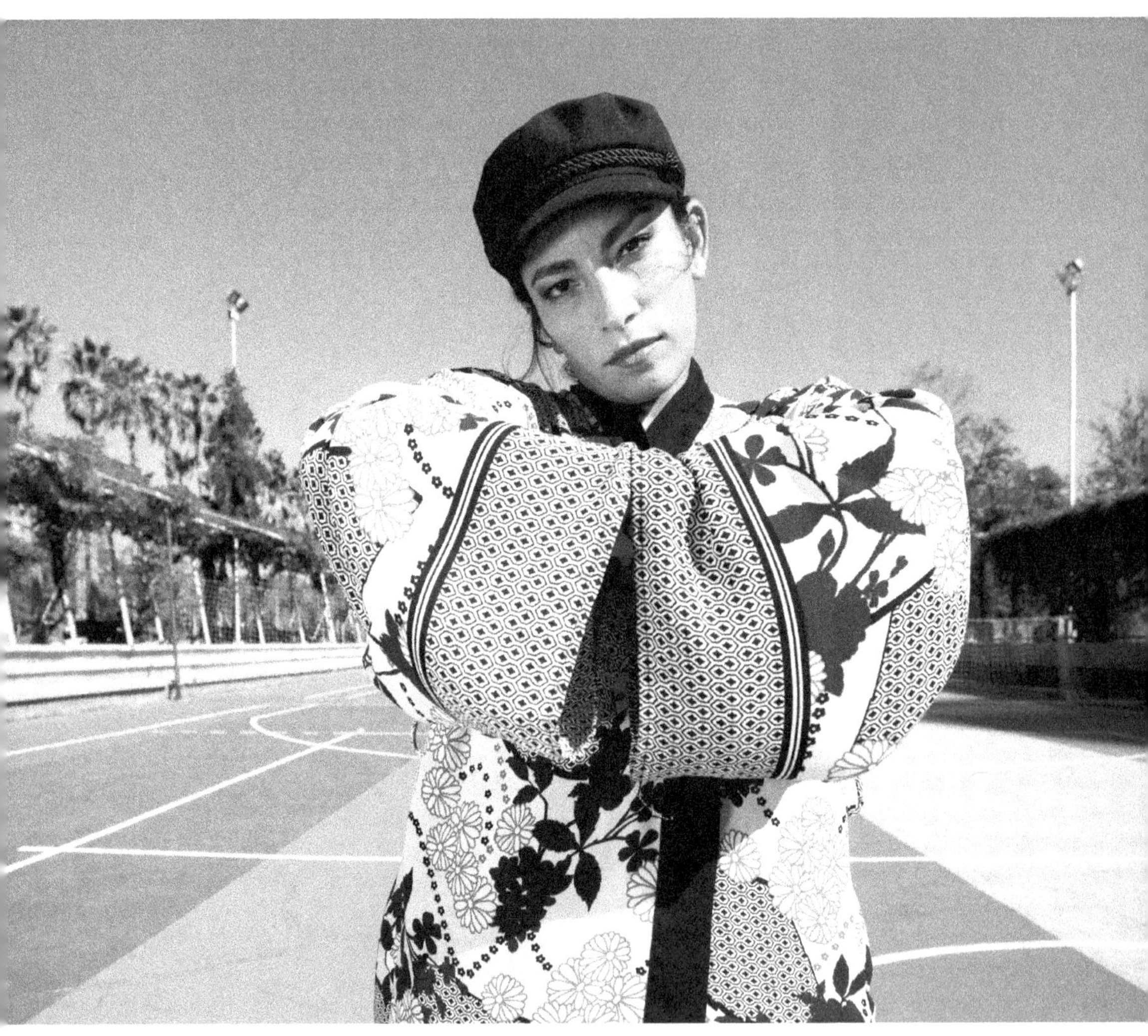

© Pilar Castro

El México musical, colorido y resistente de Ana Tijoux

ANGIE GIAVERINI

Escribe como quieras
Usa los ritmos que te salgan
Prueba instrumentos diversos
Siéntate al piano
Destruye la métrica
Grita en vez de cantar
Sopla la guitarra y tañe la corneta
La canción es un pájaro sin plan de vuelo
Que jamás volará en línea recta.
Odia las matemáticas y ama los remolinos.
Violeta Parra

Sus ojos rasgados, su piel morena, su sangre migrante y su canto contestatario van armando el inconfundible retrato de Ana Tijuox, una de las cantoras latinas más significativas del siglo xxi. Su camino como creadora es inquieto, mestizo, incesante. Es una mujer que ha forjado su creación con la delicadeza de una artesana, que sabe por instinto cómo dar forma y color a su obra. Conversar con ella, siempre es un encuentro veloz y sabroso, posee la rabia en su justa medida, rapea lo que venga y te desafía a un juego de palabras que si logras alcanzar, ya estás arriba y podrás disfrutar de su particular humor, riendo del error y de lo absurdo.

Como sucede con una verdadera artista, su paso siempre es una explosión de energía e intensidad; para nadie es imperceptible su nombre y menos su presencia. Su rap traspasa estilos y generaciones. Su música hace visible lo invisible.

De su vida existen cientos de recovecos en los cuales podríamos entrar para descifrar el cauce de su talento, algunos públicos y otros que pertenecen a sus silencios. Sin embargo, en este capítulo sólo nos centraremos en su relación musical con México, en sus colaboraciones creativas y en sus opiniones críticas al poder y la industria.

¿Tu relación con México inicia con Julieta Venegas?, ¿es esa tu primera colaboración?

No estoy segura. Estoy pensando si fue con la Julieta efectivamente o fue otra cosa con otra persona. Yo creo fue Julieta. O sea, el primer acercamiento que tuve con la música en México, con colegas, creo que fue con ella. Julieta en esa época había hecho un tema para *Amores perros*, la película, producido por Gustavo Santaolalla. Espero contarlo bien... En esa época Makiza* trabaja con Romero y Campbell**; la productora Romero y Campbell no sólo trabajaba con teatro, trabajaba con algunas bandas y particularmente con la Javiera Parra, Makiza, La Rue Morgue*** y Julieta. Teníamos un enlace por ahí con la Carmen y la Evelyn, y un día —te hablo del año 99 o 2000— yo le comento a la Carmen que me gustaba mucho el trabajo de Julieta, y me dice: "Oye, ella te quiere mucho también". Y nos empezamos a mandar mensajitos a través de la Carmen, como de buena onda, porque yo cachaba Tijuana No! de antes, que era el grupo que tenía con la Ceci Bastida, la primera agrupación que tuvo la Julieta en Tijuana. Pero nos conocimos después, en el 2004 para la película *Subterra*, donde grabamos "Lo que tú me das". Ese es el primer acercamiento, quizás, a la escena mexicana. Después grabamos "Eres para mí". Tengo dudas si Julieta fue con la primera con quien colaboré.

---

* Makiza es la primera banda de *hip hop* de Ana Tijoux junto a Cenzi y Seo2, fundacionales del *hip hop* chileno en la primera década del siglo xxi. Su legado se compone de tres discos y abrió nuevas vías de influencia para el desarrollo del género en Chile.

** Romero y Campbell es una productora liderada por Evelyn Campbell y Carmen Romero, quienes desde 1992 concentran la circulación y promoción de las artes escénicas de Chile.

*** La Rue Morgue es una de las bandas con mayor resonancia en el prolífico rock chileno de la segunda mitad de los los años noventa. Destaca por el aire *bluesero* de su sonido y las temáticas de amor de sus canciones.

Con Lila Downs también has colaborado…

Sí, claro. Me tocó hacer una primera parte en Nueva York. Hicimos un tema juntas también, y luego un gran concierto en el Teatro Municipal de Santiago. No sé si he hecho más colaboraciones. Bueno, nos hemos cruzado con Los Cojolites y nos hemos mandado buena onda; con Celso Piña también, lo invité a "Calaveritas". Mira, que estoy segura de que después de que termine la entrevista me voy a acordar de otros nombres, pero creo que eso sería a grandes rasgos lo que me acuerdo ahora. ¡Ah!, miento, miento, miento; la primera vez que grabé con un grupo mexicano fue con Control Machete, en Estudios El Cielo, en Monterrey, en el año 2001. Grabamos con todos los miembros de Control en esa época. Esa fue la primera vez que grabé con un grupo mexicano, creo que fue antes de la Julieta, o durante, o en un momento de calendario más o menos paralelo

¿Recuerdas la primera vez que viajaste a México?

Sí, fui a grabar en El Cielo, que era un estudio, que no sé si existe todavía. Era como cachar que los locos tenían mucha maquinaria o toda una red de producción mucho más desarrollada que la que había en Chile. En esa época, en Chile se grababa muchas veces en el Estudio del Sur, que estaba en Plaza Dignidad. Era como un estacionamiento, de los más grandes que yo había conocido. Pero cuando llegué a El Cielo, era como ¡pfff!… ir a un estudio aun más grande, más gigante. Yo siempre sentí mucho afecto por México con Chile y Chile con México. Fue darme cuenta que era una industria con más dinero, en ese sentido, con más implementos; a pesar que la industria chilena estaba bien avanzada con el material que tenía, sobre todo en talento, en términos de música. Yo me sentía bien par. Creo que tampoco sentí esa energía que mucha gente dice, que hay que conquistar México, como un trampolín, tampoco lo sentí así cuando chica.

Eso fue en lo musical. Pero la primera vez que conocí México, lo que me impresionó fue el nivel cultural que tenía, que tiene el pueblo mexicano. Una cultura ancestral, más encima, como México es grande: DF es gigante, Ciudad de México es inmensa. Claro, una se siente como ¡guau!, acá hay mucha cultura, hay mucho por descubrir y conocer; solamente en una pura ciudad en términos culinarios, en términos de colores, en términos de grandilocuencia. La primera vez que fui a Chapultepec, al Museo de Antropología, las librerías gigantes, todo era gigante, todo muy grande. Esa sensación como de grandeza. A pesar, claro, que colinda con otro imperio. México es otro imperio supergrande culturalmente, tiene mucha raíz y mucha historia. Entonces creo que eso me impresionó, como desde la diversidad culinaria, que es muy distinta. ¡Cómo se come! Las tortillas, los tacos al pastor, los tequilas, los mezcales, los alcoholes, lo colorinche, lo típico que uno hace, pero que es normal hacerlo. Es visitar el Museo de Frida Kahlo y todo como lleno de colores, como bien chillón también, no lo sé. Ver cómo el verde es muy verde. Los colores son como bien flúor para mí en México. Eso fue lo que más me impresionó, como el *background*, su diversidad y riqueza cultural.

Una de tus colaboraciones más destacada es la que realizaste con Molotov, en su MTV *Unplugged*; ¿en qué contexto la realizas y cómo fue esa experiencia tan mexicana para ti?

Con Molotov estuvo bueno, pero fue hace poco, unos tres años atrás, creo. Ellos hacen su primer MTV *Unplugged* y se me cita a cantar un tema con ellos. Entonces me invitan a México a grabar, y coincidió que cuando se graba, me encuentro con un amigo que es Mark Nishita, *Money* Mark, con quien habíamos grabado juntos en Estados Unidos. Él se hizo bien conocido porque es un japonés gringo bien loco que hace todos los teclados de Beastie Boys. Esos teclados son míticos. Él tiene una manera de tocar muy especial, y nos habíamos conocido antes. También estaba invitado otro loco, el *Serbi*, Djordje Stijepovic, que es un serbio que toca contrabajo con Motörhead. Y a la vez estaba una productora tremenda, una mujer que fue la que produjo todo ese tremendo *Unplugged*; es bien conocida como la primera productora mujer en el mundo del rock. Que pena olvidar su nombre. Es que me dijeron una cantidad de nombres y no me acuerdo. Fue muy bonito. Ella no conocía a los Molotov y era como la matriarca en el estudio de grabación. Porque esto se ensayó en el estudio de grabación, y después se trasladó a este plató televisivo. Esa ha sido una de las tantas colaboraciones con colegas mexicanos y mexicanas.

Vive Latino es el festival más importante de la región, ¿recuerdas el proceso de tu paso por este?

Sí, claro, es que el Vive Latino es el festival más grande de Latinoamérica, es gigante, es un gran monstruo. O sea, de seguro que eso ayuda y catapulta a cualquier artista que va. Yo creo que negar eso sería superdeshonesto. Obviamente es como una plataforma, como un trampolín para algo. Y los mexicanos, si tienen algo, es que son superfieles a sus artistas, tienen una cosa de muy seguidores. Es un pueblo muy cariñoso, México. Yo creo que por eso hay tantos colegas que se van para allá, porque hay un cariño del público, que más encima es muy honesto a la hora de verbalizar o de demostrar los afectos. En mi caso, no podría negar la ayuda de la radio Ibero, que fue una de las primeras radios que me tocó mucho y fue siempre muy cariñosa conmigo. El primer sello que me editó fue Intolerancia. Ellos fueron de las primeras disqueras independientes chilangas, y tienen su propia carpa musical en el Vive Latino. De hecho, hartos chilenos fueron a tocar en esa carpa. Ha sido superimportante para nosotros. Yo les debo muchísimo... Para mí, Intolerancia fue como la primera gente que creyó en mí, me dieron mucha ficha, fueron una tremenda puerta para mí allá.

Me acuerdo que había un local también bien importante, por el cual atravesaron todos los músicos: pasó Gepe, Pedropiedra, Los Bunkers, todos pasaron por ahí. Su nombre también me olvidé, jajaja. No es un local muy grande, pero era un espacio que apostó harto a la música chilena, o yo tenía esa impresión. Tengo mucho afecto por ellos, lo que te decía antes. Entre que el público mexicano es muy cariñoso, y claro, tenían muchas radios y muchas revistas, todo se fue dando. Allá existen muchos más medios de comunicación, muchos más que en Chile. Como que en Chile yo me acuerdo que estaba la Rock & Pop y algún fanzine alternativo. Tengo el sabor que había una posibilidad de dar entrevistas en muchos medios independientes, y los medios independientes en Chile eran bastante reducidos en comparación a este México, que era todo grande y grandilocuente.

¿Cuál es tu relación actual con México, qué estás escuchando o con quién te gustaría realizar alguna colaboración?

La verdad es que a mí no me gusta mucho soñar con colaboraciones porque a veces sueño mucho y no pasa. La verdad es que no tengo a nadie en la mira. Termino siempre escuchando muchos discos clásicos. Me gustan mucho Amparo Ochoa y otras personas más. Aparte que siento que las colaboraciones tienen que pasar nomás, son como mágicas, sobre todo en una época que como que todas, o por lo menos muchas de ellas, son como estratégicas: yo te doy esto y tú me das esto. Responde más a una estrategia digital que a una intención real. Mira, por ahora estoy escuchando temas de la Natalia Lafourcade. Son muy bellos, compone muy lindo. No sé si alguien nuevo. No me he informado, sería mentirosa diciendo qué pasa ahora en México. Creo que lo último que escuché mucho fue la Natalia Lafourcade. Bueno, y Los Cojolites, que siempre los escucho, siempre me han gustado mucho. México es un país muy querido. Lo que sí, es que es mucha data, es como que uno va y ¡ufff!, para mí es superintimidante. A mí me intimida, me intimida mucho. Me da mucha curiosidad también, me da miedo. Lo miro y digo: México es muy loco y ruidoso y pasa de todo, todo el rato, es muy arriba. Es intimidantemente creativo. Lo veo como un país muy cariñoso y muy visceral.

Para muchos músicos es importante estar en México, los hay que esperan llegar hasta él como una estrategia laboral; ¿qué piensas acerca de eso? Encuentro horrible esa sensación de conquista. Es horrible. Yo no coincido y estoy súper en desacuerdo. Qué triste un país que ha sido tan golpeado. Ya han sido demasiado conquistados. Lo que tenemos que ir a hacer allá es compartir y dialogar. Esta cosa de la conquista y el trampolín me parece un poco triste, y minimiza las posibilidades respecto de lo que es México.

¡México no es una estrategia! México es un país fronterizo con Estados Unidos y con América Central. E insisto, es un país muy golpeado. Y, aparte, claro, la zona de Guerrero no tiene nada que ver con otras zonas. Cada estado es un mundo, uno no tiene nada que ver con el otro. Son extremadamente distintos. Bueno, como todos los países grandes, incluso como Chile. Hay muchos Méxicos dentro de México.

Mi experiencia, el tener tremenda cercanía, la cantidad de periodistas, artistas, políticos medioambientalistas asesinados… Decir que uno quiere conquistar México para triunfar me parece una falta de respeto por todas las luchas mexicanas. Creo que más bien tenemos que pensar de otra manera nosotros y estructurarlo de otra manera. Quizás tenemos que ir a compartir nuestra música y aprender de México, no a conquistar México. Creo que tenemos que dejar ese rollo de capitalizar el territorio, sino de impregnarse en el territorio, que es muy distinto.

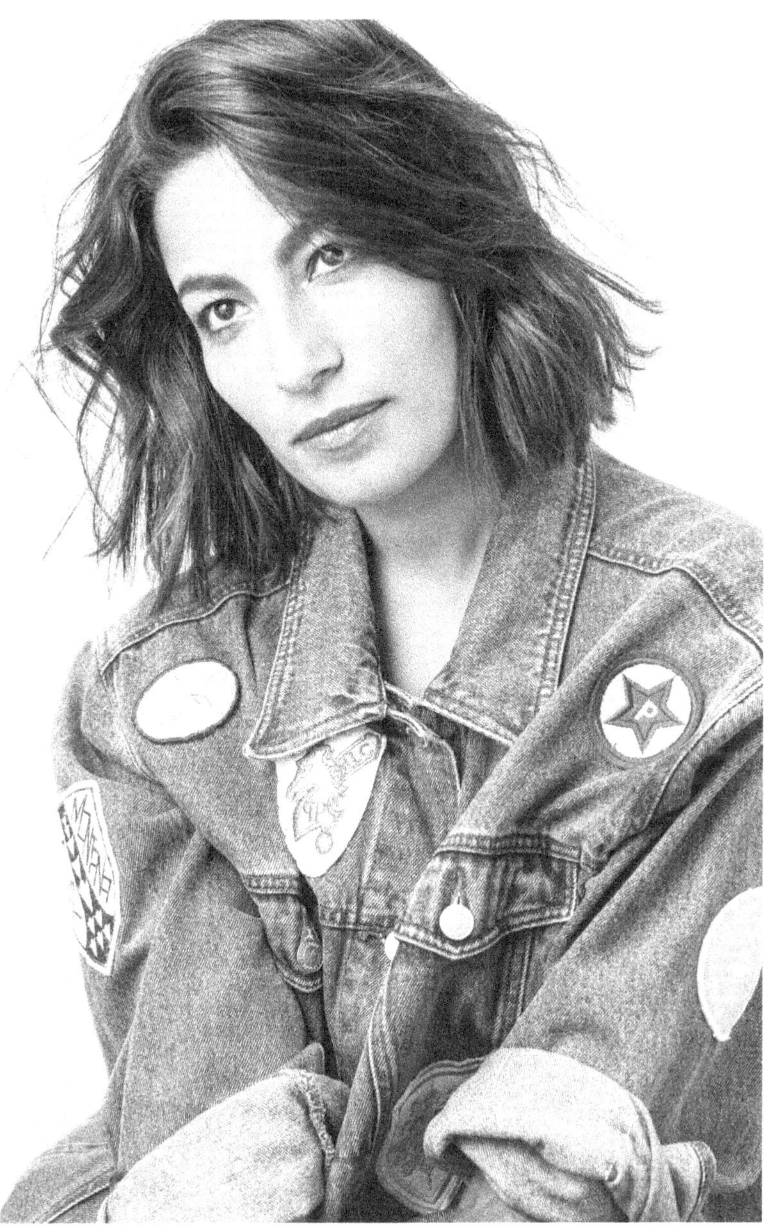

Otro de los guiños interesantes que podemos encontrar entre Ana y México es su admiración hacia la Revolución mexicana. En su disco *Vengo*, en el arte del mismo, a cargo Pablo de la Fuente —ilustrador que trabaja bajo el seudónimo Diablo Rojo—, podemos disfrutar la imagen de la joven Adela Velarde Pérez. En la ilustración ella aparece de pie con su fusil y en una de sus manos sostiene una planta que sobrevive en un poco de tierra. Estos símbolos nacen de largas conversaciones y brebajes entre ambos artistas, ponen en relieve la acción política de las mujeres y su protagonismo tantas veces negado en el acontecer histórico, estrechamente vinculado a la defensa de la tierra y sus comunidades.

La Revolución mexicana, al igual que las historias de resistencia de las distintas comunidades de ese país, es algo que te hace eco; ¿cómo ves el escenario político de México?

México, para mí, está en esa sensación respecto a la resistencia que sentí en Estados Unidos con los chicanos, más que en México mismo. La sentí más con los colegas de Nuevo México, en Arizona, que más encima eran territorio mexicano antiguamente. Darme cuenta que todos hablan mexicano, que finalmente es como "el otro México espejo", el otro lado. Y claro, ahí ver la realidad de los colegas, de los jornaleros, de los que esperan en la esquina que llegue la camioneta para llevarlos a trabajar.

Una de las experiencias que me tocó vivir en zonas fronterizas fue cuando toqué en Nogales y en Tijuana. Me tocó ir a cantar a los diez años del fandango fronterizo. Nos invitan con la Shadia[****]. Nos vamos a San Diego y cruzamos a Tijuana. Fuimos a un conversatorio y fue muy impresionante porque toda la zona estaba con alambrado; son puras grandes empresas israelíes las que lo hacen, que se instalaron con Palestina. Y después hacen un *copy-paste* de cómo se tienen que hacer. Es muy impresionante porque esa reja que está en Tijuana en particular, es una reja que se ve al otro lado. No es cualquier reja. Entonces la gente se junta una vez al año. Viene mucha gente de México, muchos sin papeles, migrantes, a

____

[****] Shadia Mansour es una rapera británico-palestina que colabora con Ana Tijoux en la canción "Somos Sur" del disco *Vengo*.

juntarse al borde para hablarse a través de esta muralla enrejada y a cantar fandango, este fandango a través del muro, para ver a su familia una vez al año en este lugar.

Esta sensación de resistencia la viví en zonas fronterizas, con trabajos muy colaborativos de mucha gente que trabaja tanto en Estados Unidos como en México. Allí hay un trabajo muy lindo colaborativo de espacios culturales, de centros de acopio, de obras comunes, etcétera. Y tratan de hacer actividades todo el año.

¿Cuáles fueron las contradicciones que pudiste palpar en tus viajes a México?

México está lleno de contradicción. Un país tan lindo, tan bello y también tan sangriento, que ha conocido mucha sangre, tanta violencia histórica. Te encuentras frente a lo que fue un narco-Estado, los narcos, los zetas, no sé cuánto, los carteles. Entonces es intimidante; por más que una sea latinoamericana, una se siente intimidada. Es una realidad que nada que ver con Chile. Son otros parámetros muy distintos a los que conocemos nosotros. A la vez es un país que te quiere, y no tiene ningún pudor en decirlo. Son muy lindos, son muy viscerales, como muy de acción y ruido. Es muy lindo. México es loco, es un país muy loco y muy hermoso.

Al cierre de este libro, Ana Tijoux continúa residiendo en Barcelona. El confinamiento por la pandemia le ha permitido escribir nuevas letras, comenzar un proyecto de libro y estar junto a su familia. Como artista y activista, Ana ha logrado posicionar su proyecto musical en el mundo el *hip hop*, tan masculino y masculinizante. Ana lleva banderas de luchas sociales y raciales en su maleta, es embajadora de la resistencia, de los migrantes, de las mujeres, de las minorías que son mayoría. Desordena los circuitos de la industria y pone en jaque mate los discursos patriarcales y racistas. Es una rapera que desdibuja los límites existentes entre la creación y la comunidad, entre el arte y la política. Su escenario es la calle y su propuesta la convierte en una invitada vital para tus oídos.

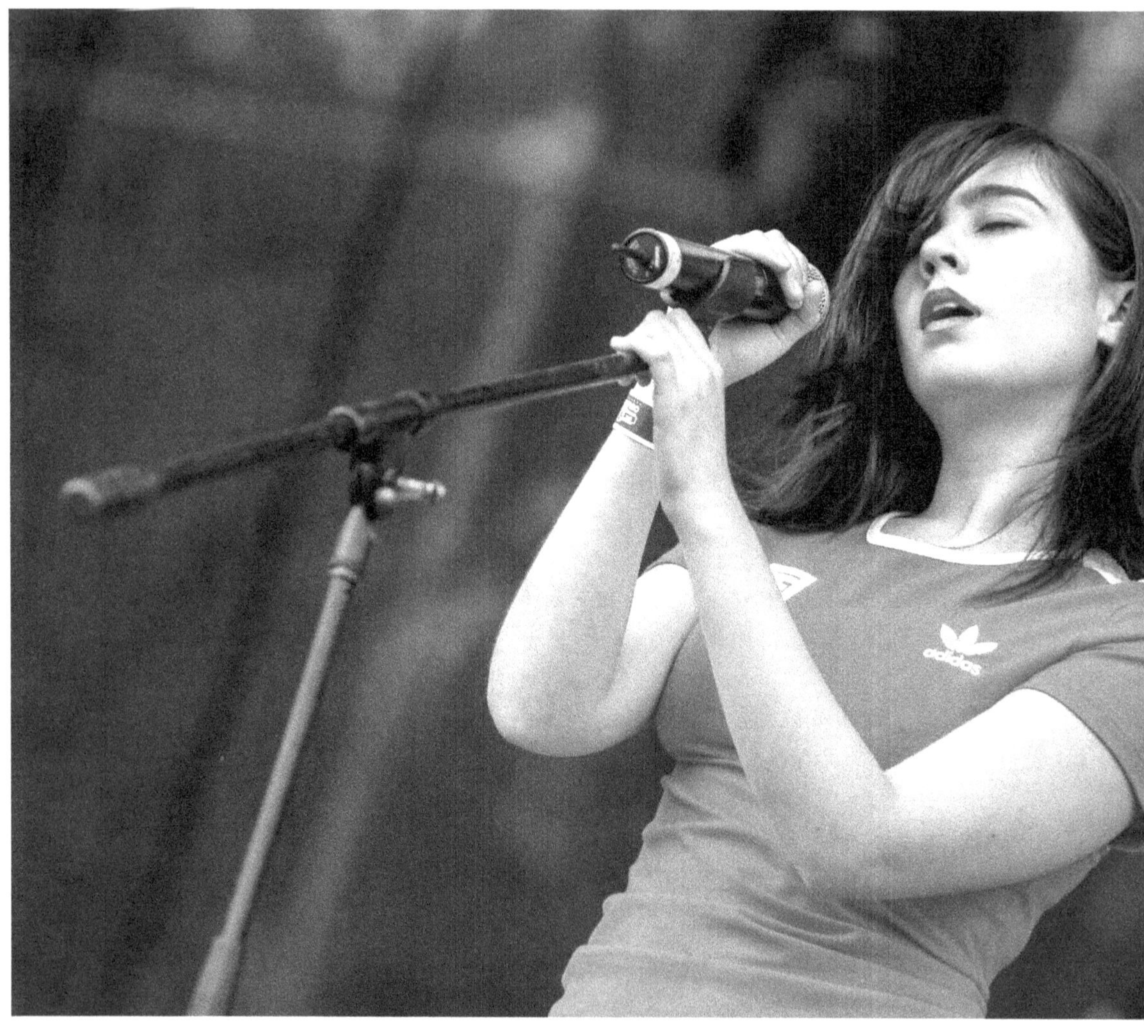

© Carlos Juica

Muevan las industrias.
La invasión chilena a México

CLAUDIA JIMÉNEZ

Algo pasó en 2006. Ese fue el año en que Javiera Mena sacó su disco *Esquemas juveniles*, editado por Quemasucabeza en Chile e Índice Vírgen en Argentina. Ese mismo año, Jorge González, vocalista de la legendaria banda Los Prisioneros, llegó a establecerse a la Ciudad de México para vivir una estancia más o menos larga en la colonia Roma.

Ambos hechos están totalmente aislados el uno del otro, pero hay algo casi místico en esta casualidad que se manifiesta en la música misma, una correspondencia inevitable en la fuerza *synth pop* que tienen tanto las canciones que componen el primer álbum de Javiera como la música de Jorge González. Ese disco de Javiera marcó el inicio de algo, pues parece hacer una inevitable reverencia a uno de los más importantes compositores de la música popular chilena (y punto): Jorge González, quien dejó un enorme y valiosísimo legado en el ámbito de la electrónica en este continente. Javiera no era la única entonces, habia algo así como un momento de la música chilena que se estaba empezando a dar, pues también otros hacían gala de un *synth pop* y una música *new wave* elaborada con espíritu, como la de Los Prisioneros.

En 2008, la canción "Cámara lenta" de Javiera Mena fue compilada por Carlos Reyes, editor de un blog importantísimo y subterráneo llamado *Club Fonograma*, en la banda sonora de la película *Voy a explotar,* supervisada por Lynn Fainchtein. La lista de *tracks* incluidos resultó en algo así como el primer documento organizado que alumbró un panorama amplio de la música joven de nuestro idioma en el nuevo siglo. El título de la película le vino como anillo al dedo al recopilatorio, porque en verdad parecía vaticinar lo que de hecho ya estaba ocurriendo: un auténtico estallido musical.

Esta compilación fue una especie de retrato inequívoco, convertido en documento histórico, de nuestro *indie* o lo que era la música alternativa independiente en español en esos días. Mostraba a quienes estaban picando piedra y dando una épica batalla sin tregua en Venezuela, México, España, Chile, Argentina y Perú. Colombia y el Caribe fueron grandes ausentes.

Por parte de Chile, Javiera estaba junto a Teleradio Donoso, otros fantásticos representantes del electropop chileno de esa camada del nuevo siglo. Esa participación en el compilado terminó por evidenciar la visión de su curador, pues su portentosa música valió por encima de su corta carrera y los convirtió en leyenda. El cuarteto lanzó sólo dos álbumes, que a la fecha no envejecen: *Gran Santiago* y *Bailar y llorar*, editados por Sello Azul en 2007 y 2008 respectivamente. Eso fue suficiente para hacer historia. De esa banda se dieron retoños que más adelante serían enormes nombres de exportación, como Ases Falsos y Álex Anwandter.

Volviendo al compilado, el resto de las canciones eran de músicos y bandas como Ulises Hadjis, Hello Seahorse!, Joe Crepúsculo y Elsa de Alfonso, La Lá, Jessy Bulbo, Turbopótamos y El Remolón, entre otros. Veintidós *tracks* que, desde luego, no incluían todos los estilos que sonaban en ese momento en el continente, pero aun así fue un muestreo bastante bien logrado. Ahora, cuando lo miramos a distancia, destaca una cosa que no es menor: de las canciones seleccionadas, la mitad eran mexicanas.

Como ya se dijo, algo pasaba en 2006, cuando Jorge González llegó a vivir a México, prácticamente minutos antes de que se disolvieran Los Prisioneros. De este periodo quedó como testimonio un EP editado en 2008 por el sello independiente mexicano Noiselab: *Los Updates*, el mismo nombre de la banda que conformó el cantante con su pareja en esos días, Loreto Otero.

En ese entonces Pedropiedra, otra figura de la joven generación de cantautores chilenos, se encontraba viviendo en México, donde grabó un álbum que permaneció enlatado por un tiempo. También fue en 2006 cuando Óliver Knust llegó a vivir al país, comenzando como un creativo dedicado a la producción de audiovisuales para museos, que paulatinamente fue elaborando videoclips para las bandas en Chile, y colocando sus álbumes en tiendas de discos de las colonias Condesa y Roma, o en ferias independientes como las del Centro Cultural España y el Anahuacalli. Así hizo contactos con la gente que iba conociendo, hasta que pudo traer bandas a tocar. Knust se encontró con Pedropiedra en la Ciudad de México, este último le mostró su disco y juntos comenzaron a moverlo, lo cual les redituó bastante fama al lograr hacerlo sonar en estaciones de radio locales.

Para cuando Knust volvió a Chile ya tenía un panorama muy amplio y profundo de la industria y las escenas mexicanas. Entonces, poco a poco y con los años, se convirtió en un agente clave en la confección de bases económicas para desarrollar industria en su país y catapultar a las bandas chilenas hacia el extranjero. No sólo a México, también hacia España, Australia y cuanto mercado se abriera para ser conquistado.

De aquellos años, Knust comparte uno de sus recuerdos más preciados:

Un día recibí un *email*, así, a mi Hotmail: "Hola Óliver, soy Jorge González, hace un tiempo toqué en una banda que se llamaba Los Prisioneros. Me gustaría invitarte a tomar once a mi casa para contarte algo del proyecto de disco que tengo". Después de eso, Jorge González nos recibía en su casa, hacíamos asados, y para hacer el cuento corto, los últimos días que pasé en México dormí en su casa. Fue como conocer a un ídolo máximo cuando yo estaba intentando entrar al mundo de la música allá en México, no en Chile.

Lo que estaba ocurriendo ese año en la Ciudad de México no era cualquier cosa —quizás esa era una de las intuiciones de González, y una de las condiciones que posibilitaron el crecimiento de esos primeros intentos de los músicos independientes chilenos por entrar en la escena—, aquello estaba en una loca ebullición. Esto mismo también podría explicar por qué en el compilado de *Voy a explotar* la mitad de las canciones provenían de México. Y es que había una bonanza musical palpable en la ciudad. Era el gran momento del *indie* en el mundo, y en México la cosa no era muy diferente. Si levantabas una piedra, prácticamente sonaba una banda; todos tenían su MySpace y todos querían ser independientes. La cantidad de eventos, fiestas y toquines era abundante en la capital y en otras ciudades, como Guadalajara.

Tan sólo Noiselab, el sello que editó el ep de Los Updates, era un nodo de producción musical muy activo que estaba impulsando fuertemente la circulación de música en México, tanto de discos como de eventos en vivo de bandas independientes anglófonas. Algunos de sus actos eran Yo la Tengo, dfa 1979, Interpol, Arcade Fire, The Whitest Boy Alive, así como también muchos locales: Los Dynamite, Zoé, Los Fancy Free y el Instituto Mexicano del Sonido, entre otros.

Noiselab era sólo una de las varias plataformas que movían la música en México, grabando y maquilando discos, apoyando bandas y creando eventos. También estaban Intolerancia, Discos y Cintas Denver, Happy Fi, Abolipop, por decir algunas. Más adelante se creó Terrícolas Imbéciles, que fue un agente determinante para la llegada de grupos chilenos a México, como Astro o Denver; así como para el desenvolvimiento de un proyecto de importación, edición y promoción de contenidos en español. A ello hay que sumar a los promotores de eventos creando festivales independientes como el Mx Beat, Manifest, Corona Music Fest, y dos grandes estaciones de radio, Reactor e Ibero 90.9, que fueron clave en la consolidación de la escena musical capitalina. En México había industria. Y es importante destacarlo porque, aunque fuese incipiente y en una pequeña escala, venía con fuerza. Y esto no estaba ocurriendo en otras ciudades de América Latina.

La cultura en esos años fue un detonador del desarrollo en la capital mexicana. En ese momento se gestó todo un proyecto urbano basado en el crecimiento de la infraestructura cultural, turística y de entretenimiento, el cual, pocos años después, le valió a la Ciudad de México afianzar su prestigio como una de las grandes capitales culturales del mundo. La recuperación del Centro Histórico, surgida al arranque del siglo, fue la referencia más visible de esta iniciativa, que para el 2006 ya veía sus primeros frutos. Aunque es evidente la participación del gobierno en la misma, y el fuerte interés de la iniciativa privada, es más clave resaltar la participación de la sociedad civil: académicos, arquitectos, artistas, pequeños emprendedores fueron quienes conformaron el grupo que se determinó a ejecutar el plan de activación de esa zona de la ciudad. Este se concentró en cuatro ejes: garantizar el bienestar social y económico, reforzar la seguridad y mejorar los servicios públicos, resolver los problemas de agua y, el que aquí nos ocupa, revitalizar y restaurar sus espacios.

Recuperar el Centro Histórico y convertirlo en un lugar vibrante para trabajar, estudiar, divertirse y vivir fue una de las cosas más transformadoras que le ocurrieron a la capital. Se desenterró mucha historia, se habitaron edificios y se habilitaron inmuebles para el ocio y el entretenimiento, como el Hotel Virreyes o el Hotel Señorial, construidos especialmente para los jóvenes. Estaba claro que se buscaba detonar escenas culturales, pero nunca se intuyó la fuerza y la garra con que los jóvenes de entonces asumieron esa oportunidad. La zona no tardó en ocuparse de artistas y músicos que la llenaron de contenidos. Se abrieron bares como el Pasagüero y el Pasaje América, ambos clave en el crecimiento de la escena musical. Y había toquines cada fin de semana, donde se escuchaba todo tipo de música. Para 2006 las noches en la Ciudad de México estaban en llamas. Pero la actividad no sólo sucedía en el centro de la ciudad, pues el proyecto de gentrificación de la Roma y la Condesa estaba recién comenzando. Hacia 2008, en el límite entre esas dos colonias, El Imperial, famoso lugar de encuentro para la música independiente, abrió sus puertas.

Esa fue la ciudad en la que vivió Jorge González. La ciudad en la que Óliver y Pedropiedra conocieron a su ídolo. Ese fue el México que conquistó Javiera Mena y el que rápidamente sedujo a gente de muchas partes del mundo que llegó hasta este para asentarse. Con una gestión claramente desarrollista, se buscó generar la infraestructura interna que atrajera los ojos del extranjero. Así, en los años subsecuentes arribaron al país músicos de extraordinaria creatividad que no sólo se aventuraron a probar suerte comercial, sino que vinieron a fundar proyectos de vida y a mezclarse entre las exuberantes raíces de una cultura urbana única e irrepetible, logrando intercambios realmente enriquecedores con sus diversas escenas locales.

Como dos polos que se atraen, la relación entre la industria musical mexicana de ese entonces y la generación chilena del nuevo siglo se dio como trazada por los dioses. Porque mientras los unos querían ampliar su oferta de contenidos, los otros buscaban exportarlos. Evidentemente una multiplicidad de voluntades y motivos personales dieron lugar a historias subjetivas, fuera de la normalidad, en lo concerniente a emigrar hasta acá. Pero en líneas generales resulta atinado decir que el mercado local chileno no tenía el tamaño —en cuanto a sus posibilidades de crecimiento y estímulo— de la creatividad de su gente. Esto fue un incentivo para que sus artistas buscaran lanzar sus flechas lo más lejos posible. Lo que los chilenos querían era salir de su país, y el momento vibrante que vivía México se convirtió en uno de sus blancos. Finalmente hablamos el mismo idioma y compartimos muchos símbolos culturales.

Hay otro factor que vuelve interesante la relación bilateral entre estas dos geografías y es la visión que ha mantenido el Estado chileno sobre la cultura como un artefacto de exportación, vehículo de su renombre en el mundo.

Según el sitio web de su Ministerio de Relaciones Exteriores, entre los diez ejes que componen los intereses de su política, considerados por ellos mismos como "esenciales para el desarrollo nacional", está el de fortalecer la imagen de Chile en el exterior y difundir y promover su cultura. Esto podría parecer obvio, pero lo cierto es que no es necesariamente un interés prioritario en las políticas exteriores de otros países. En las prioridades de la Secretaría de Relaciones Exteriores de México, por ejemplo, la política exterior tiene más que ver con objetivos como la protección de mexicanos en Estados Unidos y otras prioridades económicas que no comprenden en específico difundir la cultura como prioridad.

El énfasis que pone el Estado chileno en la difusión de la cultura en el extranjero tiene reflejos visibles en estímulos económicos destinados a la promoción de productos culturales que, aunque originalmente no fueron planeados para ser destinados a la música independiente, los jóvenes promotores chilenos, como Óliver Knust y Rodrigo Santis de Quemasucabeza, aprovecharon con astucia. Lo suyo fue encontrar ese recoveco institucional para mover recursos y viajar hacia los lugares a donde les interesaba llegar con los actos musicales firmados por sus agencias y sellos. De nuevo parece más interesante destacar las áreas de oportunidad que abre la sociedad civil para seguir sus intuiciones y dar continuidad a ese impulso natural de creatividad y crecimiento.

Sobre esa relación simbiótica entre México y Chile, Cristóbal Briceño, vocalista de Ases Falsos y previamente de Fother Muckers, comenta:

El otro día hablaba con un colega uruguayo y me decía que no entendía nuestra obsesión por ir a México. Y seré claro: la comida, jaja... Es que es impresionante la diferencia. Mis amigos mexicanos que han venido a Chile sufren con la comida. Pero no, hablando en serio, por supuesto es una mezcla de cosas, una alquimia que trataré de descifrar. Primero, esto de viajar a otro hemisferio a cantar tus canciones es algo extremadamente gratificante, uno va en el avión pensando: "No es posible que mis grabaciones me tengan aquí". Por lo mismo, a pesar de las presiones internas, no me gusta viajar a México apoyado en fondos estatales. Me gusta la ilusión de pensar que no voy como embajador cultural, sino como alguien genuinamente deseado; además ese dinero podría ser mucho mejor utilizado acá en Chile en cuestiones de primer orden social, y el hecho de que no se haga así no justifica la mala inversión. Segundo, vas a un país donde se habla tu mismo idioma, y no sólo eso, sino que pareciera que la vida es percibida con una sensibilidad similar a la nuestra, pero aumentada. México es diez veces Chile, y uno se siente fascinado como los de *Querida, encogí a los niños*. Tercero, los factores naturales, a saber, la comida, el clima y la vegetación. Este es un punto a no desmerecer, y acaso el que más influye en nuestro constante deseo por visitarlos. Acá hace un frío de mierda, y la lluvia es cada vez más escasa. Es un lindo país el nuestro, seguro, las montañas y las flores no faltan nunca. Pero México es la exuberancia hecha territorio. Los sabores, la temperatura, los olores, todo es muy excitante. Cuarto, desde que tenemos memoria, los músicos chilenos han tenido a México como objetivo. Lucho Gatica, Los Ángeles Negros, La Ley, Los Bunkers. Entonces debe haber ahí una ambición heredada. Y quinto, voy a ocupar todos los dedos de la mano: la gente mexicana es muy disfrutable y llevadera, debe ser porque los chilenos tenemos muy mala fama en el vecindario, no nos quieren ni los peruanos, ni los bolivianos, ni los argentinos, ni los uruguayos; principalmente por razones político-militares, que aunque no me representan, las comprendo. Además que, generalizando, el turista chileno tipo es un ser muy desagradable, consumista, inculto, inconsciente y desconsiderado. Y con un pobre sentido del humor. Pero en México no comparten ese prejuicio hacia nosotros. Al contrario, hasta pareciera que les agradamos. Y eso hace mella en nuestro complejo de inferioridad, y nos dan ganas de quedarnos. ¡Chucha, menos mal [que] no mc gustaba la sociología!

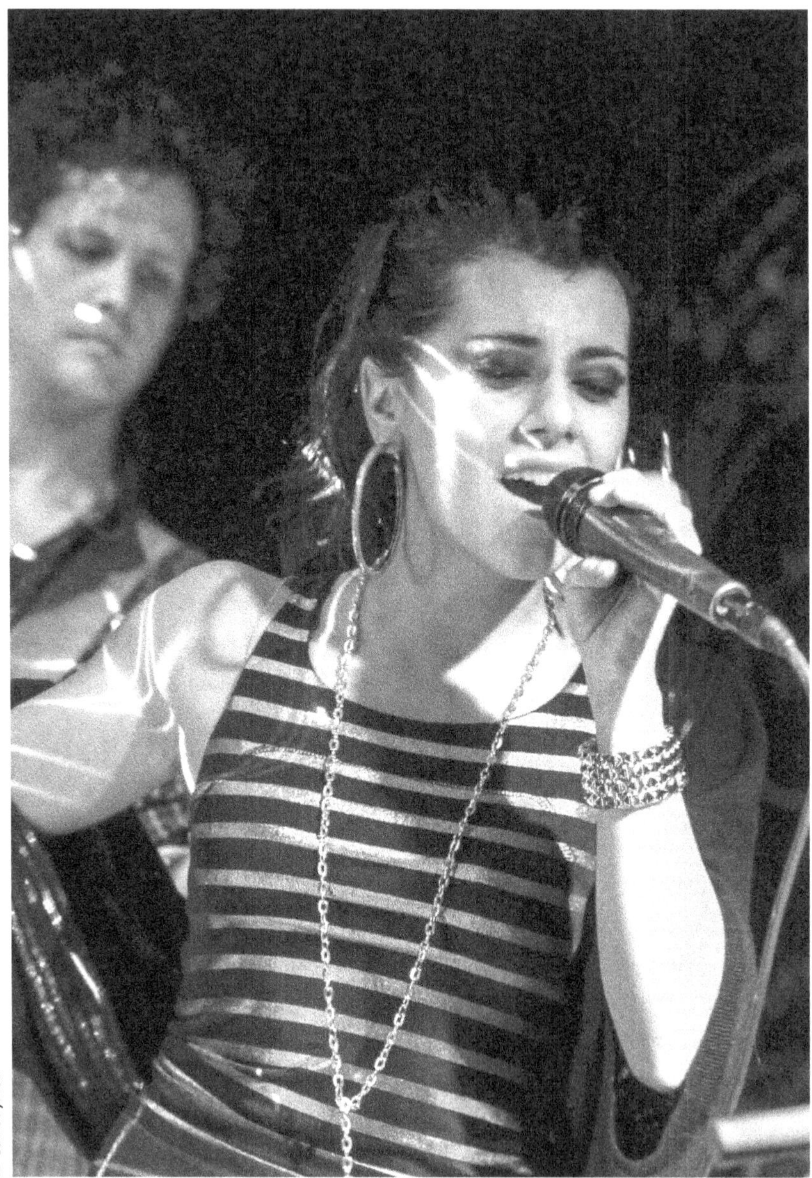

Daniel Llermaly es un músico e ingeniero de sonido nacido en Concepción, al sur de Chile; vive en México desde el 2013. Es maestro, tallerista, artista sonoro y miembro de La ReDada, un septeto de músicos inusuales, de todo tipo de nacionalidades, radicados en la Ciudad de México, que están dedicados a hacer música psicodélica homenajeando las exquisitas escuelas musicales latinoamericanas para la fiesta y el baile. En Chile es miembro de dos bandas: Diablo (o El Diablo es un Magnífico) y la Golden Acapulco. Todos sus proyectos están atravesados por la experimentación. Las razones por las que Llermaly llegó a vivir a México son de alguna forma aleatorias, distan mucho de la idea de venir para encontrar público u oportunidades en la industria musical, que en algunos casos son motivos para otros colegas. Llermaly se dedicó durante un tiempo a dar talleres, así viajó por varias ciudades de Latinoamérica. Al llegar a México, sus redes lo colocaron dentro de los circuitos del arte:

> Aquí en México la gente es bastante buena onda con las personas que llegan. Hay una gran diferencia con Chile. Yo estoy feliz con México, me gusta mucho, entonces no quiero decir que está todo bien cuando no lo está, así que quiero hacer esa aclaración desde un comienzo. El ámbito institucional que me ha tocado conocer acá tiene un trato más humano, no sé cómo llamarlo, más que en Chile. Yo en Chile todo lo hice en mi taller, en casa de un amigo, en un bar. Tenía cero relación con ningún tipo de institucionalidad, porque era entrar en un ciclo que, no sé, no digo que acá sea todo perfecto, pero es más fácil involucrarse. Es más fácil hablar con un director o curador de un museo. En Chile, obvio, hay excepciones, pero en general en esos ambientes entras en ciertos lugares en donde la gente no te va a recibir bien.

El caso de Llermaly abre el panorama hacia otras formas de estar y de vincularse con la migración y la ciudad; tiene que ver con otros factores que se añaden, como el acceso a la educación, la academia o el contacto con un concepto más amplio de experiencias en torno a la cultura, como el arte contemporáneo.

Prosigue Llermaly:

Yo haría una distinción. Económicamente, para un músico mexicano ir a Chile es como ir a provincia, pero para algunos músicos chilenos es al revés, entonces hay una migración de músicos que vienen en un plan comercial, y no lo digo como en una cosa despectiva, pero vienen porque hay un mercado, por la industria, y yo con eso no tengo mucha relación. Son músicos con los cuales no tuve mucho contacto en Chile y tampoco lo tengo ahora. Pero hay como otro grupo de chilenos que vienen porque buscan otro lugar donde vivir y que chambean en la música y lo hacen como en Chile. Y obviamente acá también hay más posibilidades para vivir de eso. Yo sí tengo una relación con muchos músicos chilenos, pero estamos aquí quizás por la chamba, sí, pero más porque nos gusta la comida, la gente, lo pasamos bien, nos gusta la sociedad mexicana comparada con la chilena. Yo lo emparentaría más con la migración de chilenos que vienen a estudiar, mi perfil es más parecido a eso que el perfil de los que quieren salir en la radio. Hay músicos que se mueven entre esos dos mundos, otros que vienen a estudiar y hacer música. Hay músicos que trabajan dando talleres, por ejemplo, y eso te permite tener un ingreso más estable que viviendo de la música, y también te da otras satisfacciones.

Sobre las razones para dejar Chile siendo músico y buscar venir a vivir a otro lugar, Llermaly añade:

En Chile, como una de las consecuencias de la dictadura, hay un apagón cultural. Aquí cualquier persona de un barrio equis de la ciudad está acostumbrada a una oferta de conciertos en los parques o en el Zócalo. La gente tiene una relación más directa con la música. En Chile, yo creo que ha cambiado, yo me crié en los ochenta, los noventa, y nunca vi una música en vivo. Aquí hay más espacio y se le da otra valorización. Cuando sales a tocar, toca cargar con tus amplificadores, etcétera. Si yo me paro con dos amplificadores y mi guitarra en Chile, no me para ni un taxi. Te ven y siguen. Aquí te ven los instrumentos y te dicen :"Ah, ¿qué onda, qué tocas?". No quiero hablar bien de la policía ni de Chile ni de México, pero en Chile si te para la policía con instrumentos te van a revisar entero; acá te para la policía con instrumentos y hasta puede ser un motivo para que te digan: "No, pues, pásele". Acá la gente aprecia más al músico. Allá es como un pinche *hippie* drogadicto comunista, porque no estamos acostumbrados a tener esa relación. Entonces ese factor es muy importante.

Quizás estas diferencias obedezcan a que en todos estos años más bandas y músicos chilenos han venido a tocar a México en comparación con la cantidad de bandas mexicanas que lo han hecho en Chile. Esto, por un lado, tiene que ver con los nortes hacia los cuales miran las bandas mexicanas, pero quizás también tiene que ver con la menor capacidad de la capital chilena para acoger tanto a su propia escena cultural como a la cornucopia de bandas mexicanas, y latinoamericanas en general, que durante esos años se desarrollarían.

Al respecto, Milton Mahan, productor y miembro de la agrupación Dënver, reflexiona:

El modelo económico que se le implantó a Chile hace que la gente no esté tan interesada por la música latinoamericana. Cualquier cosa que venga del mundo anglo tiene mucho más peso en ciertos espectros económicos. Lo veo porque las radios independientes apoyaban la música chilena, pero se dio superpoco que se metieran con el mundo latinoamericano. Quizás las bandas pudimos haber hecho más. Aldo (*manager* de Dënver) y yo, cuando vimos cómo funcionaba esto, hicimos un par de cosas con bandas latinoamericanas, pero fueron sólo algunas a las que se podía traer, porque el riesgo económico era muy muy alto. A veces al público chileno costaba educarlo y se generaron instancias como Pulsar y se hicieron varias gestiones. La Sociedad Chilena del Derecho de Autor traía gente de España y gente de México. Me acuerdo que vino Juan Cirerol y también Carla Morrison. Eso era una gestión que hacía Chile dentro de este festival llamado Pulsar. Ahora se suspendió con la pandemia y el estallido. Pero ahí había ese diálogo cultural, creo que se intentaba en la medida de lo posible, pero quizás sí faltaba más y, en cuanto al público chileno, creo que hay que hacer un *mea culpa* por el poco interés que tiene para descubrir cosas nuevas.

En 2008, en una entrevista en el programa de televisión *Animal nocturno*, transmitido en Chile, Jorge González habló de las razones por las cuales salió de su país:

> También hay una tradición larga de creadores chilenos que se dan una vueltita por el mundo. Pienso que eso es saludable porque tenemos una especie de isla: aislados por la cordillera, por el otro lado el mar, la Antártida, el desierto, y por arriba no sé, el cielo. Pienso que es saludable salir. La gente que ha hecho una carrera más larga, como La Ley o el gran Lucho Gatica, se dieron una vuelta en algún momento y es bonito conocer y aprender.

Quién sabe si será por todo esto, o si será por designio en la carta astral de Chile, pero sus artistas se caracterizan por brillar en el exterior, muestran un notable gusto por salir de su país. Algunos viajan físicamente y establecen un vínculo profundo con su nuevo lugar, o hay quienes sólo envían señales hacia afuera, pequeños abrebocas de sus potencias, de la nobleza que tienen como pueblo; de cualquier manera, traban conexiones con el extranjero de forma muy fácil, dócil, natural. Conquistan. Léase esto último en múltiples sentidos, positivos en este caso: salir y apoderarse de otro territorio, como en el sentido de obtener algo con esfuerzo, y por último, desde la seducción. La cultura chilena, su literatura, su gente, sus músicas cautivan.

Por supuesto, hay que ir con cuidado al hablar de su relación con el extranjero, puesto que, como la gran mayoría de las migraciones de estos últimos cien años, su salida no ha sido meramente por gusto. Es necesario siempre reconocer que está en la historia del pueblo chileno el que muchos han tenido que huir en busca de mejor fortuna en otro lugar, debido a la mala relación con sus gobiernos. En ese ámbito, de exilio pero también de refugio y acogimiento, México y Chile han mantenido un apasionante vínculo a lo largo de los años.

En el mismo 2008, Javiera Mena entró triunfalmente a la escena de la música independiente mexicana, después de haber entregado su *cover* de la canción de Daniela Romo "Yo no te pido la luna". Ese año se presentó en el Vive Latino y fue invitada por Julieta Venegas a cantar con ella. Luego de eso vino una campaña intensiva de Javiera conquistando todas las plazas disponibles de México: Monterrey, Aguascalientes, Guadalajara, Puebla, Baja California Sur. Tocó en los grandes festivales mexicanos, como el Corona Capital y el Vive Latino, así como en cuanto lugar pequeño. Javiera fue una especie de puntero que trazó el camino para sus connacionales, de alguna manera ella despertó la fascinación que México comenzó a desarrollar con todos esos nuevos actos musicales provenientes de Chile. En los años subsecuentes la explosión fue considerable. A Javiera le siguieron un sinfín de nombres, todos igual de entusiastas, que aun sin migrar a México para radicarse, sí crearon públicos fieles y fundaron una relación cercana con la industria y la gente del país del norte.

En 2009, Astro comenzó a sonar en Ibero 90.9, una de las estaciones de radio que más influyó en la difusión de la música independiente en esos años. Pocos meses después ya estaban en México para hacer algunas tocadas. Se fueron, luego volvieron, entraron al Vive Latino. Lo mismo pasó con Dënver, que después de dar un golpe certero con el lanzamiento de su sencillo "Los adolescentes" y luego de que su disco *Música, gramática, gimnasia* apareciera enlistado en la mayoría de medios especializados, llegaron a México para devorarlo. Ambos grupos, editados por la disquera Terrícolas Imbéciles, pasearon por el país hasta volverlo suyo. Su relación perduró a lo largo de todos estos años. Ellos no fueron los únicos, siguieron Protistas, Adrianigual, Álex Anwandter, Chico Trujillo, Camila Moreno, Perrosky, Francisca Valenzuela, Mostro, etcétera.

Milton Mahan evoca:

No recuerdo si fue en el 2012 o 2013 cuando fuimos al Vive Latino, pero recuerdo que ese año la camada chilena era grande y fue muy bonito. Recuerdo que estaban Astro, Fran Valenzuela, técnicos con los que trabajaba acá, Chalo González… Nos juntamos un día y era una mesa gigante. Estaban Aldo, Óliver. Estaba el Pedropiedra. Fue un grupo muy bacán, muy rico encontrarse con toda esa gente allá. Y armamos grupos allá, compartimos sonidistas, *roadies*, era como un bloque, como cuando un país va a las olimpiadas. Creo que nunca más pasó, que la comitiva chilena era supergrande y había mucha unión, era muy divertido toparlos. Salíamos a celebrar, a conocer la ciudad y siempre había muy buena onda.

También en 2008 llegó Mariel Mariel a vivir a México. Junto con Andrés Landon, también chileno, comenzaron un proyecto musical y se internaron en los vibrantes círculos de músicos mexicanos que les acogieron. En esto jugaron un papel protagónico músicos locales, como Natalia Lafourcade, Juan Manuel Torreblanca o Carla Morrison, que establecieron redes y colaboraciones con todo este grupo de músicos y cantautores sudamericanos que se asentaron en México y conformaron una especie de pequeña, pero muy poderosa, escena basada en una especie de solidaridad y fraternidad especiales. Natalia Lafourcade dio espacio entre sus músicas a gente como Mon Laferte y Mariel Mariel, que crecieron sus carreras en México hasta convertirse en grandes pilares, con públicos amplios y mucha fuerza. Cantantes con voces poderosas capaces de llenar auditorios, estadios y festivales. Ellas mismas después serían la cara de una lucha más que necesaria para la inclusión de las mujeres en los espacios musicales.

Algo ha pasado a lo largo de estos años que abrió algún vórtice, un canal entre México y Chile que se ha dado como si la distancia no existiera, como si el continente entero nos cupiera en una sola mano. No ocurrió solamente en esas geografías, sino entre la gente de muchas otras regiones; es una cualidad de lo que ocurre entre las grandes capitales de Iberoamérica y del mundo, que parecen, más que nunca, una sola región. Nuestro mundo es un mundo que se mueve. Nos mueve. Sirva este artículo para reflejar un aspecto de nuestro mundo y pensar en otros nuevos.

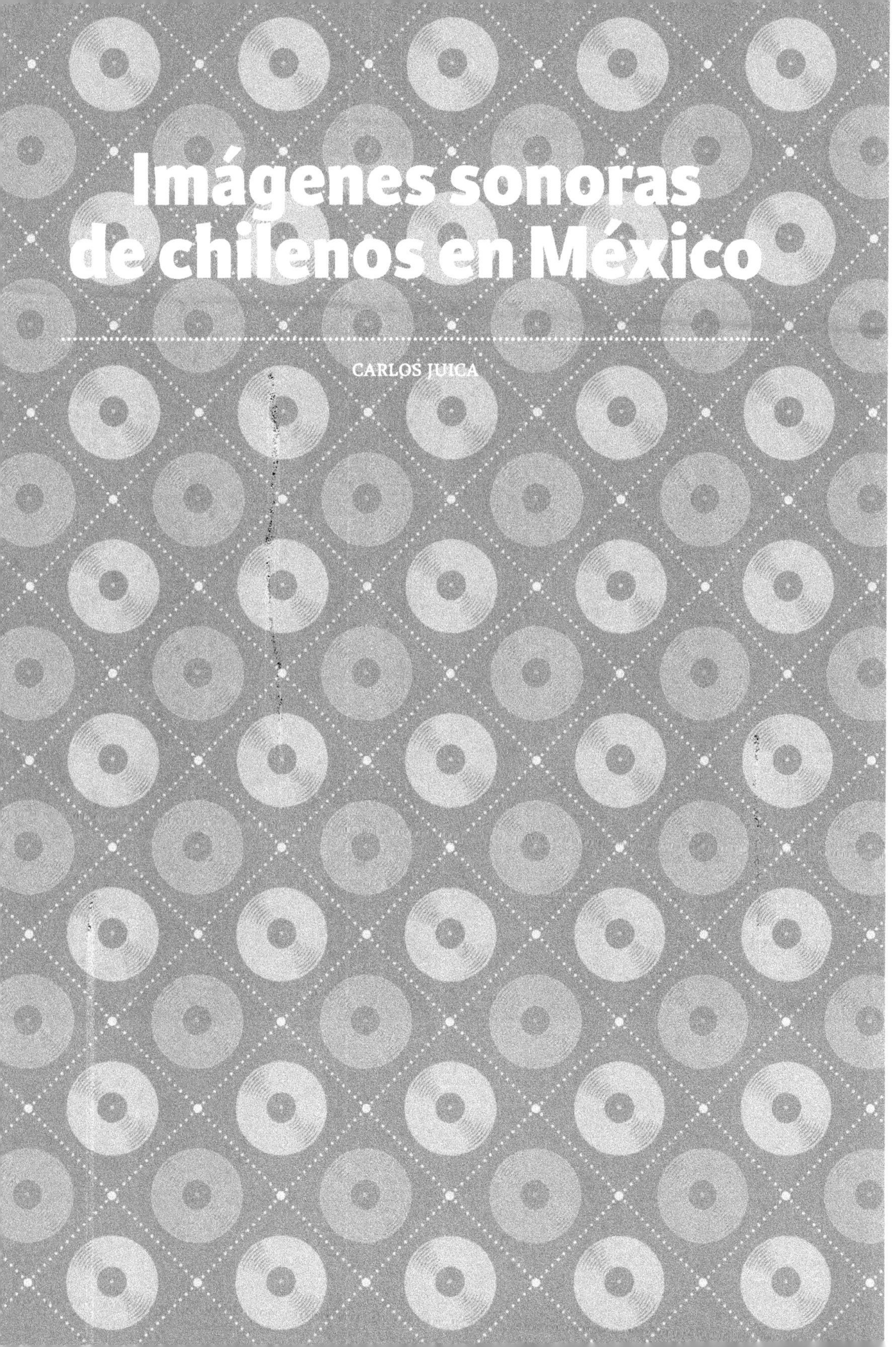

Imágenes sonoras de chilenos en México

CARLOS JUICA

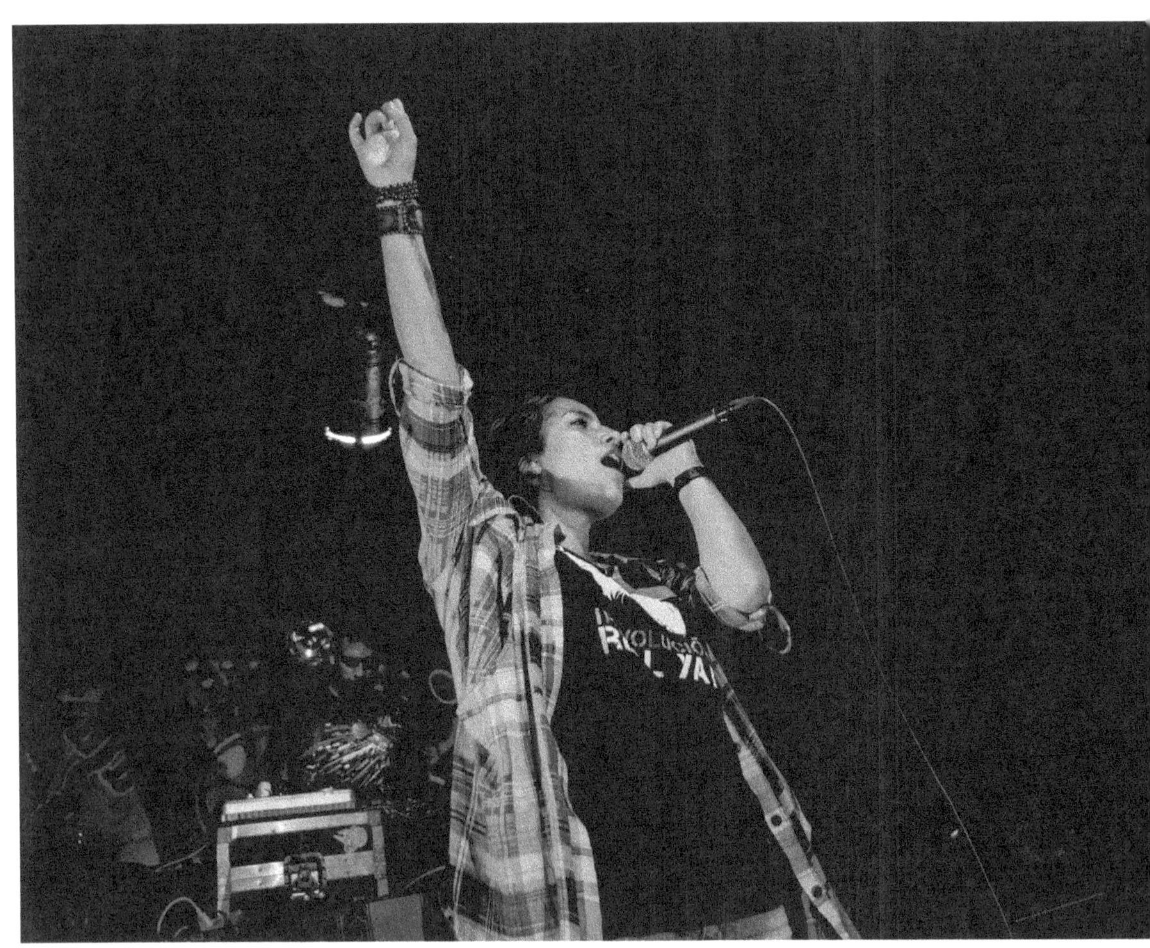

Ana Tijoux en el foro Alicia

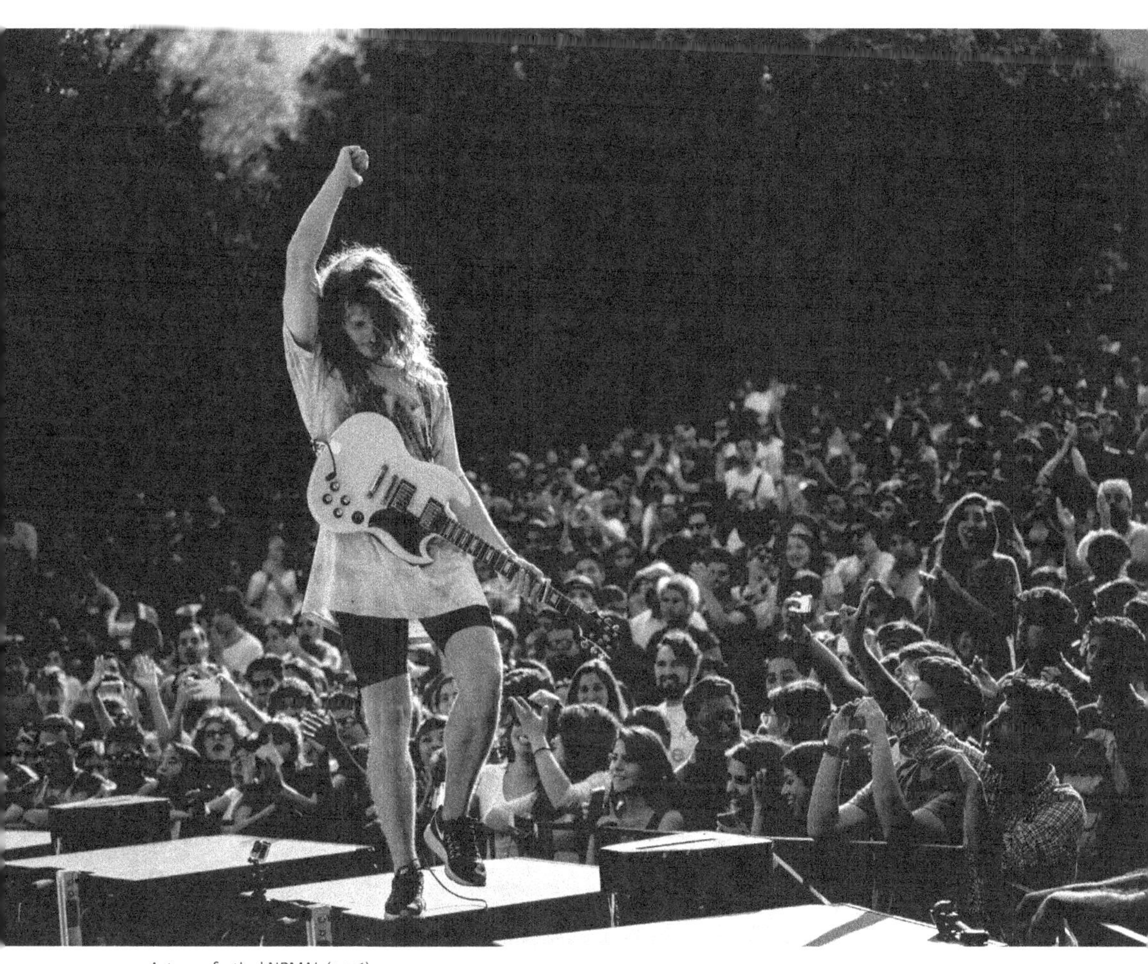

Astro en festival NRMAL (2016)

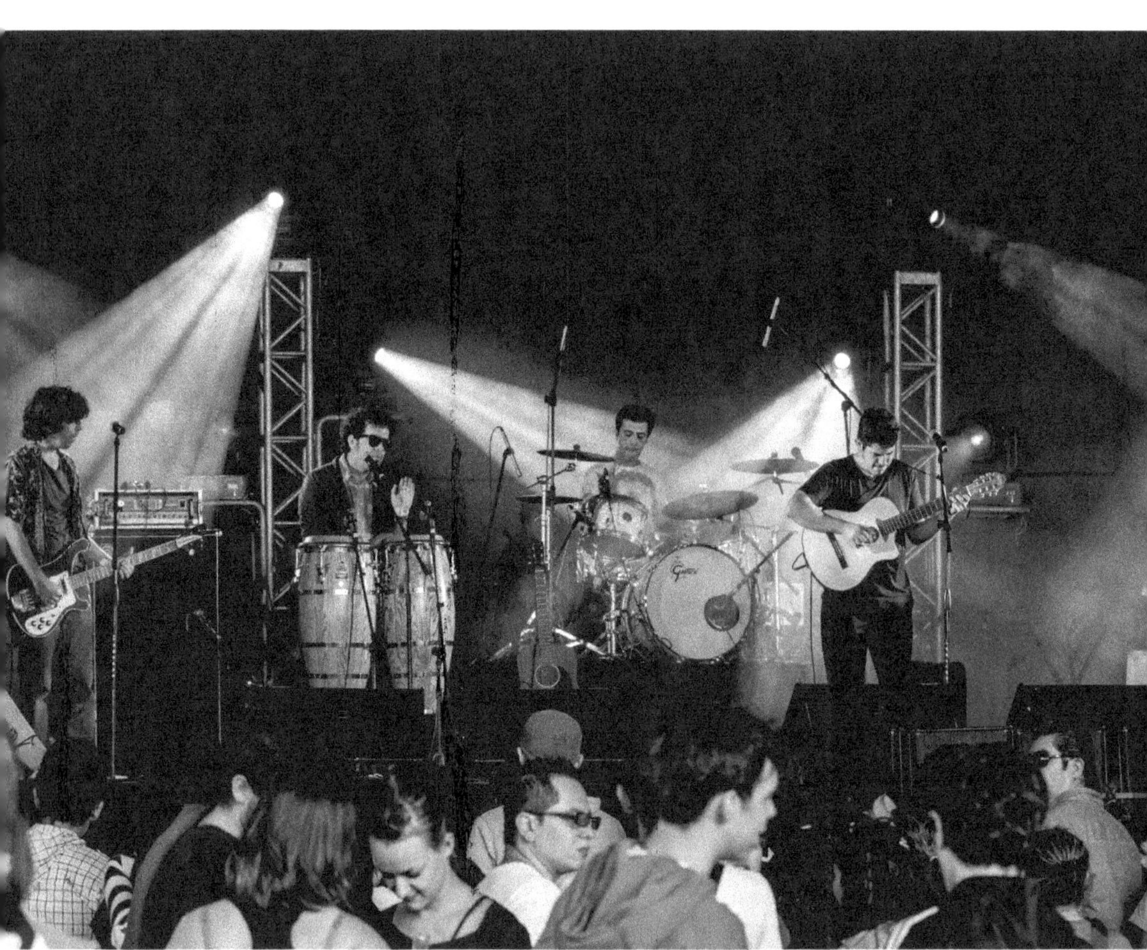

Caravana en CDMX (2012)

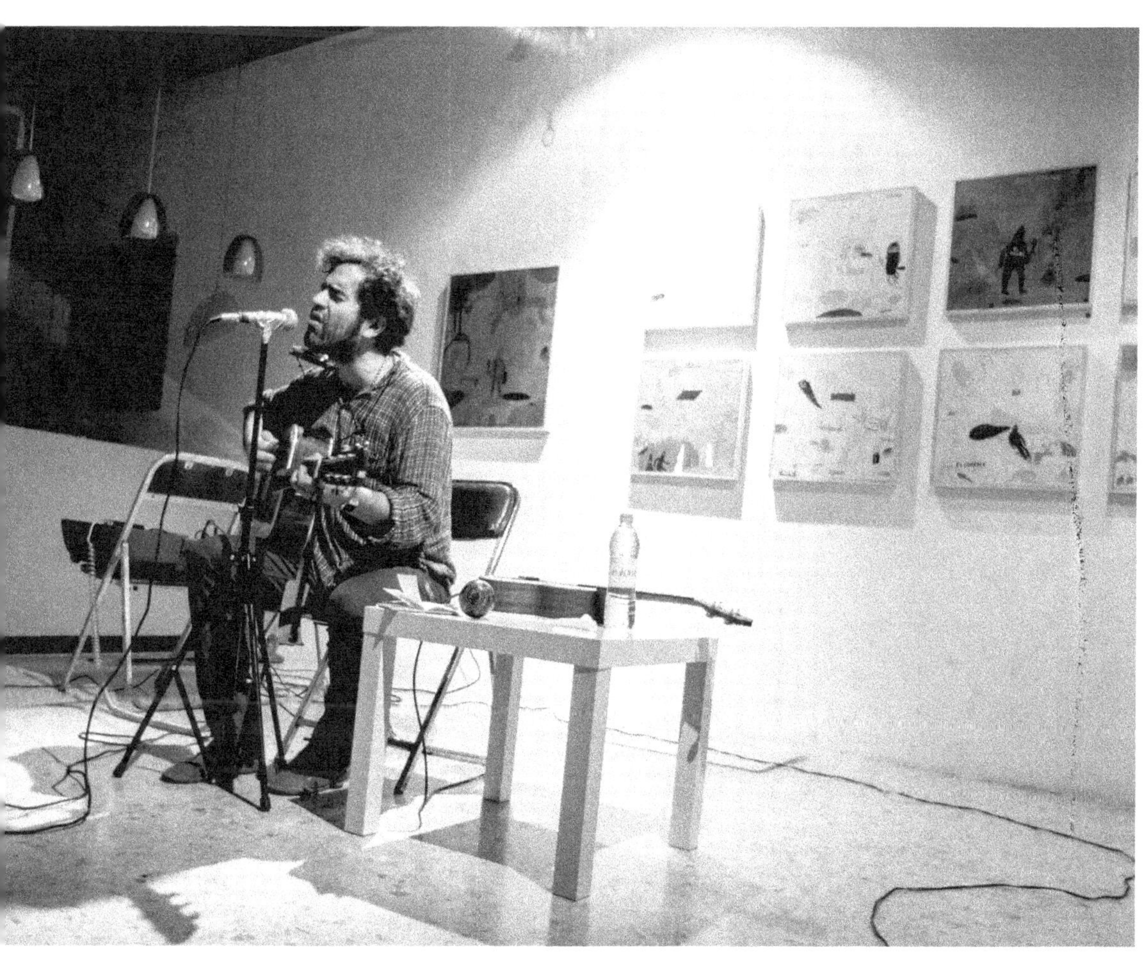

Fernando Milagros en Vértigo (2012)

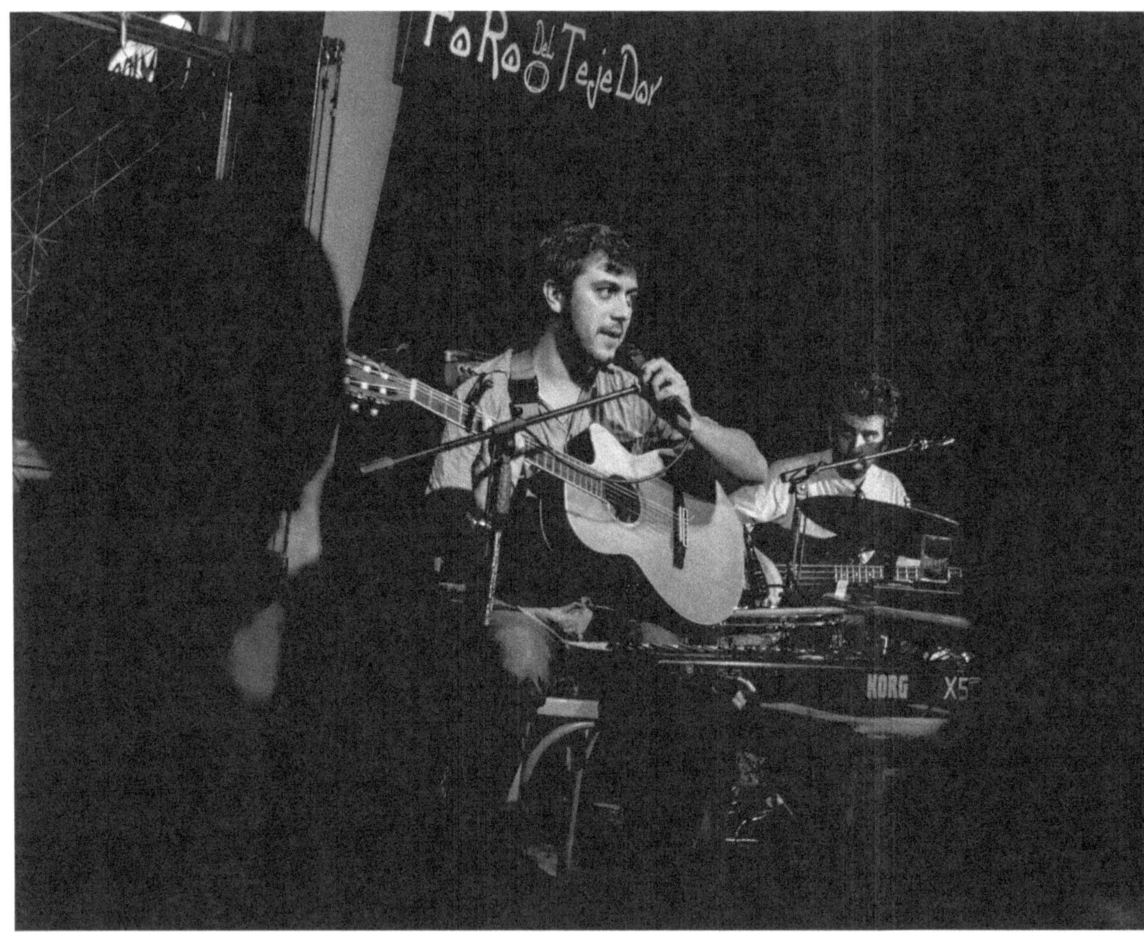

Gepe en el Foro del Tejedor (2010)

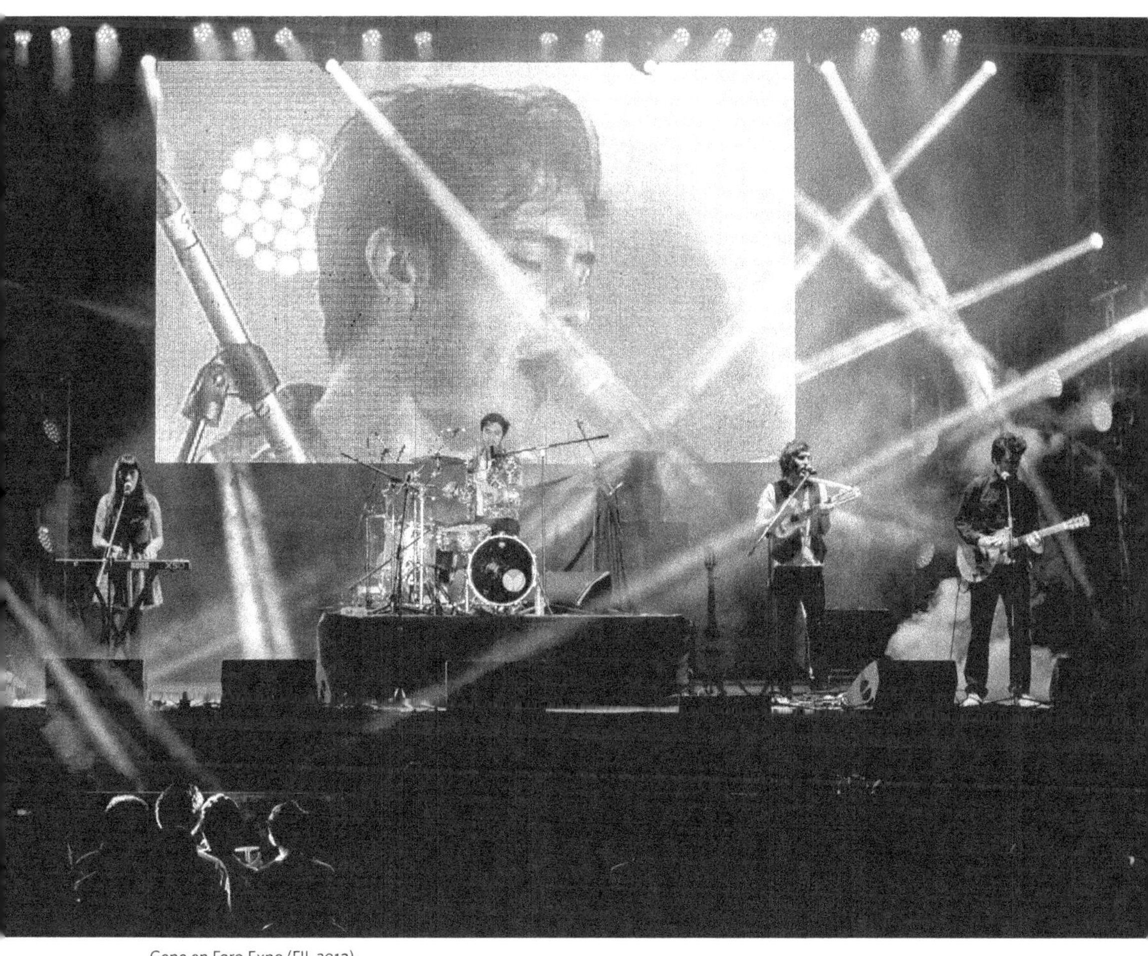

Gepe en Foro Expo (FIL 2012)

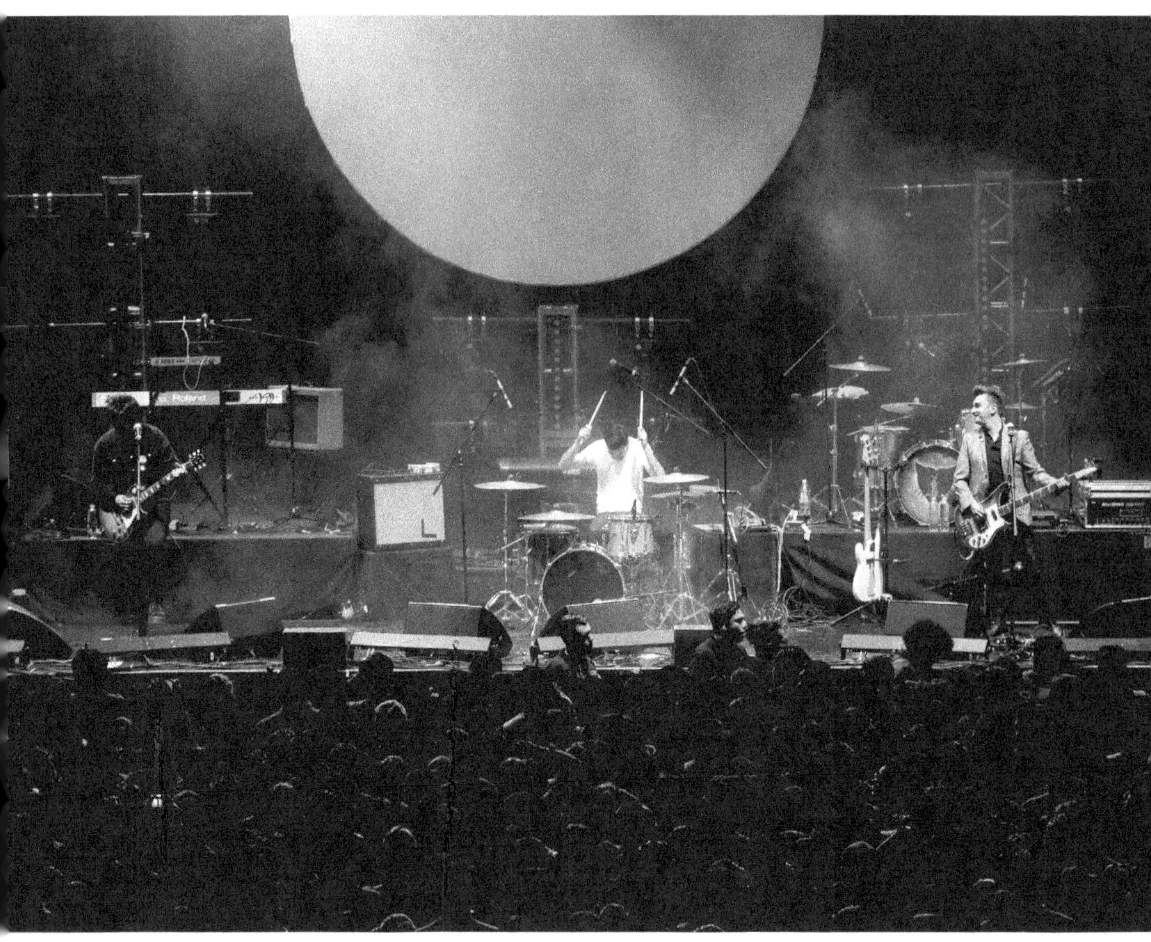

Lanza Internacional en vivo

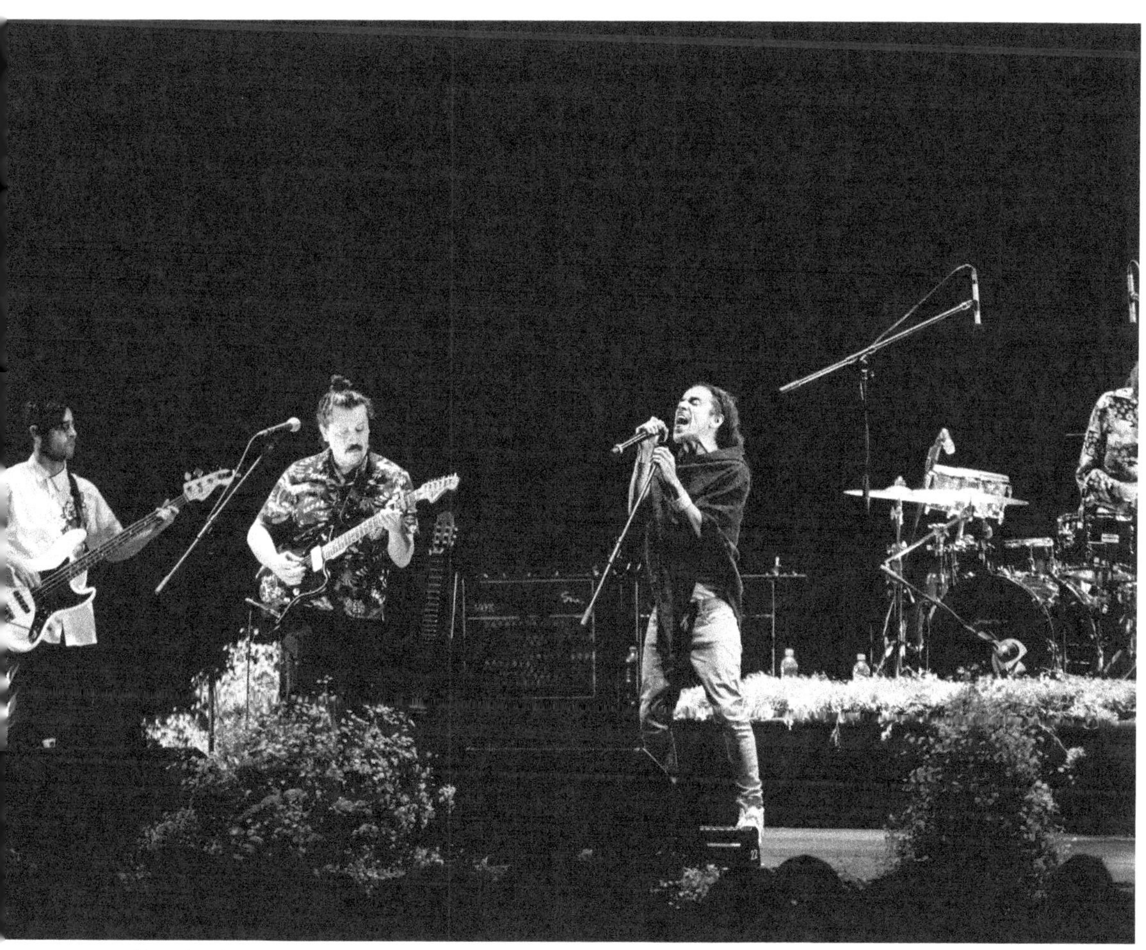

Hoppo! en vivo

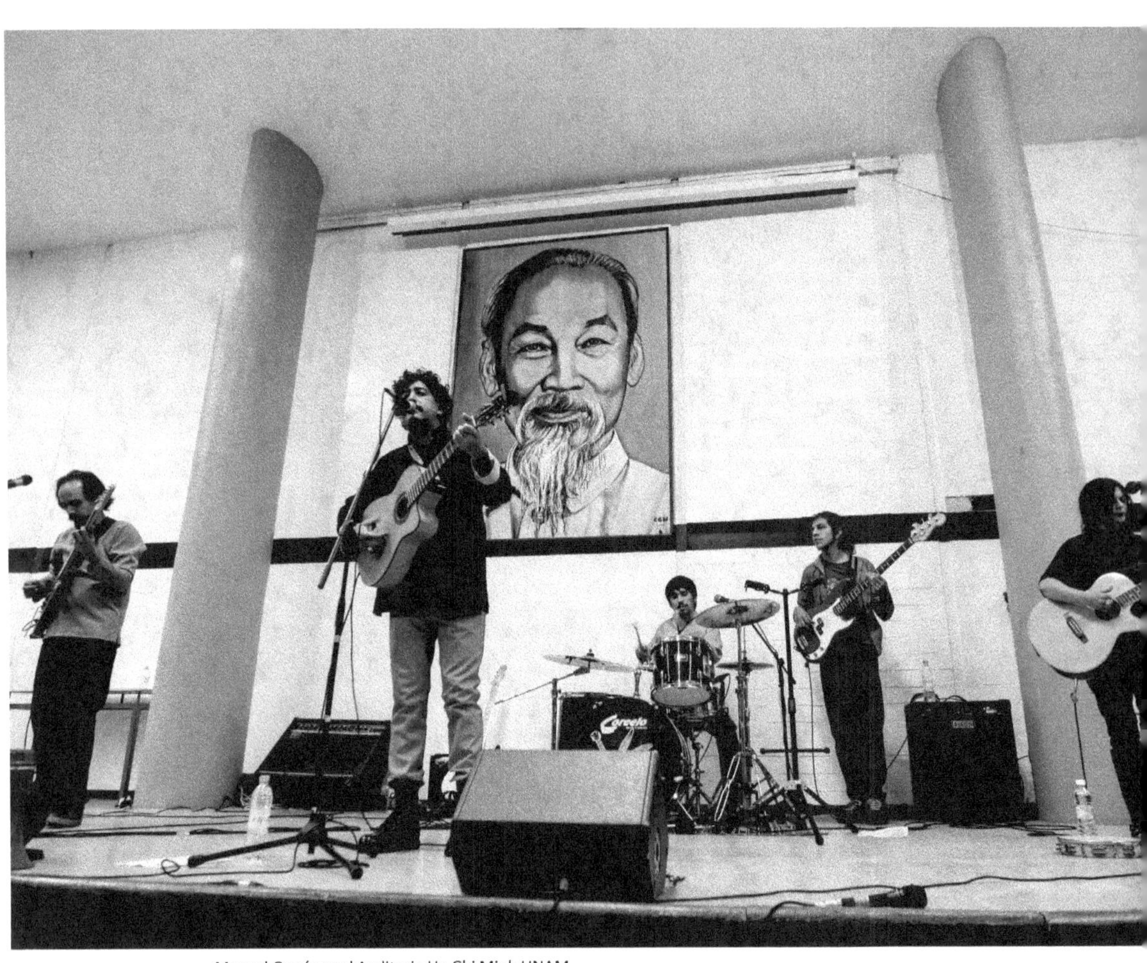

Manuel García en el Auditorio Ho Chi Minh UNAM

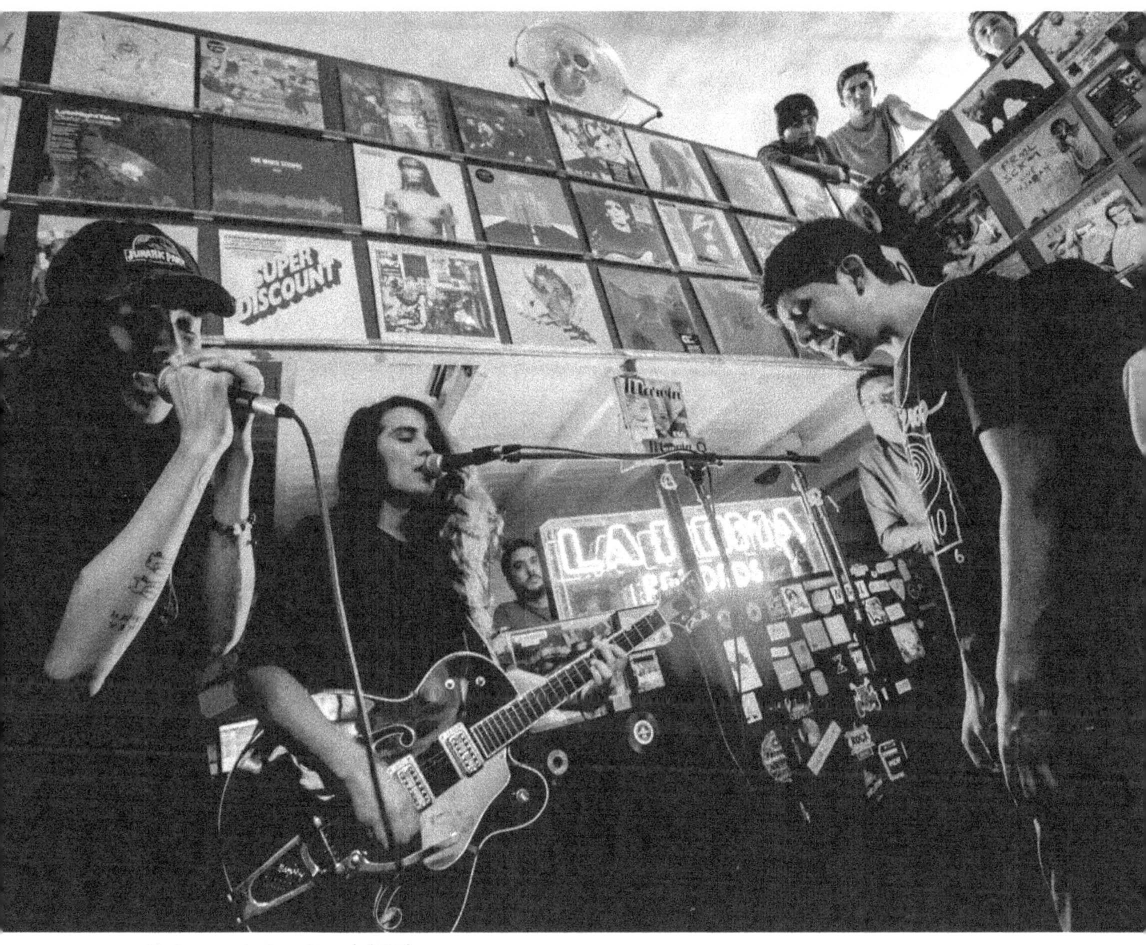

Marineros en La Roma Records (2016)

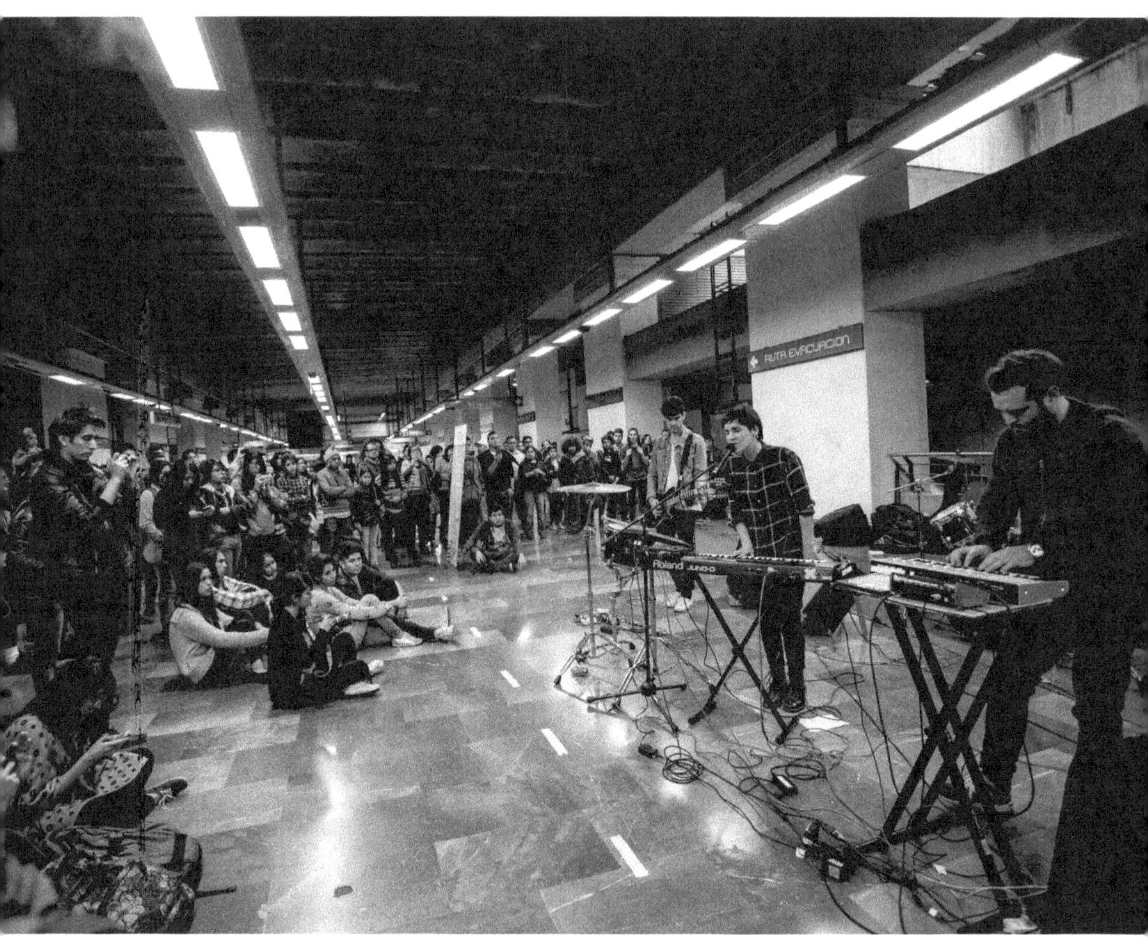

Miss Garrison en el Metro Zapata en CDMX (2016)

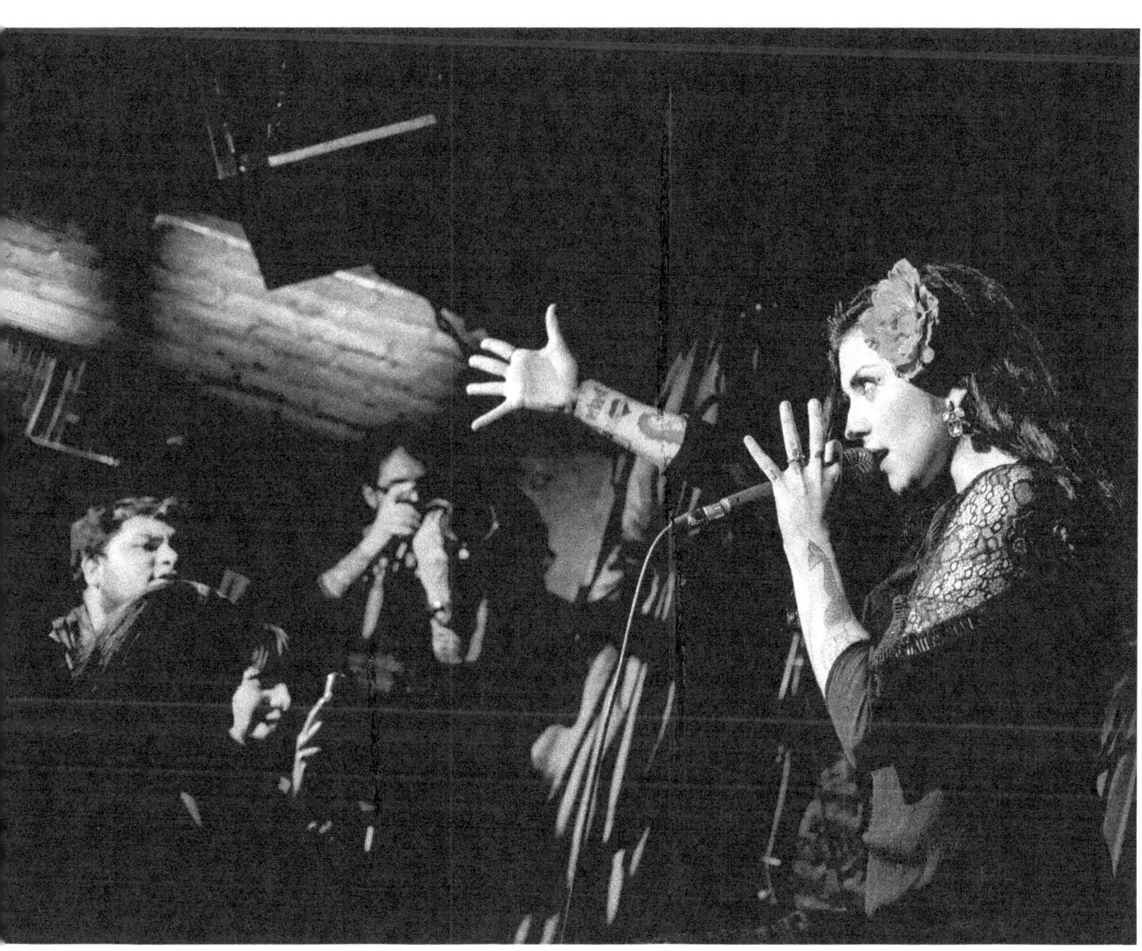

Mon Laferte en Caradura (2015)

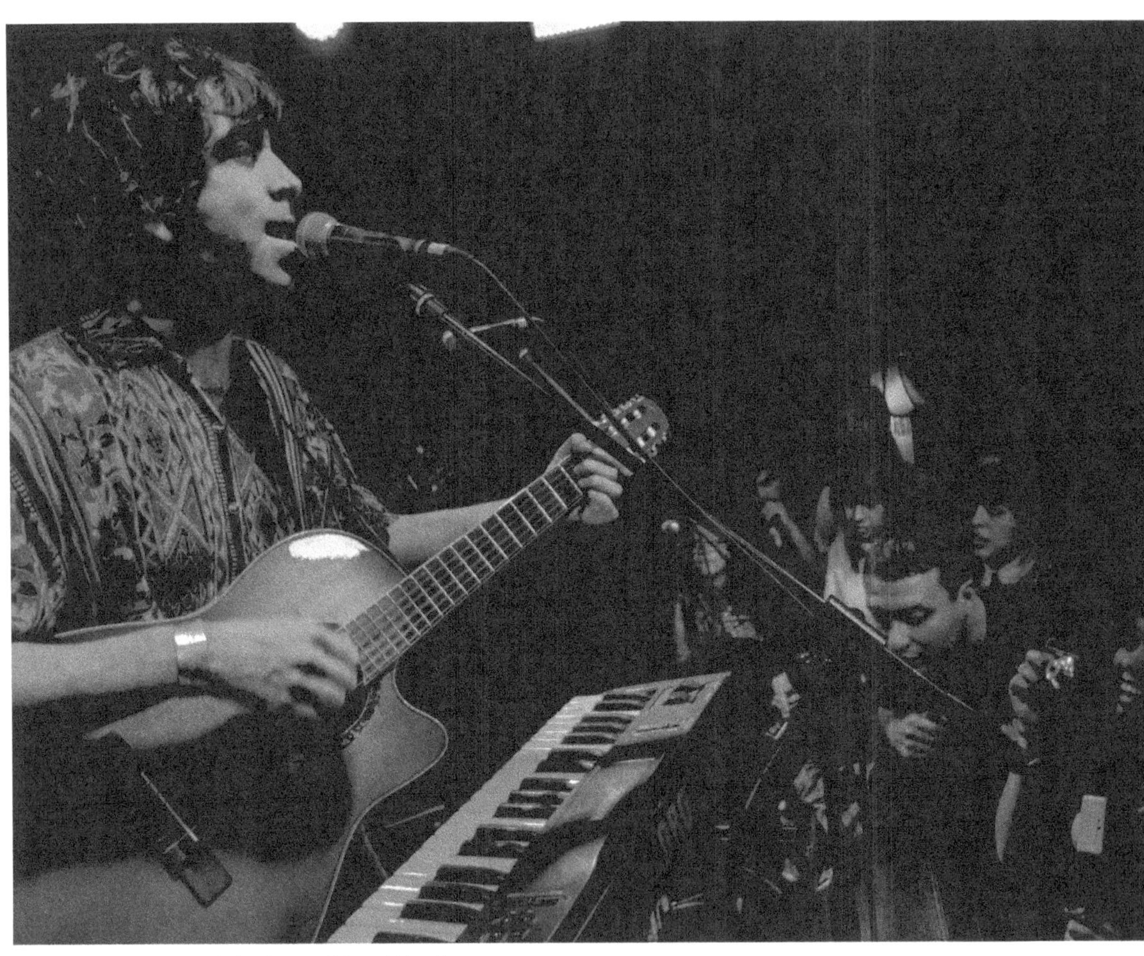

Pedropiedra en El Imperial (2011)

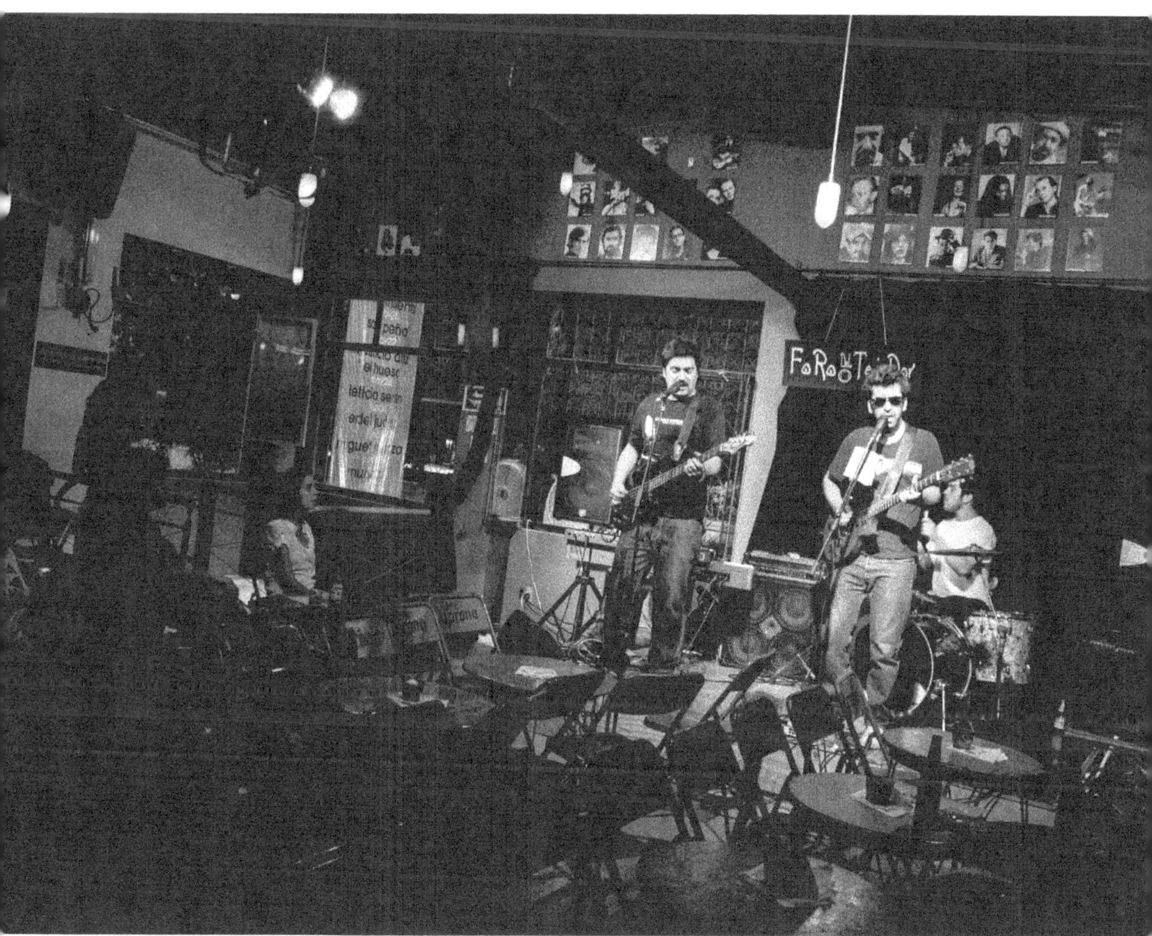

Pedropiedra en el Foro del Tejedor (2010)

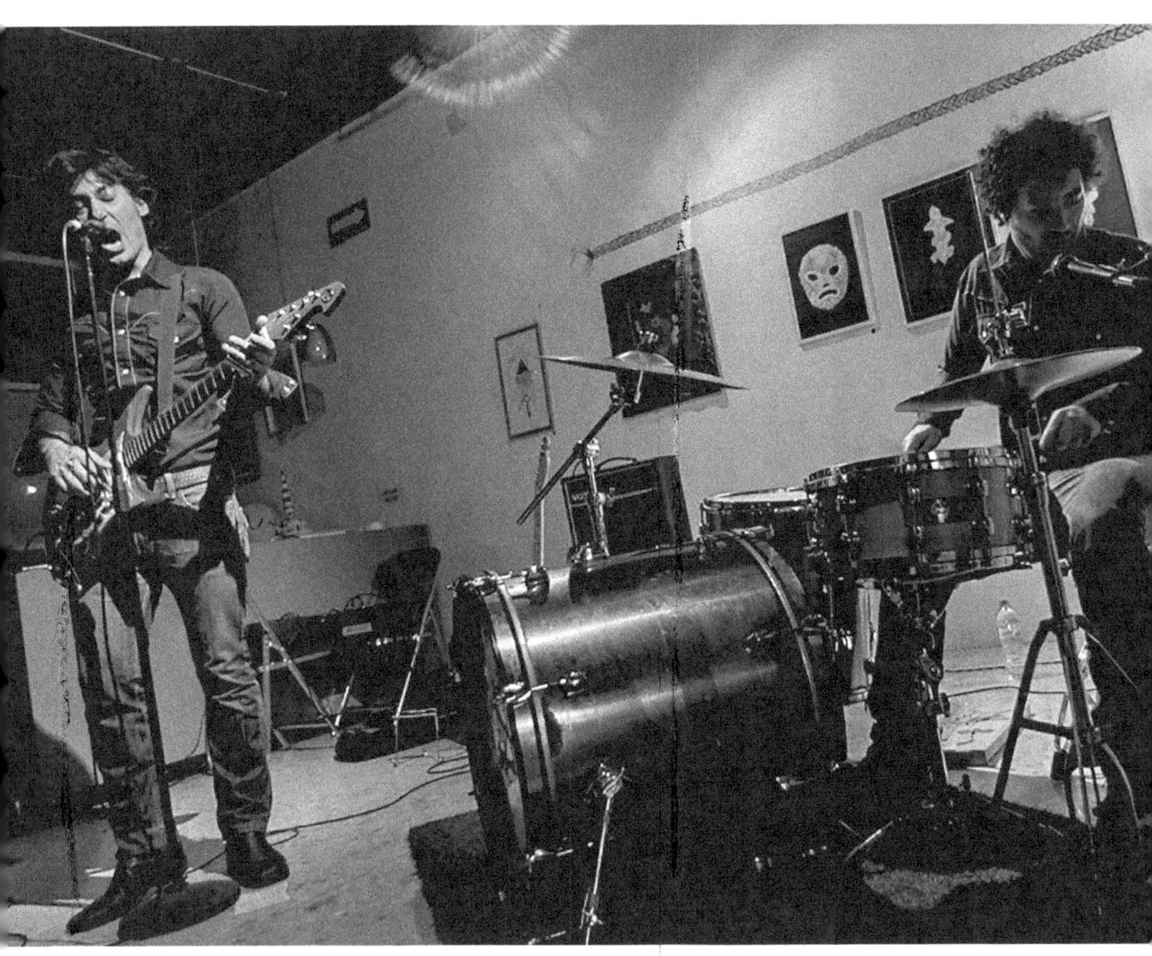

Perrosky en la Galería Vértigo (2012)

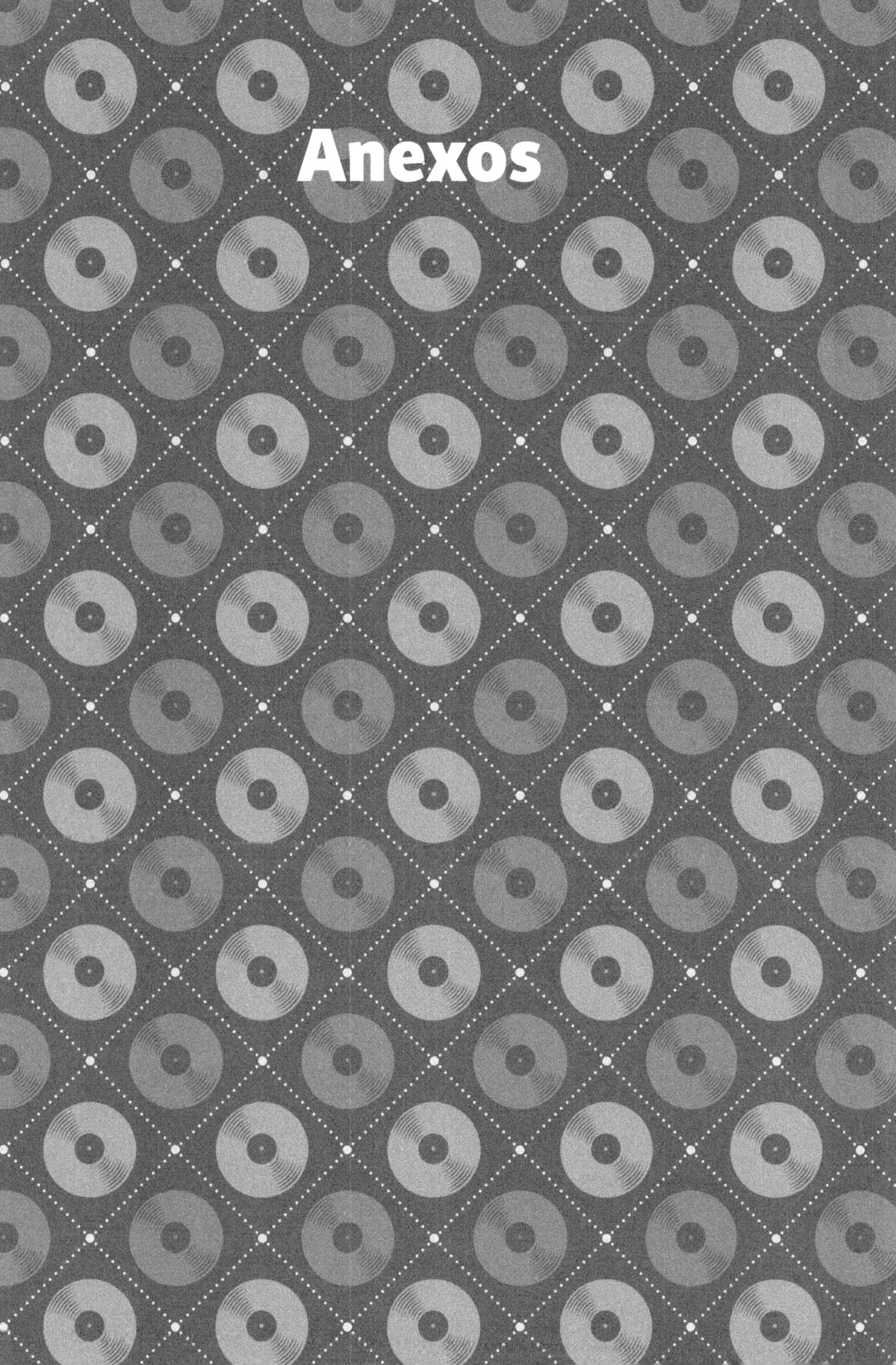
Anexos

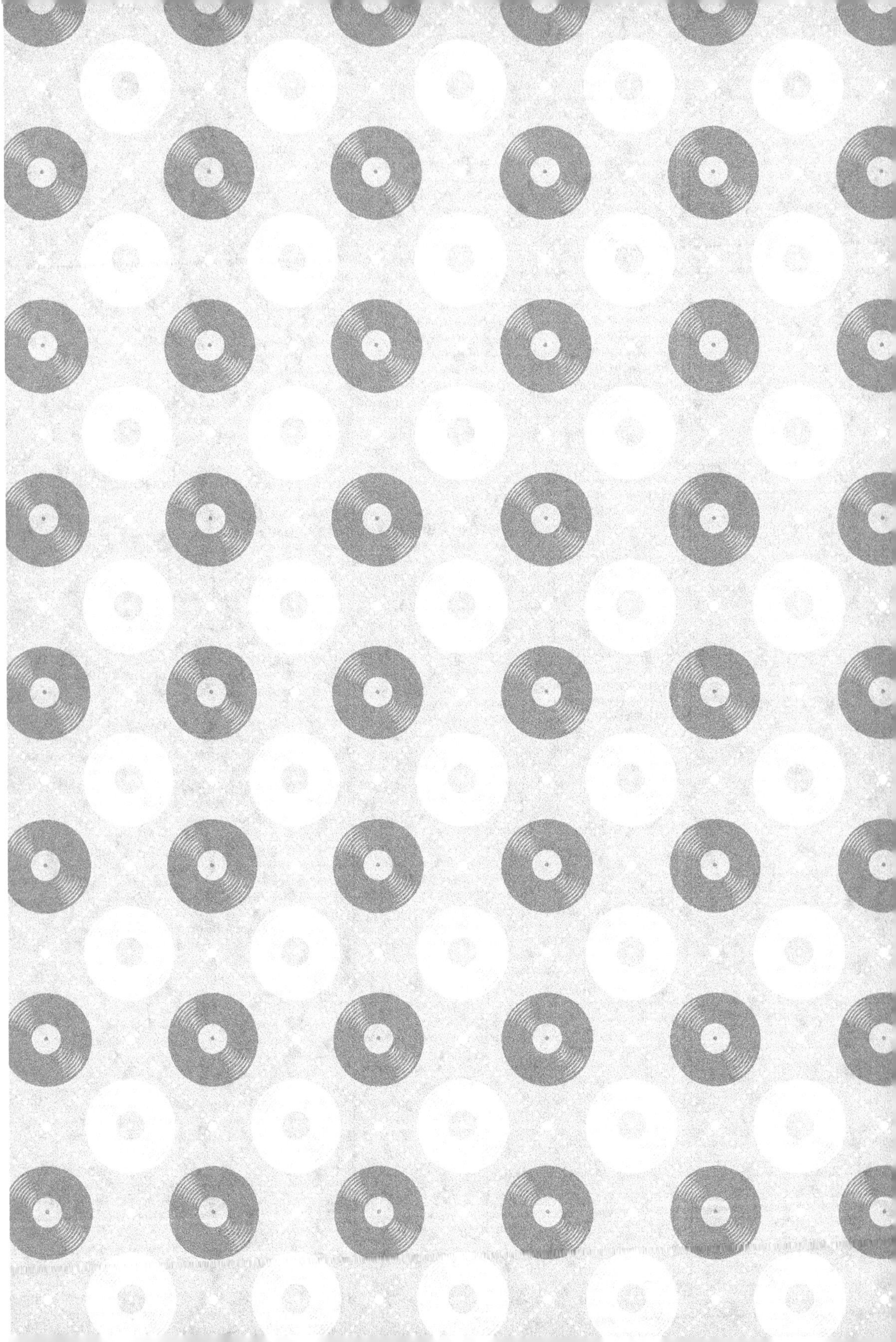

Playlist 1. Chile y México: un romance a la distancia. Los clásicos

Dicen que la distancia es el olvido. Pero no es el caso de Chile y México. Ambos países han desarrollado una relación profunda de amistad e intercambio que ha tenido en la música uno de sus puntales, a pesar de los casi siete mil kilómetros que los separan.

Estamos frente a una bitácora de larga data que, como toda historia de amor, tiene sus clásicos fundacionales. Por eso presentamos esta lista que incluye a artistas diversos, como Los Ángeles Negros, Palmenia Pizarro y Mayita Campos. Todos, pioneros y pioneras en este romance que se sostiene hasta hoy.

Lucho Gatica

» "Bésame mucho", *Lucho Gatica*

Lucho Gatica y Agustín Lara

» "Solamente una vez", *Lucho Gatica*

Monna Bell

» "Recuerdos de Ipacaraí", *Serie 3x4*
» "Estaba escrito (Mambo moruno)", *Glamour*

Sonia la Única

» "Esta noche la paso contigo", *Estafa de amor*
» "Te doy dos horas", *15 éxitos de Álvaro Carrillo con sus mejores intérpretes*

Palmenia Pizarro

» "Cariño malo", *Homenaje a Augusto Polo Campos* (fecha)
» "Nuestro juramento", *Íntimo*

Los Ángeles Negros

- » "Cómo quisiera decirte",
  Clásicos latinos
- » "Y volveré", *Clásicos latinos*

Mayita Campos

- » "Mi juramento", *Mundo
  sin hambre*
- » "El último *blues* de la ciudad",
  Mundo sin hambre

Descarga aquí la *playlist*

Playlist 2. Chile y México: un romance a la distancia. La segunda ola

"No hay primera sin segunda", dice un famoso adagio popular. Nos ceñimos a él para presentarte esta lista que pretende revelar una nueva etapa en la relación entre los artistas de Chile y México.

Los tiempos cambiaron y la industria musical también, lo que permitió un intercambio mucho más robusto, no sólo desde lo artístico, sino también desde lo comercial. Ambas naciones se volvieron a unir, esta vez gracias al sonido de grupos musicales como La Ley, Los Tres y Café Tacvba, entre otros.

La Ley
- » "Tejedores de ilusión", *La Ley*
- » "Día cero", *Invisible*
- » "Aquí", *Uno*

Los Tres
- » "Olor a gas", *Fome*
- » "La torre de Babel", *Fome*
- » "La espada & la pared", *La espada & la pared*

Café Tacva
- » "Déjate caer", *Vale Callampa*
- » "Olor a gas", *Vale Callampa*
- » "Amor violento", *Días de rock*

Los Prisioneros
- » "Tren al sur", *Corazones*
- » "Fe", *Jorge González*
- » "Estrechez de corazón", *Corazones*

Descarga aquí la *playlist*

Playlist 3. Chile y México: un romance a la distancia. La tercera ola

Hay una canción de Los Bunkers que se llama "Canción de lejos", un título que resume de buena manera cómo se ha desarrollado la relación chileno-mexicana a lo largo de los años.

Llegaron los años 2000 y los nuevos exponentes, ahora con una pujante industria digital, continúan con la tradición histórica de intercambio.

Manuel García, Mon Laferte, Hoppo!, Gepe y los propios Bunkers son algunos de los nombres que se encargaron de coger la posta, honrando el pasado y mirando hacia el futuro.

Los Bunkers

» "Llueve sobre la ciudad", *Vida de perros*
» "Bailando solo", *La velocidad de la luz*
» "Nada nuevo bajo el sol", *Barrio estación*

Hoppo!

» "El futuro se fue: tributo a Jorge González", El futuro se fue: *Tributo a Jorge González*

Manuel García

» "Compañera de este viaje", *Compañera de este viaje*
» "Hablar de ti", *Pánico*
» "Acuario", *Acuario*

Mon Laferte y Juanes

» "Amárrame", *La trenza*

Mon Laferte

» "Tu falta de querer", *Mon Laferte (vol. 1)*

Mon Laferte y Alejandro Fernández

» "Que se sepa nuestro amor", *SEIS*

Gepe

» "Namás", *Panorama neutral*

Javiera Mena

» "Sol de invierno", *Panorama neutral*

Congelador

- » "Comenzar de cero", *Panorama neutral*

Ana Tijoux

- » "1977", *1977*
- » "Shock", *La bala*
- » "Mi verdad", *Vengo*

Descarga aquí la *playlist*

Playlist 4. Chile y México: un romance a la distancia. La era digital

Cuando una relación se fortalece, se hace más honesta y genuina, hay menos barreras y, en el caso de Chile y México, se institucionaliza. Eso ha permitido que el intercambio se intensifique ya no sólo en el ámbito de la música popular, sino también en el mundo de la independencia usando las herramientas digitales como beneficio fundamental.

En esta cuarta camada aparecen artistas como Denver, Astro, Protistas y Mariel Mariel, enarbolando la bandera que alguna vez llevaron los clásicos.

Ases Falsos
» "Simetría", *Conducción*

Denver
» "Los adolescentes", *Música, gramática, gimnasia*

Astro
» "Maestro distorsión", *Le disc de Astrou*

Protistas
» "Ojos favoritos", *Nefertiti*

Adrianigual
» "Arde Santiago", *Éxito mundial*

Álex Anwandter, Ale Sergi y Juliana Gattas
» "Siempres es viernes en mi corazón", *Amiga*

Chico Trujillo
» "Loca", *Chico de oro*

Camila Moreno
» "Te quise", *Panal*

Francisca Valenzuela

» “Prenderemos fuego al cielo”, *Tajo abierto*

Perrosky

» “En la línea”, *Tostado*

Mariel Mariel

» “Foto para ti”, *Foto pa ti*

Descarga aquí la *playlist*

Playlist 5. Lucho Gatica y México: encadenados

Navegamos por este capítulo escrito por la destacada periodista chilena Marisol García, donde cuenta la historia de uno de los músicos nacionales más influyentes en Latinoamérica y particularmente en México. Escuchamos sus canciones y además material de gente a su alrededor que lo influyeron considerablemente, como Agustín Lara, Jorge Negrete y Armando Manzanero.

Agustín Lara

» "María bonita", RCA *100 años de música*

Jorge Negrete

» "México lindo", *Fiesta mexicana*

Eydie Gormé y Los Panchos

» "Sabor a mí", *Canta en español con Los Panchos*

Los Tres Diamantes

» "Embrujo", *Consentida y otros Éxitos*

Elvira Ríos

» "Concha nácar/Limosna", *Agustín Lara y sus grandes intérpretes*

Pedro Vargas

» "La última noche", *En Bellas Artes. 50 aniversario*

Lucho Gatica

» "Contigo en la distancia (remasterización digital, 2001)", *50 canciones inmortales*
» "Nadie me ama", *Clásicos latinos*
» "Bésame mucho", *Lucho Gatica*
» "Nocturnal", *Lucho Gatica, vol. II*

Carlos Almarán

- » "Historia de un amor",
  16 boleros inolvidables

Roberto Cantoral

- » "El reloj", *Roberto Cantoral*
- » "La barca", *De los tríos
  o mejor. Inolvidables*

Luis Miguel

- » "Contigo en la distancia",
  Romance

Armando Manzanero

- » "Voy a apagar la luz", *Mi
  primera grabación*

Lucho Gatica, Maria Creuza

- » "Esta tarde vi llover", *Lucho
  Gatica e convidados*

Augusto Polo Campos

- » "Esta es mi tierra", *La gran
  noche de peña, vol. 1*

Descarga aquí la *playlist*

Playlist 6. Monna Bell, Sonia la Única y Palmenia Pizarro: las chilenas que triunfaron en México

Esta es la banda sonora de un capítulo que relata la aventura de tres músicas chilenas en tierras mexicanas, donde alcanzaron un inusitado éxito. El texto, escrito por la periodista Macarena Lavín, recoge lo mejor de sus discografías, influencias y, además, sus entornos musicales, que incluyen la presencia del popular Juan Gabriel.

Monna Bell

» "Yo sin ti", *The Very Best of*
» "Yo que no vivo sin ti", *The Very Best of*
» "Recuerdos de Ipacaraí", *Serie 3x4 (Lucho Gatica, Monna Bell, Luis Aguilé)*
» "Un telegrama (Fox) (remasterización, 2015)", *Los Ep'S originales (Remastered 2015)*
» "Es que estoy pensando en ti", *Ídolos de América*
» "Estaba escrito (mambo moruno) (remasterización, 2015)", *Glamour (Remastered 2015)*
» "Quizás mañana", *Ahora*

Roberto Inglez y The Savory Hotel Orchestra

» "Distancia", *The Golden Age of Light Music: And at the Piano...*

Juan Gabriel

» "Hasta que te conocí", *Pensamiento*

Sonia y Myriam

» "Remate", *RCA 100 años de música*
» "Seguiré mi viaje", *RCA 100 años de música*
» "Envidia", *RCA 100 años de música*

Armando Manzanero

» "Somos novios", *Armando Manzanero*

Sonia la Única

» "Temor", *Ya nada soy*
» "Esta noche la paso contigo", *Estafa de amor*
» "Lágrimas amargas", *Estafa de amor*

Palmenia Pizarro

» "Cariño malo", *Homenaje a Augusto Polo Campos*
» "Ajeno", *Ajeno*

Marco Aurelio

» "Una cruz", *Los años 60's (vol. 2)*

Descarga aquí la *playlist*

Autores

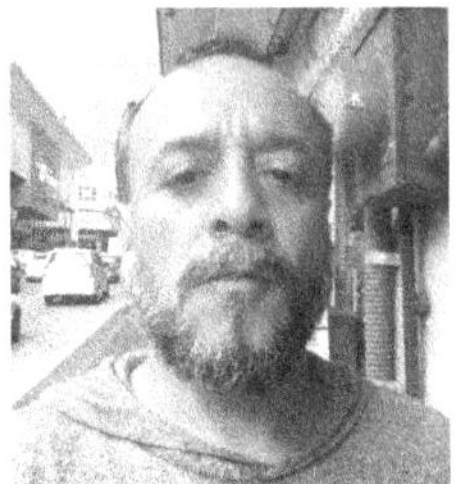

Carlos Reinoso
Chile

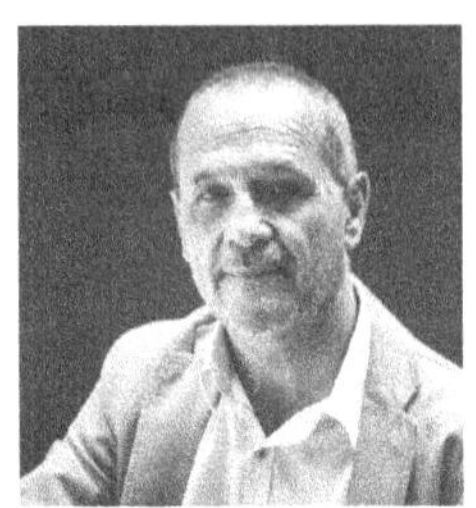

Juan Pablo González
Chile

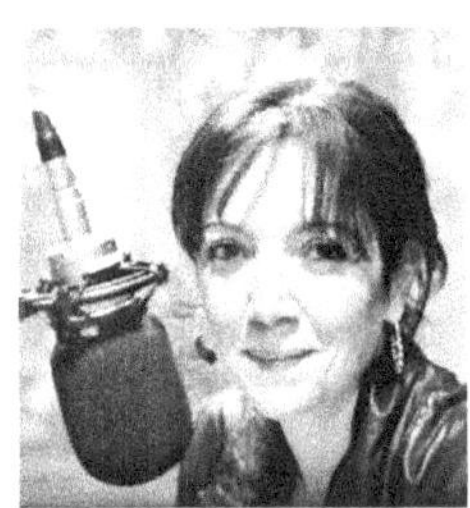

Marisol García
Chile

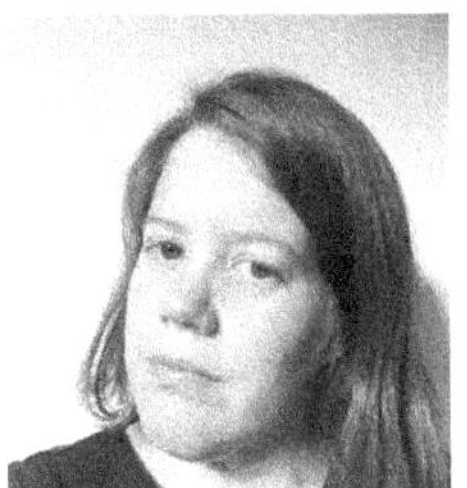

Macarena Lavín
Chile

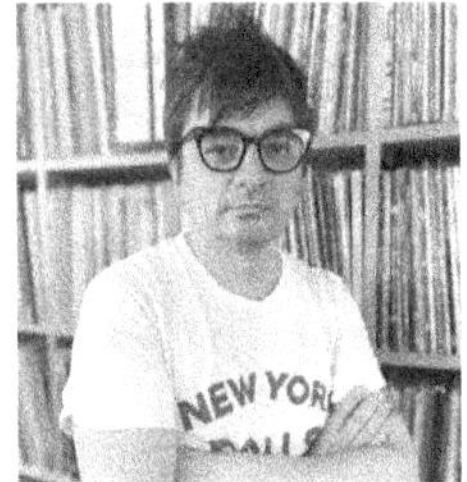

Mauricio Durán
Chile

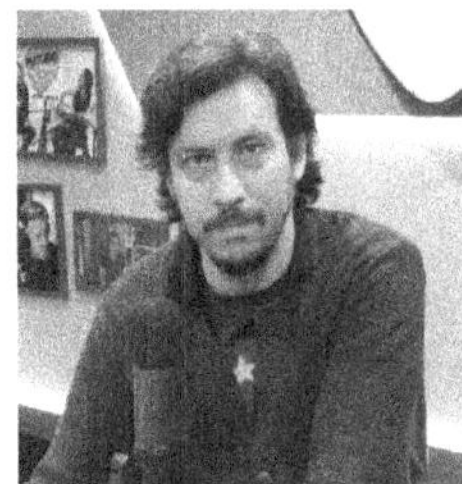

Rainiero Guerrero
Chile

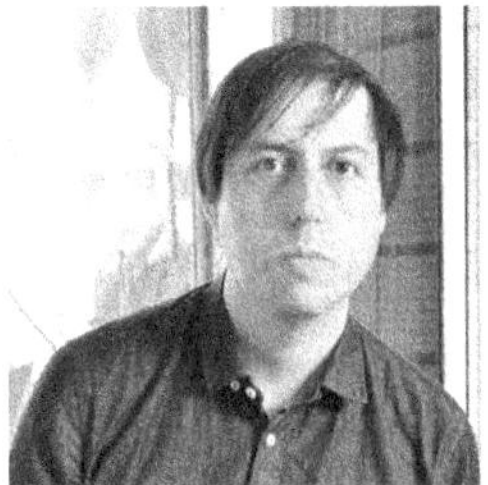

David Ponce
Chile

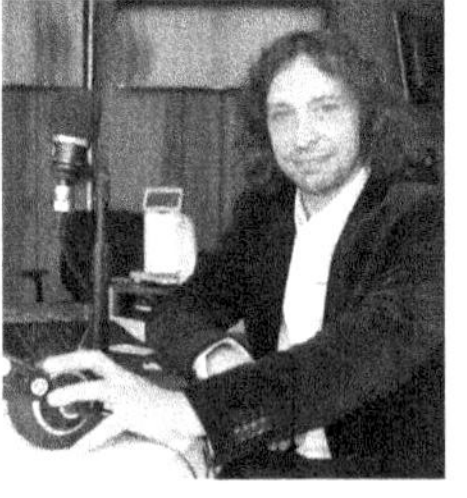

Gonzalo Planet
Chile

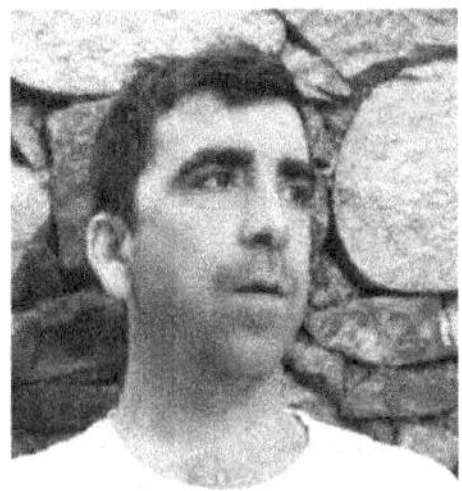

Pedropiedra
Chile

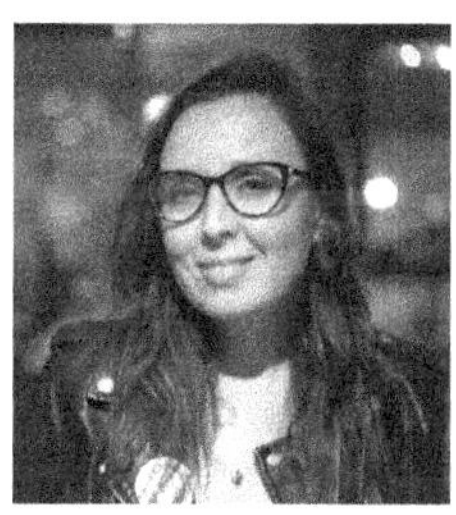

Johanna Watson
Chile

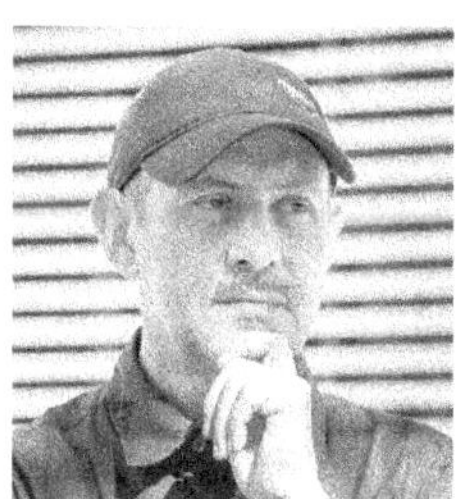

Enrique Blanc
México

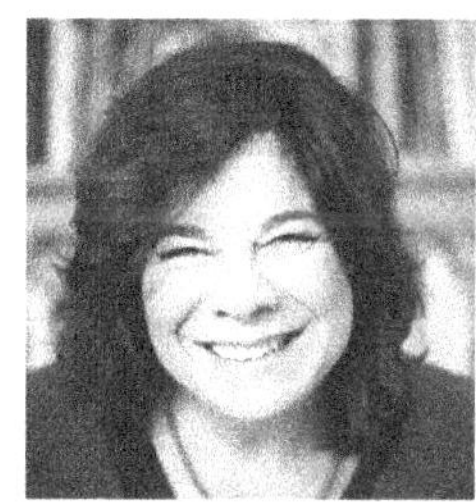

Lara López
España

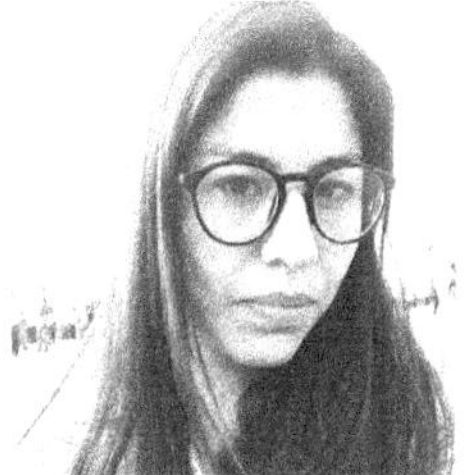

Natalia Cano
México

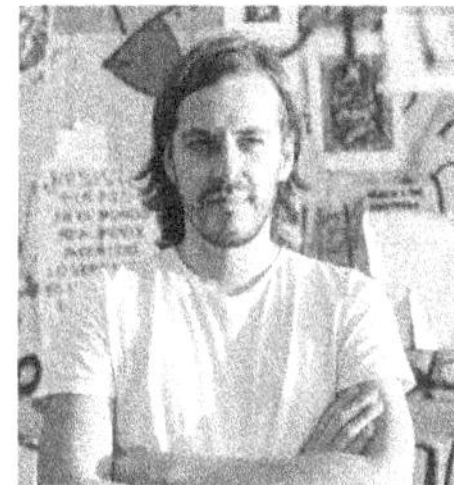

Rodrigo Alarcón
Chile

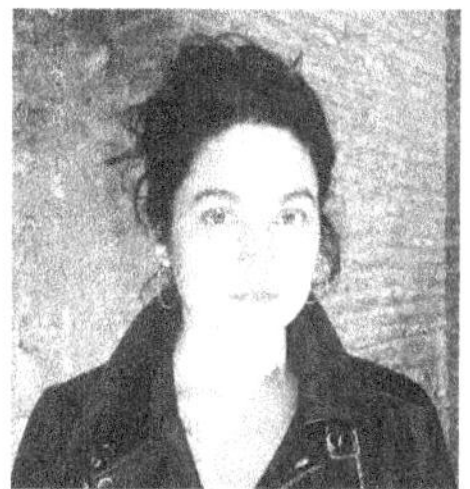

Angie Giaverini
Chile

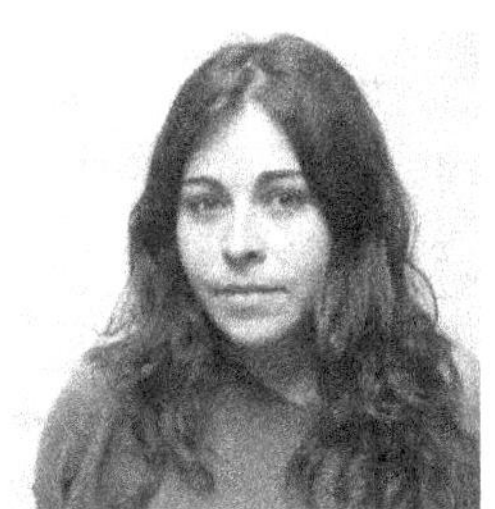

Claudia Jiménez
Chile

Carlos Reinoso

Se dedica a las artes gráficas y la comunicación audiovisual, además se desempeña como músico y recopilador de música popular chilena y americana, desarrollando su carrera desde la autogestión, produciendo y editando discos a través de su sello de ediciones limitadas Horrible Registros. Colabora con revistas nacionales e internacionales, ya sea como ilustrador o escritor. En lo musical, cuenta con importantes proyectos, como el prestigioso dúo musical Mostro, y Aye Aye (premio Pulsar 2017 a mejor artista electrónico). Desde 2008 hasta la fecha se mantiene produciendo el *show* radial *La noche de los discos vivientes* (programa que pone en valor el patrimonio musical chileno y sudamericano programando exclusivamente discos discontinuados de 78 r.p.m.). Reside en el estado de Veracruz, México. Se siente atraído por cualquier tipo de fenómeno paranormal.

Juan Pablo González

Doctor en Musicología por la Universidad de California, Los Ángeles; director del Magíster en Musicología Latinoamericana y de la revista *Contrapulso* de la Universidad Alberto Hurtado; profesor titular del Instituto de Historia de la Pontificia Universidad Católica de Chile; coordinador de la Asociación Regional para América Latina y el Caribe de la Sociedad Internacional de Musicología, (ARLAC/SIM), y miembro del Directorio de la Fundación Museo Violeta Parra. Ha contribuido a la formación musicológica en la región creando programas de pregrado y posgrado en distintas universidades chilenas, e impartiendo seminarios de posgrado en Argentina, Perú, Colombia, Brasil, México y España. Ha publicado abundantes artículos en revistas académicas (accesibles en academia.edu). Se destacan sus cuatro títulos más recientes: *Pensar la música desde América Latina. Problemas e interrogantes* (2013), *Des/encuentros en la música popular chilena 1970-1990* (2017), *Violeta Parra. Tres discos autorales* (2018), en coautoría, y *Música popular chilena de autor 1990-2000. Textos, medios, identidades* (2022).

Marisol García

Periodista e investigadora independiente, Premio Pulsar 2019 al Fomento de la Música y el Patrimonio. Es autora de los libros *Canción valiente. 1960-1989. Tres décadas de canto social y político en Chile* (Premio Municipal 2014 a la Mejor Investigación Periodística), *Llora, corazón. El latido de la canción cebolla* (Premio Pulsar 2018 a la Mejor Publicación Musical Literaria), *Claudio Arrau* (finalista del Premio Municipal 2020, en Género Referencial) y *Lucho Gatica* (2019). Ha editado libros sobre Violeta Parra, Los Jaivas, Osvaldo *Gitano* Rodríguez y Panteras Negras. Consultora de importantes bandas sonoras de cine chileno (las de *Una mujer fantástica* y *Gloria*, entre otras). Es coeditora del sitio enciclopédico MusicaPopular. cl y parte del equipo que anualmente organiza el Festival IN-EDIT Chile, dedicado al cine y el documental musical.

Macarena Lavín

Periodista especializada en música popular, con experiencia en medios escritos y sellos independientes. Tiene un magíster en Estudios de Música Popular por la Universidad de Liverpool, y cuenta con varias publicaciones académicas. Es docente universitaria, colabora en super45.fm y ha editado dos discos bajo el nombre de EyMacarena a través de Algorecords.

Mauricio Durán

Músico. Miembro fundador de la banda de rock Los Bunkers, creada en Concepción, Chile, en 1999. Entre 2015 y 2017, se desempeñó como músico y productor del artista mexicano Pepe Aguilar. A fines de 2017, forma el trío chileno-mexicano Lanza Internacional, su principal proyecto al día de hoy. En 2018, integra la banda Pillanes junto a músicos de Chancho en Piedra, 31 Minutos y Pedropiedra. En diciembre de 2019, junto a sus excompañeros de Los Bunkers, interrumpe el receso del grupo para apoyar las manifestaciones sociales en

233

Chile, realizando dos únicos conciertos multitudinarios en Santiago y Concepción. Ha producido discos de artistas diversos, como Francisca Valenzuela, Los Ángeles Negros, entre otros. Vive en Ciudad de México.

Rainiero Guerrero

Periodista de la Universidad de Artes y Ciencias de la Comunicación (UNIACC). Ha trabajado en medios como W Radio, Canal La Red, Televisión Nacional de Chile y MEGA. Desde 2014 es director de Radio Futuro, la primera radio de rock en Chile. Desde 2017 se desempeña como profesor a cargo de la cátedra experimental Taller de Radio en la Universidad Católica de Chile y la UNIACC. Músico y coleccionista. Más importante que todo lo anterior, es padre de dos hijos: Salvador y Manuel.

David Ponce

Periodista. Estudió en la Universidad de Chile. Desde 1993 ha escrito sobre música popular en medios impresos y digitales chilenos y extranjeros, destacando *Zona de Obras* y *Rolling Stone Chile*. Conduce *Altavoz* en Radio Universidad de Chile y es parte del duradero espacio *Nuestro Canto*, emitido por Radio ADN. Ha trabajado en la producción de los discos *Música x Memoria* (2011), publicado por el Museo de la Memoria y los Derechos Humanos, y *90… y qué* (2015), de la cantante y actriz Carmen Barros con Valentín Trujillo. Autor de los libros *Prueba de sonido. Primeras historias del rock en Chile (1956-1984)* (2008) y *Lucho Gatica cuenta el bolero* (2018), entre otros. En 2018 inició la editorial Cuaderno y Pauta para publicar libros de periodismo sobre música popular, entre ellos el volumen colectivo *Contrasonido. Insurgencia, pandemia y 30 años de contingencia musical chilena (1990-2020)*.

Gonzalo Planet

Periodista, músico y productor ligado a la difusión de la música chilena por más de veinte años. Ha colaborado para medios como la revista *Rolling Stone Chile*, la web MusicaPopular.cl y el diario español *El País*. Es autor de los libros *Se oyen los pasos* (2004), sobre la historia del rock chileno; *Ficciones. Los mil días de Los Vidrios Quebrados* (2017) y *Sol y lluvia. Voces de la resistencia* (2018), los dos últimos, títulos ganadores del Premio Adquisiciones del Fondo del Libro del Ministerio de Cultura. Desde 2017 dirige la colección de música de la editorial Libros del Pez Espiral, donde ha editado títulos como *Fome* (2019). Es músico del grupo Matorral, con el que ha grabado discos como *Gabriel* (2015), ganador de un Premio Pulsar en Chile. Produce y conduce el programa de investigación *Desenredando las cintas* en Radio Horizonte.

Pedropiedra (Pedro Subercaseaux)

Compositor y productor musical. Estudió parte de la carrera de Composición en la Escuela Moderna de Música de Chile. Bajo el nombre artístico de Pedropiedra ha editado cinco discos de estudio y un EP desde 2009 a la fecha. Formó parte de la banda de acompañamiento de Jorge González entre 2010 y 2015. Ha colaborado con un variado espectro de artistas que va desde Los Tres hasta 31 Minutos, pasando por Gepe, Chancho en Piedra, Los Bunkers, entre otros. Forma parte de la banda Pillanes. Se encuentra produciendo su sexto disco de estudio como solista. Dirige talleres de composición y oficia de productor musical de distintos proyectos. Escritor aficionado, esta es la primera ocasión en que publica un trabajo.

Johanna Watson

Publicista de profesión y periodista musical de oficio. Inició hace 20 años en el fanzine *InumanoZine*. Hizo radio y tuvo un sitio sobre los 90, *Se te cayó el carnet*. Ha publicado en medios chilenos como *Rockaxis, El Dínamo, Culto, La Tercera, The Clinic, El Desconcierto, La voz de los que sobran, Música Popular,*

Garaje del rock de Perú y la revista española *Zona de Obras*. Es jurado en la categoría Mejor Artista Pop de los premios Pulsar. Corresponsal de la escena chilena para el espacio *Némesis* de la radio Reactor 105.7 FM de México. Es parte del libro *Cuarentena Zine*.

Enrique Blanc

Periodista y escritor mexicano. Ha publicado *Café Tacvba. Bailando por nuestra cuenta* (2016), *Flashback. La aventura del periodismo musical* (2012) y *De mis pasos. Conversaciones con Julieta Venegas* (2007), entre otros títulos. Produce y conduce *Radio al Cubo* en Radio Universidad de Guadalajara. Ha sido columnista de diarios y revistas como *Milenio Jalisco*, *Reforma*, la española *Zona de Obras*, *El Financiero* y *Los Angeles Times*, entre otros. Funge como Coordinador del Programa de Showcases de Fimpro. Fue editor de la revista *La Banda Elástica* entre 1995 y 2015. Miembro fundador de la Red de Periodistas Musicales de Iberoamérica (REDPEM). Pertenece a la red Transglobal World Music. Asesor de la miniserie documental *Rompan todo* de Netflix y del documental *Tijuana. Paso del Nortec* de Canal Once. Ha impartido conferencias en mercados musicales como Circulart, EXIB, LAMC, AM-PM e Imesur.

Lara López

Escritora, periodista, estudiante de filosofía y DJ. Está vinculada a RTVE desde 1987, donde ha dirigido y presentado programas de radio (*El suplemento, La plaza*) y televisión (*La mandrágora, Carta blanca, Música* NS y *Los conciertos de Radio 3*, entre otros) en todas las cadenas de la emisora pública. Directora de Radio 3 entre 2008 y 2012, época en la que la cadena recibió la Medalla al Mérito en las Bellas Artes. Ha publicado en *El País, El Mundo, Ahora o el sol*. Ha colaborado en diferentes festivales y encuentros musicales, como La Mar de Músicas, WOMAD o Womex. Conduce *Músicas Posibles* en RNE los fines de semana. En 2020 publicó *Derivas*, su segundo poemario, y la novela corta *Óxido.*

Natalia Cano

Periodista independiente. Egresada de la carrera de Ciencias de la Comunicación por la Universidad Nacional Autónoma de México (unam). En 16 años de labor periodística, ha colaborado y trabajado en diversos medios nacionales e internacionales, como Agencia France-Presse, Associated Press, *Rolling Stone México*, *The Guardian*, hbo Latinoamérica, *El Universal*, *La Jornada*, *Marvin*, *Sound:check*, Reactor 105.7 y *Revista Sábado* (Chile). Ha participado como comentarista en los canales mtv Latinoamérica y cnn en Español. También ha sido invitada en mesas de periodismo musical en la Feria Internacional de la Música para Profesionales (Fimpro) y en el Festival Rock al Parque (Colombia). Recientemente participó en el libro *Cantoras todas. La generación del siglo xxi*, publicado por la Red de Periodistas Musicales de Iberoamérica (Redpem) en alianza con la Universidad de Guadalajara y Fimpro.

Rodrigo Alarcón

Periodista y licenciado en Estética. Forma parte del equipo de la enciclopedia MusicaPopular.cl. Ha trabajado para Radio Universidad de Chile cubriendo temas de cultura y música y conduciendo espacios como *Radiópolis y Pasaje Nocturno*. También ha participado en proyectos de Radio Música Chilena y Radio jgm. Ha publicado en medios digitales como *Potq, Mus, Melómanos Magazine y Cinechile*. Ha colaborado con proyectos audiovisuales como *Sesiones Perdidas*, además de contribuir en diversas investigaciones sobre música popular. Actualmente está a cargo de las comunicaciones de la Orquesta Clásica Usach y el sello discográfico Aula Records.

Angie Giaverini

Licenciada en Comunicaciones por la Universidad de Santiago y en Artes Escénicas por la Universidad Bolivariana, con intercambio en el Instituto Superior de Arte de la Habana, Cuba. Se especializa en estudios sobre violencia por razones de género contra las mujeres, en el Consejo Latinoamericano de Ciencias

Sociales (Clacso). Es cofundadora de La Makinita, plataforma que trabaja en la difusión, promoción y vinculación de la música, nacional y latinoamericana. Su experiencia en torno a la creación y gestión de contenidos le ha permitido colaborar en diversas instituciones, como la Universidad de Santiago, Universidad Mayor, Teatro Ictus, Corporación Tramadas, Museo de la Memoria y Ministerio de las Culturas, las Artes y el Patrimonio.

Claudia Jiménez

Es etnóloga de formación. Ha sido guionista de radio en Ibero 90.9 y jefa de Contenidos Digitales en la misma estación. Formó parte de plataformas especializadas en música hispanoamericana en México como editora y guionista de *Red Bull Panamérika*, y en Colombia como editora de Noisey en español, plataforma de música de *Vice*. Ha participado en grupos de investigación sobre los mundos del arte con Néstor Garcia Canclini y Maritza Urteaga. Sus intereses están en la música, la belleza, la naturaleza, la vida y las potencias para construir otros mundos.

Fotografías

Coordinación editorial
Iliana Ávalos González

Jefatura de diseño
Paola Vázquez Murillo

Cuidado editorial
Sofía Rodríguez Benítez

Diseño y diagramación
Maritzel Aguayo Robles

Canciones de lejos. Complicidades musicales entre Chile y México
se terminó de imprimir en los talleres
de Pandora Impresores, S.A. de C.V.
Caña 3657, La Nogalera
44470 Guadalajara, Jalisco.

Septiembre de 2021

Para la formación de este libro se utilizaron las tipografías
Karmina y Karmina Sans, diseñadas por José Scaglione
y Veronika Burian.